谨以此书献给中国和黎巴嫩建交45周年

（1971年11月9日—2016年11月9日）

刘元培 吴富贵 王 燕◎著

百年牵手

中国和黎巴嫩的故事

中国人民大学出版社
·北京·

◎ 美丽的朱尼耶湾

◎ 坐落在地中海边的"鸽子岩"

◎ 贝鲁特—清真寺

◎ 基督教堂及其背后清真寺的尖塔

◎ 圣母教堂

◎ 黎巴嫩国家博物馆

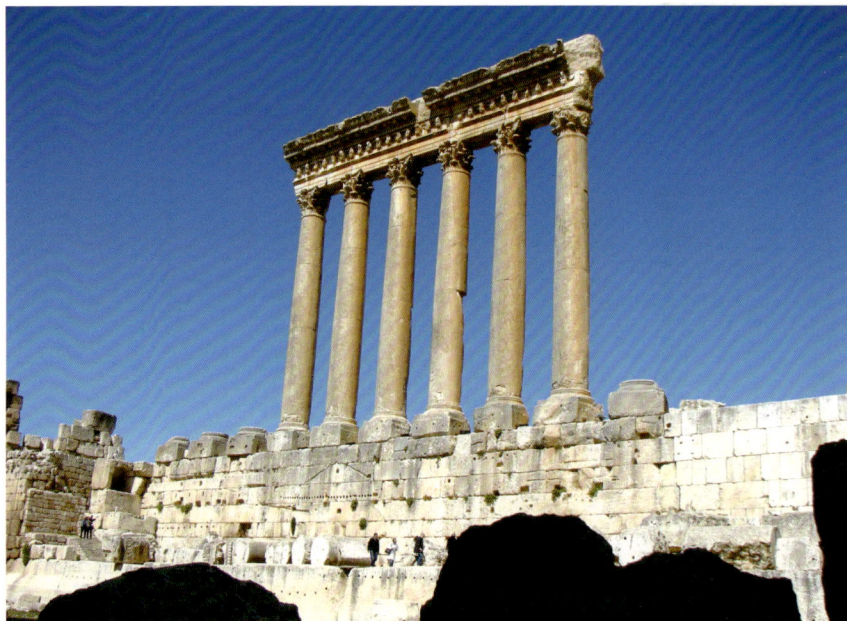

◎ 巴尔贝克朱庇特神庙

◎ 纪伯伦博物馆门前眺望贝什里镇

◎ 古朴典雅的纪伯伦故居

◎ 依山而建、掩映在雪松林中的纪伯伦博物馆

◎ 黎巴嫩的雪松与雪山

◎ 白雪覆盖的东黎巴嫩山脉

（上述照片均由吴泽献大使提供）

出版前言

一本书与两个国家的爱心接力
——写在《百年牵手——中国和黎巴嫩的故事》出版之际

　　时序更替，梦想前行。

　　2016 年 11 月 9 日，是中国和黎巴嫩建交 45 周年纪念日。今天，在中国国家主席习近平倡导并实施的宏伟战略规划"一带一路"征途上，中国著名阿拉伯语专家首次将记载有在中黎近半个世纪的互利合作、友好交流中具有标志性历史意义和现实意义的故事的《百年牵手——中国和黎巴嫩的故事》（中文版和阿拉伯文版）奉献给中黎两国乃至世界各国各界读者，其意义深远，值得庆贺！

　　同笔者之前出版的《阿拉伯侨民在中国：新丝绸之路圆我梦想》一样，本书也是一部讲述人物故事的书。不过，它讲述的是跟中国和黎巴嫩有关的一些重要人物。

　　说到"人物"，人们最先想到的往往是"名人"。中黎两国都是世界上的文明古国，都拥有数千年的悠久历史，两国之间曾有无数名人往来交流，这岂是一本小书可以容纳的。所以，本书所涉及的，主要还是近百年来曾经在中黎友好交流、互惠互利历史上留下过特殊的足迹，对中黎两国产生过特殊的影响，在中黎两国文学、外交、医学、军事、文化、教育、经贸等领域有过一些特殊经历和贡献的名人。

　　本书应黎巴嫩数字未来出版社之邀在黎巴嫩出版阿拉伯文版。限于篇幅，本书选择的人物并不多，不求其全，只为了讲述一些特殊人物的特殊故事。

　　如前所述，在漫长的中黎友好交往历史上，曾经诞生过许多名人，而很多人并不真正了解他们。比如说马海德，百余年来他始终是中国人、美国人、黎巴嫩人和阿拉伯人的骄傲，但很多人却根本不知道。

　　说马海德"特殊"，是因为他祖籍在黎巴嫩，后入美国籍，但从青年时代起便大半辈子工作、生活、服务于中国社会，与中国有着极为特殊的密切关系，是一个在特殊的历史时期曾为中国人民的解放事业做出过许多特殊贡献的美籍黎巴嫩人：唯一一名在红军时期就加入中国共产党的西方人；唯一一名全程参加了中国的土地革命战争、抗日战争、解放战争和社会主义建设的西方人；唯一一名在中国工农红军、八路军、解放军里都担任过高级军职的西方人；第一个被批准加入中华人民共和国国籍的外国人。在加入中华人民共和国国籍的国际友人中，他是第一位全国政协委员，是第五届全国政协委员，第六、第七届全国政协常委；他被评为"100位新中国成立以来感动中国人物"之一；毛泽东说他是"中国女婿"，邓小平说他在中国的50年"不容易"，李克强说，中国人民永远铭记和感谢他。

还有一些名人，他们文学创作的业绩辉煌，并且在翻译外国文学作品领域享誉国际文坛。如中国百年文学巨匠茅盾和冰心，也许正是因为两位大师在中国文坛上的巨大成就和崇高地位，掩蔽了他们在翻译方面的成就和地位，所以作为当代著名的翻译家，茅盾、冰心很少被人提及，即使是在中国文学史和文学翻译史中也鲜有记载。他们辉煌的翻译成就以及鲜明独特的翻译思想，长期被忽略。因此，追本溯源，还原茅盾、冰心在中国现当代翻译史上应有的地位，具有重要的意义。

中国和黎巴嫩两个国家都孕育出了杰出的人物，他们既是中黎两国的精神财富，也是人类文明共同拥有的精神财富。名人是浓缩的历史，是时代精神的集中体现。所以，了解一个国家、一个民族最为便捷的方式之一，就是从了解名人入手。

如今，中国已同包括黎巴嫩在内的阿盟所属22个阿拉伯国家建立了大使级外交关系。但相对于我国自身独特和悠久的文化历史，就目前来说，文化领域的合作还远远不够。经济、商品贸易的交流可以促进国与国之间的经济发展，文化交流则可以更深层次地进行民众与民众的心灵沟通，触及彼此民族的灵魂，其产生出的社会效应会根植于民众的心底，这是一般的经贸活动和政治交流所不能替代的。鉴于此，本书的创作过程始终遵循这一理念。

刚刚过去的20世纪，中黎两国社会发生了翻天覆地的巨大变化，涌现出了许许多多的社会精英，同时也涌现出了一批引领中黎社会进步、奉献爱心的友好人士。他们在并不相同的领域分别创建了彪炳史册的历史功绩。他们身上凝聚着中黎两国民众勤劳善良、坚忍不拔的高尚品德和聪明才智。他们是中华民族和阿拉伯民族文化传统的秉烛人，是中国和黎巴嫩友好历史交往的见证人。

本书故事的主人公，是来自两国的百年文学巨匠和各界著名友好人士。本书是寻根问祖，以中国与黎巴嫩著名专家友好人士在华在黎亲身经历续写的家谱和历史印记。播撒爱心、扶危济困、捐资助学，这些点滴之举铸就了民族魂、跨国爱，感动了两国民心。超越血缘的中黎情，使有爱的关系地久天长、有爱的天空分外晴朗。中国和黎巴嫩这两个跳动爱心音符的国家中，长江黄河之滨，万里长城脚下，地中海之畔，雪松之乡，涌现出一个个充满爱心和正能量的人物。

45年，在历史的长河中，虽只是短暂的一瞬，但在中黎两国友好互利合作的共赢发展中却显悠长，两国友谊历久弥坚。当下的中国与黎巴嫩，要单纯的政治互信、友好往来及经济、商贸领域的数字增长并不难，难的是增长质量和提升效益。发展经济、改善民生是中黎两国面临的共同任务。两国共建"一带一路"大有可为，必将为两国人民带来更多福祉；"一带一路"的征程上，必将出现更多纪伯伦、马海德、茅盾、冰心、阿德南·卡萨式的人物……

循着这个角度审视新常态下中黎两国建交45周年来的互利共赢成绩单，就会从"有增有减、有快有慢"的节奏中读出更多的内涵。从这本由中国前驻黎巴嫩大使刘志明、吴泽献，黎巴嫩前驻华大使法里德·萨马哈，中国前驻黎巴嫩大使馆武官曹彭龄将军及其夫人卢章谊浓墨重彩、情深意长撰写的序言中，可体会到中黎两国45年中友好互利合作的国际主义精神以及在"一带一路"上互帮互学、互惠互利、合作双赢的决心与信心。

《百年牵手——中国和黎巴嫩的故事》一书，由中国著名阿拉伯语专家著述，详细介绍了十余位中黎两国政治、外交、经贸、文教、医疗卫生等领域的著名友好人士；全面真实地记录了中黎建交45年来两国所发生的巨大变化及双边关系稳步发展的历史进程，乃至近百年前两国著名百年文学巨匠以文会友、鲜为人知的深厚文学情谊。全书以"弘扬丝路精神，传承两国人民友谊"为主旨，为新形势下中黎友好合作关系传递正能量。书中许多故事凝结着作者和书中主人翁多年的心血，充满着集体的智慧和力量，充满了真情实感，颇具可读性和借鉴性。

只有从历史的高度才能掂量出这本书在此时出版，在两国民众心中的分量。想要得到爱，就去付出吧！做一个简单善良的人，将美德深植于心，让它成为下意识，成为理所当然。愿更多热衷中黎友好的人士，捧读这本书！

《百年牵手——中国和黎巴嫩的故事》讲述了来自中国和黎巴嫩众多领域的多位国际著名专家和百年文学巨匠，他们以坦诚、真挚、慈善、爱心、务实之举，在中黎友好近百年的互利合作交流事业中，为中黎友谊之树辛勤培土、育苗、浇灌，付出心血，立下汗马功劳，向各界读者展示出亲如兄妹、至真至爱的国际形象。他们用实际行动，从不同视角诠释着对中黎友好交流的思索，并且将这种思索整合成为一套多元又系统的思路，可以称之为"中黎友好交流家谱"，为广大中国读者了解中黎友好交流历史打开了一扇窗。

《百年牵手——中国和黎巴嫩的故事》旨在讲述中国与黎巴嫩及其周边国家的友谊与合作，以及致力于两国友好交流的人物的故事，以此来配合习近平主席提出的"一带一路"战略构想的实施，推动新形势下中国周边外交和公共外交进程。

目　录

上篇　黎巴嫩记忆时空

　　黎巴嫩籍阿拉伯人后代马海德博士

序言一

黎巴嫩印象

为庆祝中国和黎巴嫩建交 45 周年，中国著名阿拉伯语学者刘元培教授、吴富贵教授、王燕教授约我为他们即将出版的《百年牵手——中国和黎巴嫩的故事》写篇序言。我想，我就利用这个机会向没有去过或不太了解黎巴嫩的中国读者介绍一下黎巴嫩，说说我对这个国家的印象吧。

一

我对黎巴嫩的第一个，也是最深的印象是：这是一个多灾多难的国家。记得我 2006 年被任命为驻黎巴嫩大使后，几乎所有见到我的朋友都对我说，"去了那里要多注意安全啊"。因为多年来，在国人的心目中，黎巴嫩一直是个战乱频仍的国家。中国人从媒体中听到的有关黎巴嫩的消息，大多与战乱有关。先是 20 世纪 70 年代初，阿拉法特和他率领的巴勒斯坦游击队被从约旦赶到了黎巴嫩。巴勒斯坦武装人员开始从黎巴嫩袭击以色列，于是以色列就反复入侵黎巴嫩。1982 年，以色列军队差一点就攻下了黎巴嫩的首都贝鲁特，迫使阿拉法特把巴勒斯坦抵抗运动的总部和大部分武装人员撤到了远离以色列的突尼斯。与此同时，巴勒斯坦武装人员进入黎巴嫩后，也与以长枪党为代表的一些黎巴嫩基督徒爆发了武装冲突。冲突很快就演变成了黎巴嫩基督徒与穆斯林，甚至是穆斯林不同派别之间的内战。这场从 1975 年打起的内战一直持续了 15 年，并一度导致了邻国叙利亚对黎巴嫩进行武装干涉和实际控制。黎巴嫩这场内战的导火索是巴勒斯坦武装人员进入黎巴嫩。但它更深层次的原因，恐怕是黎巴嫩人口构成状况的变化和由此引发的权力再分配愿望。大家也许知道，在第一次世界大战之前，黎巴嫩和叙利亚都是奥斯曼帝国的一个行省的一部分。这个行省的首府就是今天叙利亚的首都大马士革。一战结束后，奥斯曼帝国解体了，它的这个行省由当时的国际联盟（相当于现在的联合国）交给法国托管。法国撤走后，黎巴嫩于 1943 年正式宣布独立。当时的黎巴嫩居民是以基督徒为主的，国家的权力也主要掌握在基督徒手中。但是，随着时间的流逝，黎巴嫩的人口构成情况在不知不觉中发生了变化。基督徒们生孩子少，穆斯林家庭生孩子多，于是穆斯林人口逐渐超过了基督徒人口。内战导致黎巴嫩各派于1990年达成《塔伊夫协定》，对黎巴嫩国家的权力进行了再分配。该协定规定，总统仍然由基督徒中的马龙派人士担任，总理由穆斯林逊尼派人士担任，议长由穆斯林什叶派人士担任，副议长和副总理则由基督徒中的东正教派人士担任。各教派在内阁中任职的人数是固定的。基督徒和穆斯林在议会各占一半的席位。黎巴嫩内战还没有完全结束，真主党就在伊朗和叙利亚的支持下崛起了。真主党自称为抵抗运动，主张对以色列进行武装抵抗，它拥有的武装力量实力后来甚至超过了黎巴嫩国家军队。真主党不断以各种形式对以色列发起攻击，以色列每次均加倍报复。

刘志明大使夫妇在马海德医生的故乡哈马纳镇，与哈马纳镇镇长哈比卜·里兹克及当地居民一起向中国驻黎巴嫩大使馆在镇中心广场树立的马海德医生铜像敬献花圈

直至2006年7月，真主党在黎以边境绑架了两名以色列士兵，导致以色列对黎巴嫩全境进行了长达34天的狂轰滥炸，并向黎巴嫩南部派出了地面部队，企图一举消灭或起码是重创真主党武装。以色列自从1948年建国以来，每次对阿拉伯国家开战，不管面对多少阿拉伯国家，都是速战速决，而且几乎每次都是完胜。这一次它面对的虽然只是小小的黎巴嫩的一个党派的武装，但以色列却未能取得完全的胜利。34天的空袭炸断了黎巴嫩全国所有的桥梁，位于贝鲁特南郊的真主党总部大楼（离我们大使馆大约只有1公里）更是遭到反复轰炸，被完全炸成了碎片，10层高的大楼居然只剩下一个大坑。但真主党采取寓兵于民的战术，基本的武装力量并未受到重创。该党反而由于敢于抗击以色列而成了黎巴嫩，甚至整个阿拉伯世界的英雄，其武装力量也似乎在血与火的洗礼中获得了继续存在的合法性。该党在黎巴嫩政坛上的地位不降反升。而西方和以色列绝对不会听任一个敌视以色列、受伊朗支持的政党拥有一支不受黎巴嫩国家和政府控制、实力超过黎巴嫩国家军队的武装力量继续存在。因此，只要阿以冲突仍然存

在，特别是只要真主党武装力量继续存在，黎巴嫩就不可能安宁。我于2006年11月赴任时，黎以冲突刚刚结束三个多月。我亲眼目睹了以色列空袭在黎巴嫩全国各地留下的痕迹，其中包括被炸得无影无踪的真主党总部大楼旧址。我也经常因为以色列炸断了黎巴嫩全国所有的桥梁而不得不在去外地时绕道而行。我在黎巴嫩当大使4年，虽然说此间黎巴嫩（包括首都贝鲁特在内）仍然不时发生爆炸、暗杀等事件，黎以边界上更是经常发生交火事件，黎巴嫩国内各派之间的街头政治斗争也从未间断，但总体而言，黎巴嫩保持了和平，并逐步修复了2006年黎以战争的创伤。可惜好景不长，2011年底我离任后不久，叙利亚内战就又爆发了，至今没有停息。上百万的叙利亚难民涌进了总人口只有400多万的黎巴嫩。黎巴嫩本来就因为有40多万巴勒斯坦难民而面临不少问题，十多座巴勒斯坦难民营不完全受黎巴嫩当局管辖，现在又增加了上百万叙利亚难民，黎巴嫩承受压力之大是可想而知的。黎巴嫩只有两个邻国，南面是以色列，东面和北面是叙利亚，西面就是地中海了。在这种特殊的地缘政治环境里，只要阿拉伯国家和以色列之间的冲突得不到最终解决，黎巴嫩想要享受一个和平稳定的周边环境恐怕是很难的。

二

我对黎巴嫩的第二个深刻印象是：这是一个了不起的国家。黎巴嫩的国土面积只有1万多平方公里。而且，黎巴嫩几乎没有任何自然资源，既不产石油，也不产天然气，国土很大一部分是山区，粮食都不能完全自给自足。它几乎没有工业，只能利用当地的原料生产些葡萄酒、橄榄油、肥皂和巧克力之类的初级产品。尽管资源如此匮乏，而且地缘政治环境不好，战乱频仍，但是黎巴嫩的人均国内生产总值在2012年就超过了1万美元，而我国同年人均国内生产总值刚过6 000美元。2013年，按人均国内生产总值排列，我国在世界上的排名是第86位，而黎巴嫩的排名则是第66位。许多阿拉伯国家都盛产石油，可是既没石油又没天然气的黎巴嫩居然在阿拉伯国家中人均国内生产总值排名第7位，仅次于卡塔尔、阿联酋、科威特、沙特阿拉伯、阿曼和巴林等几个产油国。

那么，黎巴嫩是靠什么生存和发展的呢？据我所知，在黎巴嫩的经济结构中，第三产业占比超过70％，这在发展中国家是比较少见的。黎巴嫩主要有四大经济支柱。

黎巴嫩经济的第一根支柱是经贸。黎巴嫩几乎全民经商。黎巴嫩商人掌握着不少非洲，特别是西非国家的经贸业务，在世界其他许多地方也很活跃，为促进不同国家间的经贸交流穿针引线，也使自己从中获利。中国银联就是通过一家黎巴嫩公司使银联卡进入了埃及、伊拉克等20多个国家的。不少黎巴嫩商人告诉我，他们从中国进口商品或设备，直接销往第三国。就这样，黎巴嫩人在全球许多地方从事着物流传送，像小蜜蜂一样，在世界这个大花丛中起着传授花粉的作用。小蜜蜂虽是不起眼的，但其作用却不容小觑。黎巴嫩时任总理小哈里里亲口对我说：你别看黎巴嫩不产石油，但在中东产油的国家里，许多企业的经理都是黎巴嫩人。黎巴嫩首都贝鲁特曾经是中东的商贸中心，由于连年战乱，这一位置现已被阿联酋的迪拜占据。可是，阿拉伯国家农工商会总联盟的总部仍然设在贝鲁特。

黎巴嫩经济的第二根支柱是金融。相对于黎巴嫩有限的人口来说，黎的银行业是很发达的，贝鲁特也曾经是中东地区的金融中心。金融中心的地位是和它的商贸中心的地位相伴而生的。但黎巴嫩多年的战乱，使贝鲁特的中东金融中心地位逐渐被巴林取代了。可是阿拉伯国家银行联合会的总部也依然设在贝鲁特，金融也依然是黎巴嫩的支柱产业。

黎巴嫩经济的第三根支柱是旅游。黎巴嫩没有沙漠，依山傍海，名胜众多，烹调享有盛名，旅游设施发达，加上生活方式在阿拉伯国家中最为开放时尚，所以多年来黎巴嫩一直是欧洲，尤其是法、英等国游客十分青睐的旅游目的地。"9·11"事件后，许多原本喜欢去欧美享受的海湾富豪也由于西方人普遍对中东人增加了怀疑的目光而涌向了山清水秀的黎巴嫩。不少人干脆在黎巴嫩买块土地，建座别墅，每年到黎巴嫩避暑。这种现象已经相当普遍，以至黎巴嫩报刊刊登文章表示，也许用不了多久，相当多的黎巴嫩土地的主人就不是黎巴嫩人了。

黎巴嫩经济的第四根支柱是侨汇。黎巴嫩国内只有400万人，但生活在海外的黎巴嫩人（包括第二代、第三代等后裔）据说达到了1 200万～1 500万。这些人大多在拉丁美洲，特别是巴西尤为集中。据说在巴西的黎巴嫩人及其后裔已经达到了800万。这些黎巴嫩人之所以背井离乡，到海外谋生，应该说绝大部分都是不得已而为之。因为黎巴嫩没有资源，几无工业，地少人多。他们在到海外创业之初，恐怕大都经历了艰难困苦。但不少黎巴嫩人在海外发展得很好。一位名叫萨利姆的墨西哥电信总裁有一阵曾取代比尔·盖茨成为世界首富，他就是一位黎巴嫩移民。法国的雷诺和日本的日产公司合营组成了一个联合体，联合体的经理也是位黎巴嫩人。黎巴嫩人无论走多远，离开家乡多久，也仍然或多或少地与祖国保持着某种联系，到祖国旅游探亲（这种游客是支撑黎巴嫩旅游业的一个重要客源），向在国内的亲人汇款。在我离任的 2010 年，据说黎巴嫩收到的海外侨汇就高达 60 亿美元。这对一个只有 400 万人口的国家来说，应该是一笔可观的收入。

需要强调指出的是，黎巴嫩人无论是经商、搞金融、从事旅游行业，还是到海外打拼，靠的都主要是人力资源，特别是智力资源。据我观察，黎巴嫩人普遍高度重视教育。他们的母语是阿拉伯语。但凡受过教育的人，普遍会讲英文或法文，不少人还在学习西班牙文。所以黎巴嫩人到海外谋生，普遍没有多少语言障碍。黎巴嫩有用英语授课的美国大学和用法语授课的圣约瑟夫大学。这些大学的文凭，是美国和法国都承认的，可以凭它们到美、法就业。

黎巴嫩只是个弹丸小国，几无资源，地缘政治环境又那么恶劣，但黎巴嫩人"穷则思变"，努力奋斗，全靠自己的双手和头脑，实现了小康有余（当然，国家的财富分配仍然是很不平均的）。应该说，这确实是个了不起的成就。

三

我对黎巴嫩第三个深刻的印象是：这还是一个十分迷人的国度。

黎巴嫩曾被誉为"中东瑞士"，首先是因为它风景美丽、气候宜人。黎巴嫩恐怕是唯一没有沙漠、不缺水的阿拉伯国家。它的大部分国土被森林和其他植被覆盖着，一片郁郁葱葱。黎巴嫩国土面积狭小，最窄处不过数十公里宽。这个国家一面是山，一面是海，山区有些地方终年积雪。黎巴嫩全境有 6 个滑雪场，总长超过 30 公里，在中东绝无仅有。到了夏天，在同一天里，人们可以在黎巴嫩的山上滑完雪后，再驾车到海里游泳。而且黎巴嫩又是典型的地中海气候。雨雪都在冬天，夏天滴雨不下，非常适合游客们游玩。黎巴嫩冬天不冷，夏天不热。冬天除非长时间在户外或到山区，否则一套西服，外穿一件大衣即可。我在黎巴嫩 4 年没穿过毛裤。夏天最热的时候也不过 35～36℃，而且只要在阴凉处就会感觉凉爽。黎巴嫩工业很少，污染主要来自汽车尾气，贝鲁特多少有一点，但和北京的雾霾相比，简直可以忽略不计。我于 2006 年 11 月赴任后，整整一个月，贝鲁特的天瓦蓝瓦蓝，没有一丝云彩。我照了些照片发给女儿，女儿电话里问我：天怎么会那么蓝？是真景还是布景？

说黎巴嫩迷人，还因为它名胜古迹众多。黎巴嫩虽然 1943 年才建国，但这块土地历史悠久。它于公元前 2000 年成为腓尼基的一部分，以后又相继受过埃及、亚述、巴比伦和罗马帝国的统治，7 世纪起并入阿拉伯帝国的版图，16 世纪又被奥斯曼帝国占领。第一次世界大战结束后，黎巴嫩又成了法国的托管地。历史上的每一批占领者都在黎巴嫩留下了自己的印记。这些印记现在都成了很好的旅游资源。最著名的景点是巴尔贝克神庙和比布鲁斯古城。巴尔贝克神庙是罗马古迹，于公元 60 年建成，并在此后的 300 年间不断扩建，形成了一个宏伟的建筑群。后来，多次的大地震摧毁了神庙的大部分建筑，但残存建筑的规模和气势仍然令人惊叹。据说它是世界最宏伟的古罗马建筑群。我的一位同事到希腊游览回来后告诉我，世界著名的雅典卫城比起巴尔贝克神庙来，简直是小巫见大巫。只可惜大家都知道雅典卫城，却鲜有人知道黎巴嫩的巴尔贝克神庙（请希腊朋友们见谅，我没看过雅典卫城，我同事的评价也许是仁者见仁，智者见智吧）。一位黎巴嫩教授也对我说，世人都知道埃及的金字塔，但很少有人知道，金字塔最重的一块石头只有 50 吨，而巴尔贝克神庙最大的一块石头有上千吨重。位于首都贝鲁特以北 40 公里的比布鲁斯古城约有 7 000 年的历史。从比布鲁斯出土了一口石棺，上面刻有人类最早的字母文字——腓尼基文字。而这种文字被认为是西方各种文字的始祖。比布鲁斯还有个古港口遗址，十字军东征时曾把这里作为重要的运兵基地。

多元的文化和开放时尚的生活方式也是黎巴嫩吸引各方来客的又一因素。在地理上，黎巴嫩处于亚洲和欧洲、阿拉伯民族和犹太民族的分界线上。因此，它在许多方面兼有东西南北各方的特色。总体而言，它的居民可以分为基督徒和穆斯林两部分。但细分起来，小小的黎巴嫩居然有 18 个教派。在贝鲁特市中心，人们就可以既看到清真寺，又看到天主教教堂和东正教教堂。教派在黎巴嫩政治和社会生活中发挥着非常重要的作用。每有重大活动，特别是官方宴会，一眼望去，主席台或主桌上有相当多的人是穿着特色服装的教派领袖。教派众多和由此产生的多元文化是黎巴嫩的一大特色。走在大街上，特别是夏天，人们时常可以看到几个女孩并肩行走，有说有笑，其中有的用纱巾把自己的头发蒙得严严实实，一看就是穆斯林姑娘；有的则穿着相对暴露，一看就是基督徒女孩。但她们在一起喜笑颜开，显然相处和睦。黎巴嫩建国后，按照法国人的安排，实行西方式民主，搞市场经济、民主选举和新闻自由，从未出现过像伊拉克的萨达姆或利比亚的卡扎菲那样的独裁者。为此，黎巴嫩一直被西方视为"中东唯一的民主亮点"。毫无疑问，黎巴嫩各教派间是有矛盾甚至有时是有冲突的，但各教派总体上能够和平相处。各种力量在政治上的分野更多是依据政治立场而不是教派划分的。虽然宗教在黎巴嫩发挥着重要作用，但黎巴嫩总体上依然是个世俗的国家，任何一种宗教都不是国教，都不占据压倒性优势。而且，黎巴嫩保持着阿拉伯世界最为开放和时尚的生活方式。到了基督徒居住区域，酒吧、夜总会比比皆是，各种商业广告在大街小巷随处可见。

黎巴嫩的美酒和美食也使人印象深刻。黎巴嫩是典型的地中海气候，夏天滴雨不下，光照时间长，非常适合于葡萄增加糖分。因此，黎巴嫩红酒的质量很不错。我曾在法国常驻 8 年，对红酒略知一二。我初到黎巴嫩时，在超市看到有法国产的梅多克红葡萄酒。据我所知，这种酒是比较好的。我买了几瓶拿回使馆，准备在宴请黎巴嫩朋友时用。幸亏我在使用前做了一下比较，结果发现，同一价位的黎巴嫩红酒质量要更好些。也许是因为法国酒出口到黎巴嫩要付关税，所以性价比比不过黎巴嫩红酒吧。黎巴嫩烹调不但在阿拉伯世界小有名气，即使是在讲究饭菜品味的法国巴黎，也能占一席之地。巴黎有不少黎巴嫩餐馆。法国曾拥有过不少殖民地或托管国，但我注意了一下，其中在巴黎开餐馆的，似乎只有黎巴嫩和摩洛哥两国。这恐怕不是偶然的。

然而，最让我难忘的，还是黎巴嫩人的好客精神和待人的热情。文化因素在这方面起着重要作用。与我过去长期打交道的西方人不同，黎巴嫩人更具东方人的特点，但又没有东方人的矜持。他们待人热情，喜欢社交生活。一年到头，朋友熟人间经常相互宴请，也许每人每年只请客一到两次，但每次宴请的规模都普遍很大，经常是一次请数十人甚至上百人。食品和酒水均为自助，座位也不刻意安排，每人均可以自由选择座位和谈话对象。每个人的朋友圈轮流宴请，大家通过这种方式经常见面，互致问候，增进友谊，交换信息。

中国在黎巴嫩的总体形象很好。根据美国皮尤研究中心做的一次民意测验，在中东各国中，黎巴嫩民众对中国的好感度最高。作为中国大使，我几乎每天都会收到邀请我们夫妇出席晚宴的请帖。黎巴嫩人午饭吃得很晚，所以晚宴一般要到晚上 10

2011 年阿德南·卡萨主席在家中接待刘志明大使

点甚至更晚才能开始。到了开吃的时候，我们中国人吃晚饭的时间早已过去，肚子当然已经饿了，加上晚宴一个比一个丰盛，一不小心就吃多了。回到使馆已是午夜过后，只能洗洗睡了，吃进去的东西很难消化。尽管我深知长此以往对身体没有好处，但黎巴嫩朋友的盛情却常常使人难却。我离任并已退休4年，但仍常有黎巴嫩朋友发邮件、打电话、发贺卡向我表示问候，甚至到北京出差时还仍然一次次邀请我们夫妇共进晚餐。黎巴嫩人像中国人一样，不忘老朋友，让我很受感动。

刘志明大使夫妇在黎巴嫩宪法委员会主席夫妇家做客

中国在黎巴嫩有不少的好朋友和老朋友。我想特别提到其中的两位。一位叫阿德南·卡萨，是黎巴嫩一家银行的董事长，同时还是黎巴嫩农工商会联合会的主席，也是阿拉伯国家农工商会总联盟名誉主席。他曾数次入阁，担任黎巴嫩政府的部长。黎巴嫩人都知道，卡萨是中国的朋友。所以在我在任期间，凡是我举行的大型活动，黎巴嫩政府一般都指派他（当时他是部长）代表总统或政府出席。卡萨与中国的渊源起自20世纪50年代，他的父亲时任黎巴嫩驻巴基斯坦大使。就这样，命运使他与中国结下了不解之缘。当时西方对中国实行严密的经济封锁，卡萨历尽千难万险，克服重重困难，与中国做生意，向中国提供了不少在市场上难以买到的物品，同时也成就了自己的事业。为此，美国曾把卡萨列入黑名单，禁止他入境，并对其施加其他各种压力，但卡萨不为所动。中国没有忘记卡萨先生。在我在任期间，中国国际贸易促进委员会向卡萨先生颁发了纪念他从事对华经贸活动50周年的荣誉奖章。老人家十分珍视，经常拿出来给来访的中国客人欣赏。

我想特别提到的另一位中国的好朋友是黎巴嫩前驻华大使法里德·萨马哈。他在中国任职长达13年，为中黎友好合作关系的发展做出了重要的贡献。更难能可贵的是，在他离职返回黎巴嫩之后，无论是在他担任黎巴嫩中国友好合作联合会主席期间还是在此之后，他始终把向黎巴嫩公众介绍中国、促进黎巴嫩各界对中国的了解作为自己的使命。他的回忆录有一半篇幅是在讲述他在中国的工作与见闻。他经常为各界演讲，介绍中国，并同步播放他在中国拍摄的照片。最令人感动的是，他和夫人玛丽亚及独生女儿一家三口一起介绍中国的场景。他本人演讲，他夫人朗诵诗歌，他女儿介绍照片。非常令人难过的是，在我离任前不久，他夫人玛丽亚从楼梯上摔了下来，导致行动不便并且从此失语。看到萨马哈大使已年近 80 岁，夫人又遭此不幸，我心里非常难过。衷心祝玛丽亚早日康复，祝两位老人家安康、长寿！

刘志明大使夫妇和萨马哈大使夫妇共同出席马海德家乡哈马纳镇镇长哈比卜·里兹克（右一）举行的家宴。刘志明大使夫人杨凤英（左一）同萨马哈大使夫人玛丽亚在丰盛的家宴上合影
（本文照片均由中国前驻黎巴嫩大使刘志明提供）

在近 40 年的外交生涯中，我大部分时间是在同非洲，特别是欧洲打交道。到黎巴嫩工作，是我第一次涉足中东，也是我外交生涯的最后一站。也许是最后一幕给人印象最深吧，黎巴嫩给我留下了非常深刻的印象和许多美好的记忆。我衷心地祝我深深热爱的黎巴嫩和平安宁，祝我的黎巴嫩朋友们幸福安康！

中国前驻黎巴嫩大使
刘志明
2016 年 1 月 10 日

序言二
与中国有缘的黎巴嫩人

黎巴嫩位于亚洲西端，与地处东亚的中国相隔万里。然而，与中国有缘的黎巴嫩人却为数不少，他们的故事谱写出中黎友谊的华美乐章。我在黎巴嫩工作期间深切感受到那种拉近两国人民距离的友好情缘。至今一提起黎巴嫩，我就会想起那一个个与中国有缘的黎巴嫩人。

打动中国文豪的黎巴嫩作家——纪伯伦

纪伯伦是黎巴嫩文学艺术奇才，是阿拉伯近代小说和艺术散文的主要奠基者之一，也是 20 世纪世界文坛巨匠。

纪伯伦 1883 年出生于黎巴嫩，12 岁随母移民美国，后又返回黎巴嫩学习祖国的历史文化，还曾在友人的帮助下赴法国学画，得到罗丹的指点和高度赞赏。纪伯伦最终在美定居，以写文作画为业，一生清贫，48 岁便英年早逝，遗体归葬故里。

纪伯伦是位具有强烈人文主义情怀的作家。他曾说："整个地球都是我的祖国，全人类都是我的乡亲。"他后期创作了大量散文诗，其作品充满深刻哲理，很易引起读者精神上的共鸣，在世界各国受到欢迎。

早在 1923 年，茅盾先生就翻译了纪伯伦的 5 篇散文和散文诗，并在《文学周刊》上发表，使中国读者首次领略了这位阿拉伯杰出作家的文采。1927 年冬，冰心从美

吴泽献大使拜访黎巴嫩议长纳比·贝里

国友人那里初次读到纪伯伦的散文诗集《先知》，就为这本书"满含着东方气息的超妙哲理和流利文词"所吸引。1930 年春她重读此书，觉得此书"实在有翻译价值"，遂开始翻译，并由天津《益世报》文学副刊逐日连载，直至该副刊停刊中止。1931 年，冰心将《先知》全部译出并由新月书店出版。书中还附有纪伯伦为原书所绘的 12 幅插图。《先知》以智者临别赠言的方式，论述爱与美、生与死、婚姻与家庭、劳作与安乐、法律与自由、理智与热情、善恶与宗教等一系列人生和社会问题，充满比喻和东方哲理。此诗集是纪伯伦的代表作，被译成 20 多种文字在世界各地出版。1962 年冰心又开始翻译纪伯伦的另一部诗集《沙与沫》，部分译文 1963 年刊登在《世界文学》上。1981 年，《外国文学季刊》全文发表了冰心所译的这部诗集。1982 年，湖南人民出版社出版了冰心所译《先知》与《沙与沫》的合集。1996 年，湖南文艺出版社又出版了冰心这两部译作的英汉对照本。

为表彰冰心所做的这些工作，1995 年 3 月黎巴嫩总统埃利亚斯·赫拉维签署命令，授予冰心黎巴嫩国家级雪松骑士勋章。黎巴嫩驻华大使萨马哈代表总统授勋，将勋章佩戴在冰心胸前。冰心在致辞中说：这个荣誉不仅是给予我的，也是给予 12 亿中国人民的。纪伯伦不仅属于黎巴嫩，而且属于中国，属于东方，属于

吴泽献大使拜访黎巴嫩时任总理纳吉布·米卡提

全世界。他的作品深深地感染了几代人。

从 50 年代起，纪伯伦的其他作品也陆续被翻译成中文，后来他的作品全集也有多个中译版问世。他的文学造诣被越来越多的中国读者了解。我最近偶然翻阅一本由贵州人民出版社 1995 年出版的《世界文豪同题散文经典》，发现其中就收录了纪伯伦的 6 篇散文。

我在黎巴嫩工作期间曾多次到纪伯伦的故乡贝什里镇，参观坐落在那里的纪伯伦博物馆。国内一些访黎巴嫩团组只要时间允许，就会慕名前往。贝什里镇雄踞在黎巴嫩北部深山一条清幽静谧的峡谷之上。这条峡谷中星罗棋布地散落着大大小小的教堂、修道院以及古代隐士们栖身其中修

行的洞穴，被称为圣谷。镇的背后是海拔 3 000 多米的黎巴嫩山脉主峰，这一带的山顶一年中有半年多积雪，景色十分壮观。黎巴嫩的国树——著名的黎巴嫩雪松就适合在这里生长。贝什里镇背后的高山地带有一片雪松保护区，黎巴嫩国旗上雪松图案的原型就是生长在保护区的一棵千年古松。可以想见，贝什里镇景色极佳。游人到此，会立刻陶醉在大自然的雄奇、高远、深邃、宁静之中。我想，正是这种纯净美好的自然环境才给予了纪伯伦丰富的创作灵感。确实，纪伯伦在他的作品中曾这样表达他对故乡的热爱："只要我一闭上眼睛，那充满魅力、庄严肃穆的河谷，雄伟多姿的高山，便展现在面前。只要我一捂上耳朵，那小溪的潺潺流水和树叶的沙沙声，便响在我的耳边。我像哺乳的婴儿贪恋母亲的怀抱那样，思念这往昔如画的美景。"

纪伯伦博物馆系由一座修道院改建，纪伯伦遗体即安葬在此。博物馆主体建在石窟中，门前有一供游人休息及观赏风景的亭廊，游人在此可俯视圣谷并将四周山景尽收眼底。亭廊还通向一块可供组织纪念活动或其他文化活动的平台场地，黎巴嫩国家武术协会曾在此为当地民众表演中国武术。

博物馆内陈列着纪伯伦的画作、著作、笔记和藏书，还有他生前在美国居住时用过的家具、陈设。博物馆收藏了全世界各种语言、不同版本的纪伯伦著作，包括历年来中国访黎巴嫩团组相赠的中文版译作。我亦向博物馆赠送了一本新版的纪伯伦作品中文译著，表达了对纪伯伦的敬意。

纪伯伦从未到过中国，也未写过中国，但其作品却打动了中国文豪，其书能在中国屡屡再版，其在黎巴嫩北部山区的故里能吸引中国团组远道寻访，这真可谓是中黎之间的一种缘分。其实，人类的感情是相通的。所谓缘分，也就是联结各国人民感情的友好纽带。纪伯伦无疑是一位为中黎人民心灵相通做出贡献的黎巴嫩人。我想，作为一位热爱人类的作家，纪伯伦如泉下有知，得悉他在拥有 13 亿人口的中国得到同行的认可及读者的欢迎，一定会十分欣慰。

将一生献给中国的国际主义战士——马海德

说起《西行漫记》一书的作者埃德加·斯诺，许多人都知其大名。但不那么为人所知的是，1936 年与斯诺一同前往陕北的还有一位美籍黎巴嫩医生马海德。斯诺在陕北根据地采访后即回美写书报道中国苏区，而马海德却留了下来，并从此将一生献给了中国的革命事业和新中国的医疗卫生事业。他是第一位进入陕北苏区的外国医生、第一位加入中国共产党和中国工农红军的外国人，也是新中国成立后第一位加入中国国籍的外国人。

马海德1910年出生在美国，是第二代黎巴嫩移民。他在美国读了医学预科后，于1929年回到黎巴嫩，在贝鲁特美国大学继续学医，并于1931—1933年赴瑞士日内瓦大学攻读临床诊断，获医学博士学位。毕业后，他来到上海考察当时在东方流行的热带病。他原计划考察一年，但目睹旧中国灾难深重的状况后，又决定留下来深入考察中国社会。他先是在上海的两所医院工作，后又与同学合开诊所。在此期间，他结识了宋庆龄及在上海的外国进步人士史沫特莱、路易·艾黎等，并在他们的影响下研究马克思主义及中国革命问题。马海德了解到中国共产党及其领导的革命根据地的情况，积极支持中国共产党的活动，他的诊所成为中共地下党开会的联络处，他还在美国及上海的进步报刊发表文章介绍中国工农红军并揭露中国社会的黑暗。1936年，应中共中央之邀，宋庆龄推荐斯诺与马海德赴陕北考察。当年6月，二人在保安见到毛泽东。他们在根据地各处参观，后又随红一方面军赴甘肃迎接红二、红四方面军并转而随红二、红四方面军行动，直至1937年1月随部队回到延安。马海德巡视了陕北各地卫生医疗机构，写出调查报告，提出了改进苏区医疗工作的建议，得到毛泽东主席的肯定。马海德决心参加中国人民的革命事业，加入了中国共产党和中国工农红军，被任命为军委卫生顾问。同年，马海德到五台山八路军总部工作，年底返延安筹建陕甘宁边区医院。1938年宋庆龄在香港成立保卫中国大同盟之后，马海德受宋庆龄之托经常向大同盟报告陕甘宁边区情况，并通过大同盟向海外寻求国际援助，为边区获取了许多宝贵的医疗器材和药品。1942年，马海德到延安的国际和平医院工作。抗战期间，他先后接待了白求恩、柯棣华、巴苏华、米勒等来自加拿大、印度、德国的医生，协助他们去抗日根据地开展医疗救护工作。马海德本人仅在1944—1947年就诊治边区伤病员4万多人次，受到边区政府多次奖励。

除医疗工作外，马海德在延安还担任中共中央外事组顾问和新华社顾问，参加外事活动并帮助新华社创立了英文部。他还常为中央外宣刊物《中国通讯》撰稿。1946年马海德作为中共代表团顾问，参加了国共两党和美国三方代表组成的军事调处执行部，还作为解放区救济总会顾问与联合国善后救济总署及美国红十字会的人员接触，争取国际上对解放区的援助。

1949年新中国成立后，马海德被任命为卫生部顾问。他几十年如一日，不辞劳苦，深入基层，跑遍全国各地，全力以赴地开展性病和麻风病的防治和研究工作，取得了突出成绩。他的学术成就得到国内外高度评价，多次荣获国内国际重要医学奖项。1988年，他被授予"新中国卫生事业的先驱"的光荣称号。

马海德外文姓名是乔治·海德姆。他在边区与回民接触时得悉许多回民都姓马，而他本人作为黎巴嫩裔又对伊斯兰教较熟悉，因而给自己起了个中文名马海德。此后，马大夫之名在延安和各根据地广为人知。

但是，为什么同他一起去陕北并一道听毛泽东讲述其经历的斯诺在《西行漫记》中只字未提马海德呢？原来是在当时的背景下，马海德为避免家人在美国遇到麻烦，与斯诺说好不要在书中提及。

1972年斯诺在瑞士病危时，马海德受毛泽东、周恩来之托率医疗组前往探望。两位老友一见面，斯诺就微笑着用最后的气力向马海德及在场的黄华大使说："我们这些'赤匪'又在一起了。"

马海德生前曾任全国政协委员、常委。1983年，邓小平出席了马海德来华工作50周年庆祝大会。1988年，马海德在京去世。2009年，他被评为"新中国成立以来感动中国人物"。

一位黎巴嫩人会与中国革命及中国的卫生事业结下如此不解之缘，难道不令人赞叹吗？然而，马海德与中国的奇缘还不仅于此。值得一提的是，他在延安与一位中国女子喜结良缘，这就是延安鲁艺的女学员苏菲。1940年两人举行婚礼，毛泽东、周恩来等到场祝酒贺喜。毛泽东戏称马海德为"中国女婿"。1943年，两人在延安喜得贵子——周幼马。两人一生情深意笃，琴瑟和鸣，相濡以沫，书写了一段跨国婚姻的佳话。

1974年，马海德夫妇随中国卫生代表团访问黎巴嫩，时任黎巴嫩总统弗朗吉亚在官邸会见并宴请代表团，时任议员阿明·杰马耶勒全程陪团。阿明·杰马耶勒后当选黎巴嫩总统，在任期间于1986年2月委托黎巴嫩驻华大使萨马哈授予马海德黎巴嫩国家级雪松骑士勋章，表彰他在医学上为中国和世界所做的贡献。此访期间，马海德偕夫人到其祖居地哈马纳镇寻访乡亲，受到隆重热情的接待。乡亲们还向他们赠送了黎巴嫩雪松的树苗，让他们带回中国栽种。20世纪90年代末，苏菲老人再度赴黎巴嫩访问哈马纳镇，周幼马同行。母子二人参加了哈马纳街心公园——马海德公园的命名仪式。2003年，公园内立起了马海德半身青铜雕像。

2012年，全国政协代表团访问黎巴嫩，团员中有身为全国政协委员的周幼马。我陪同代表团访问了贝鲁特以东3万米的哈马纳镇。该镇位于群山之中，风景如画。马海德家族的亲友及该镇乡亲们得悉周幼马要回乡探访，早就在镇内等候。双方见面都有许多话要说，场面感人。正是"有朋自远方来，不亦乐乎"。

访问哈马纳镇之后，代表团一行又驱车沿着蜿蜒的山路赴 2 万多米外的山镇，拜访前总统阿明·杰马耶勒。那天他刚从国外归来，从贝鲁特机场直接赶回家乡山镇会见代表团。阿明·杰马耶勒回忆了当年陪同马海德夫妇访问黎巴嫩的情景，得知苏菲老人身体康健非常高兴，请周幼马一定要向母亲转达问候。宾主相叙甚欢。

中国政协代表团访问哈马纳镇（左三为萨马哈大使）

2015 年 4 月，我在宋庆龄故居出席纪念国际友人爱泼斯坦百年诞辰的活动时，见到苏菲老人。周老虽年逾九十，但精神矍铄，思维敏捷。我告其曾陪同周幼马访马海德祖居地，她立刻微笑着脱口而出"哈马纳"。我原以为老人不一定记得住一个外文地名，但显然，有关夫君的一切都深深印在周老的脑海里。

在纪念抗日战争胜利 70 周年之际，为缅怀在抗战中帮助中国人民的国际友人，根据周老所著《我的丈夫马海德》一书拍摄的电视剧《历史永远铭记》于 2015 年 9 月在央视一套播出。这部电视剧再现了马海德传奇的一生。我相信，马海德的事迹一定使电视观众深受感动。

黎中贸易之路的开拓者——卡萨

在黎巴嫩，卡萨先生大名鼎鼎。他是黎巴嫩历史最悠久的老字号银行法兰萨银行的董事长，还是阿拉伯国家农工商会总联盟名誉主席。然而，黎巴嫩富商巨贾云集，例如 2014 年世界首富墨西哥电信总裁就是黎巴嫩人，因而仅仅富甲一方并不足道，值得一书的是卡萨先生与中国的深厚情缘及他为发展中黎关系做出的贡献。

卡萨先生出身于大法官和外交官家庭，其父曾任驻巴基斯坦、驻土耳其大使，退休后致力于律师事务并组建了黎巴嫩大学法律系。青年卡萨在圣约瑟夫大学学的是法律，成绩优异，但毕业后却不愿按其父之意从事律师职业，而是对经商情有独钟。其父尊重其选择并赠其经商启动资金。1954 年卡萨先生和弟弟一道赴巴基斯坦卡拉奇创业，他们的父亲当时正在巴基斯坦任职。二人在卡拉奇邂逅了一些港商，1955 年二人应邀访港时又结识了中国华润公司的代表，从此与当时还遭西方孤立，与黎巴嫩也无外交关系的新中国建立了联系。华润方面当时托卡萨兄弟说服黎巴嫩总统邀请当年出席叙利亚大马士革展览会的中国代表团访问黎巴嫩。在当时黎巴嫩还与中国台湾地区有"外交关系"的情况下，要办成此事并不容易。但卡萨兄弟想尽千方百计，终于做通了时任总统夏蒙的工作。时任黎巴嫩经贸部部长与到访的中国外贸部副部长进行了会谈，双方签署了中黎间第一个贸易协定。随后，卡萨兄弟又积极协助中国在黎巴嫩设商务代表处。由于中国台湾地区方面的阻挠，办理此事十分艰难。但卡萨兄弟最终获得成功，中国商务代表处于 1956 年在黎巴嫩成立。当年底，卡萨兄弟经中国香港地区首次访华并成为中国在黎巴嫩的商品代理。从此，兄弟二人成为中国常客。那个年代中国商品在国际市场知名度不高，卡萨兄弟从广交会带回各种商品样品向阿拉伯市场推介，经常组织举办中国商品展销会。渐渐地，兄弟二人的对华贸易风生水起，越做越红火。

随着实力的不断增强，卡萨先生在黎巴嫩商界、阿拉伯商界乃至国际商界的地位也不断上升。他多次当选黎巴嫩农工商会联合会主席和阿拉伯国家农工商会总联盟名誉主席。1997 年他成为总部设在巴黎的国际商会代理会长，1999 年他出任会长。国际商会拥有 140 个国家委员会，卡萨先生是首位来自阿拉伯国家的会长。

在这些超越其自身事业的更高层面岗位上，他积极推动黎巴嫩或阿拉伯企业及国际上其他企业大力开展对华合作。1972 年他首次当选黎巴嫩农工商会联合会主席后，随即组织黎巴嫩企业家代表团访华，由此揭开了黎商纷纷开展对华贸易的序幕。1981 年卡萨先生组织了首个阿拉伯国家企业代表团访华。1988 年，在卡萨先生的倡议下，阿拉伯国家农工商会总联盟与中国贸促会签署协议，成立了中阿联合商会。如今中黎、中阿贸易与当年卡萨兄弟勇探对华贸易之路时已不可同日而语。2014 年中黎贸易额达到

20 亿美元。同年，中国是阿拉伯世界第二大贸易伙伴，也是 9 个阿拉伯国家的最大贸易伙伴。作为中阿贸易最早一批"吃螃蟹者"，卡萨兄弟功不可没。1985 年，卡萨先生曾率国际商会代表团首次访华。1999 年他就任国际商会会长后，立即推动成立中国国家委员会，如今该委员会是国际商会中最活跃的国家委员会之一。

20 世纪 80 年代，卡萨兄弟将目光转向金融，收购了法兰萨银行。如今该银行在 11 个国家设有分支机构。此后，金融取代贸易，成为卡萨兄弟的主业。转入银行业后，卡萨兄弟立刻推动与中资银行的合作。迄今法兰萨银行已与中国多家银行建立了代理行关系及伙伴关系，包括中国银行、国家开发银行、中国进出口银行、中国工商银行、中国建设银行、中国农业银行、交通银行、兴业银行、中国光大银行、招商银行、中信银行、江苏银行等。2013 年，法兰萨银行专门设立了中国业务小组，这在阿拉伯国家银行中是首创。2014 年，法兰萨银行接待了中资银行代表团一行，进一步商谈合作。2015 年 2 月，法兰萨银行在黎巴嫩发行了首张银联卡，受到黎巴嫩民众，特别是商界人士的欢迎。黎巴嫩开展对华业务的企业家很多，每年出席广交会者均十分踊跃，平时赴华从事商务者亦络绎不绝。法兰萨银行发行银联卡为他们提供了方便。卡萨兄弟还积极向黎巴嫩及阿拉伯企业介绍中国的"一带一路"倡议，为企业参与"一带一路"出谋划策。法兰萨银行专门制作了"一带一路"合作专刊。

至今卡萨先生已访华 50 多次，受到过不少中国领导人的接见。多年来，他也在黎巴嫩接待过各个级别的众多中国代表团。他将中国访客视为家人，将同中国打交道视为极大快乐。

为表彰卡萨先生在促进各国对华贸易方面所做的贡献，中国贸促会于 1997 年向他颁发荣誉勋章，又于 2007 年授予他荣誉会员证书。卡萨先生的弟弟告诉我，卡萨先生一生获得各种荣誉称号无数，但他对家人说，他最珍视的是中国贸促会给予他的荣誉。

2015 年 5 月，中阿合作论坛第六届企业家大会暨第四届投资研讨会在黎巴嫩举行。中国政协副主席王正伟、黎巴嫩总理萨拉姆在会上发表主旨讲话，卡萨先生作为阿拉伯国家农工商会总联盟名誉主席也出席了会议。会前，新华社记者采访了卡萨先生。他抚今追昔，提到 2015 年是第一个黎中贸易协定签订 60 周年。他对中国现已成为黎巴嫩及大多数阿拉伯国家的第一大货源国感到十分高兴。他说："我的经商生涯与中国密切相连。我从中国学到了许多东西。我今年已经 86 岁了，只要我还活着，就会继续致力于促进两国关系。"他还表示："中国已经成为我生命的一部分，我将继续为'一带一路'建设以及推动阿中和黎中关系出力。"

我赴黎巴嫩任职伊始即去拜访卡萨先生，他十分热情地接待我，对中国的友好之情溢于言表。他豪爽地嘱咐我，在黎巴嫩工作有任何需其协助之处，尽管找他。确实，卡萨先生不仅是黎巴嫩商界翘楚，在政界也人脉深厚。他本人曾出任过黎巴嫩经贸部部长。我在黎巴嫩期间他女婿是黎巴嫩新闻部部长。

卡萨先生多次邀请我赴其家宴，还曾邀请使馆全体馆员到其在贝卡谷地的酒庄度周末。贝卡谷地横亘在黎巴嫩两条高峻的山脉之间，良田沃野、一马平川，风光无限。卡萨先生的酒庄有一个多世纪的历史，所产葡萄酒为黎巴嫩最知名的两大品牌之一，质量上乘，但数量有限，价格不菲。卡萨兄弟请我们在酒庄花园内用餐，畅饮佳酿。看得出，与中国朋友在一起度过一段休闲时光使他十分愉快、放松。我衷心祝福这位中国情结如此之深的黎巴嫩老人，愿他寿比南山，为中黎、中阿友好不断做出新贡献。

与中国心有灵犀的人们——令人难忘的黎巴嫩各界友人

除上述三位人物外，黎巴嫩还有许多与中国有缘之人。黎巴嫩政党、教派林立，由于历史纠葛和现实冲突，相互间矛盾错综复杂。然而，黎巴嫩各方人士对中国的态度都十分友好。我工作中接触过的各位政界要人、宗教领袖自不必说，都将中国视为朋友，对我的工作都给予方便和支持。我常成为他们的座上客，与他们交谈觉得十分亲切、投缘。有不少人和事都让我很感动，我深知，他们是通过我真诚地表达对中国的信任和友好。此外，我还结识了许多其他各个社会阶层的人士，他们对中国的友好之情也令我难忘。在此仅举几例。

卡西尔先生

我到黎巴嫩工作不久，便有一位年逾九旬的老者登门造访。老人鹤发童颜，身板硬朗，一看就是个老寿星。老人名叫卡西尔，前来别无他意，就是要对我来黎巴嫩就任表示欢迎，告诉我在黎巴嫩有他这样一位热爱中国的老者。卡西尔先生向我介绍了他与中国结缘的经过，真是说来话长。他当年在非洲塞内加尔经商时结识了法国外交官佩耶，两人成为挚友。1964年中法建交，佩耶被任命为首任法国驻华大使。那时中国在世人眼里是个神秘的国度，法国是第一个与新中国建立大使级外交关系的西方大国。佩耶赴任时邀卡西尔先生同行到中国一游，卡西尔先生欣然应邀。他一到中国便为这个古老而又新生的国家所吸引，从此爱上中国，一往情深，至今不渝。

卡西尔先生向我赠送一把做工十分精致的阿拉伯宝刀，说是见面礼。我见老人一片诚心，不忍拂其美意，便嘱同事在馆内好生收藏，作为"镇馆之宝"。此后，卡西尔先生还时常邀请我及同事们到其府邸做客。

黎巴嫩人有经商创业传统，且四海为家，足迹遍布全世界。据估计，目前在世界各地的黎巴嫩人有1500万到2000万，且许多人事业有成，前面提到的墨西哥电信总裁即为一例。卡西尔先生亦属这类成功人士。他一生在非洲和法国打拼，老来回黎巴嫩定居。他在贝鲁特东南1万多米处的一片山坡上建了豪宅。房屋由他自行设计，宽敞明亮，典雅庄重，如同宫廷。屋前是一大片花园，草木葱茏。

我第一次前去拜望这位老人时带了一件中国工艺品作为回赠之礼。不料他家中已摆放了许多中国工艺品，要找一件他还没有的中国工艺品还真不容易。

卡西尔夫人对我们同样十分热情，虽亦年迈，每次见我们到访仍要亲自指挥厨房准备佳肴，并指挥侍者将餐桌布置得就像在高档餐馆里一样漂亮。

每逢使馆举办国庆招待会等重要活动，卡西尔先生一定出席，而且在现场和所有来宾一样始终站着。我们怕他疲劳，给他搬把椅子，他也不肯坐。他喜欢开玩笑说，他还年轻，才60岁。我也常回应说，我们都是60岁的小伙子。他听了很开心。与这样一位慈祥、和善的老人在一起，你会感到亲切、温暖，就像与自家长辈相处，中黎之间历史、文化、民族等各方面的差异以及两国间遥远的距离似乎根本不存在。

埃德先生

埃德先生也是奔"九"的人。他是黎巴嫩新闻界元老，掌控黎巴嫩一家主要报业集团，曾任黎巴嫩新闻部部长。黎巴嫩上上下下都熟知其名。这位老人同样十分和善、慈祥，我首次去他府邸拜访时，就有一见如故的感觉。他兴致勃勃地向我讲述他如何从50年代起就一直关注新中国发生的一切。他提及许多当年中国发生的大事，准确地说出一些当事人的名字，言谈之间满含对中国的友好之情。我想，即便是中国人，现在的年轻一代也未必对他所谈及之事都有所知。他说，这是他从事新闻职业使然。但我认为，他对中国的兴趣远远超越了职业层面，而且是十分友好地观察中国，驱动他的显然是一种很深的中国情缘。否则，他对中国的了解不会如此细致，记忆不会如此清晰，看法也不会如此客观。

初次见面他就留我共进午餐。后来我也请他和家人到使馆做客。全家人对中国都很友好，席间谈笑风生，其乐融融。

萨马哈大使

萨马哈大使于20世纪80年代至90年代出使中国长达十多年。他曾代表黎巴嫩总统先后给马海德及冰心授勋。他在给冰心授勋的仪式上满怀激情地赞扬中华民族的优秀品质，强调"这些品质是由兼收并蓄、坚忍不拔、顽强拼搏和诗一般的温馨融汇在一起的一种民族精神"。

了解萨马哈大使的人会知道，他说这番话并非外交辞令，而是发自肺腑。他在华任职期间很活跃，积极推动中黎关系。退休后，他仍然为中黎友好奔走，曾任黎中友联主席。2003年马海德铜像在哈马纳镇揭幕时，他便作为黎中友联主席在揭幕仪式上发表讲话。

我在黎巴嫩期间多次到他府上赴宴，他也常来使馆做客。他和夫人及女儿一家三口都对中国感情深厚。他女儿是在中国度过童年、少年时代的，上的是中文学校，至今还会说中文常用语。有一次，萨马哈大使在贝鲁特做公益讲座介绍中国，他女儿先操作幻灯片并讲解，放映的照片都是一家人在北京拍的街景、名胜和普通市民日常生活场面，听众们兴趣盎然。然后萨马哈大使回答听众的踊跃提问，气氛热烈。我在黎巴嫩工作期间也不时会向公众做关于中国的讲座，但我想，由一位驻华大使讲中国，黎巴嫩公众肯定是另一种感受。

萨马哈夫人在华期间潜心学习中国画，已有相当造诣。她在家中挂了许多自己的画作，都很有水平。可惜她前些年中风后便不能站立和说话，只能坐在轮椅上同到访者握手致意。她每次见到中国人就眼眶湿润，竭力从嗓子里发出一些声音，总想与大家交流。显然，她对中国有太多的美好回忆，有太多的话要说给我们听，见到中国人而不能说话使她十分痛苦。我们也为她揪心，祷愿能有奇迹发生，使她恢复健康。我每次请萨马哈大使到使馆做客时都关照他偕夫人一并前来。尽管她行动不便，见到我们又会眼泪汪汪，但我想，她一定喜欢置身于她熟悉的中国氛围，她内心深处一定希望多有机会和中国人见面。

叶海亚准将

叶海亚准将是首位赴中国国防大学进修的黎巴嫩高级军官。他曾任黎巴嫩军事学院院长。我在黎巴嫩工作期间,他任总统顾问。

叶海亚准将对他在中国进修的这段经历难以忘怀,经常邀请我和使馆同事到其府上做客,回忆他在中国度过的时光。他夫人曾在他进修期间赴华探望,两人显然对中国的一切都充满感情。他们共同说起如何能像中国老百姓一样乘坐公交车从位于京郊的国防大学进城,非常自豪。我们每次去叶海亚准将家中,他夫人都会准备极为丰盛的黎巴嫩餐招待我们,好像不丰盛不足以表达他们对中国的友好之情。无论是菜肴的品种还是每道菜的数量都准备得过多,远远超出我们在餐桌上的战斗力。叶海亚准将夫妇二人膝下有三个青春年少的女儿,她们也都对中国十分向往。我们和叶海亚准将夫妇二人交谈时,她们都静静地在旁聆听。如有年轻的使馆同事也去做客,一群年轻人就会独自在一旁畅聊起来,就像是一个班里的同学那样相熟。

阿基基博士

阿基基博士的专业是医学生物学。他在比布鲁斯古城开了一个医学化验所,因水平高,连一些首都贝鲁特的病人也会驱车数十千米到他的化验所进行检查。然而,阿基基博士的真正兴趣不在本行,而在植物。他在家醉心养花弄草植树,改良品种,乐此不疲。同时,阿基基博士也非常喜欢中国。使馆举办的活动他逢请必到,他也常请使馆同事去家中餐叙。他曾领我观赏他家附近山区的一片雪松林,他的一大心愿就是将黎巴嫩雪松移植到中国。

雪松是黎巴嫩国宝,也是国家的象征。前面提到黎巴嫩国旗上的图案就是雪松。黎巴嫩雪松是雪松中的名贵品种,生长在海拔 1 300 米至 3 300 米的山地,生长缓慢,树龄可逾千年,而且树龄越大材质越坚硬。古代黎巴嫩的山上长满雪松,黎巴嫩人的祖先腓尼基人擅做雪松生意,将雪松木海运到埃及高价出售。埃及胡夫金字塔中的太阳船就是用黎巴嫩雪松制成的,距今已有 4 500 多年,依然不朽。因过去长期砍伐,目前黎巴嫩雪松所剩不多,黎巴嫩政府设置了几个保护区加以保护。因此,现在黎巴嫩雪松更为珍贵。

为将黎巴嫩雪松移植中国,阿基基博士仔细研究中国可能适合其生长之地。他认为黄山松与黎巴嫩雪松相似,便赴安徽考察并赠黎巴嫩雪松树种给黄山市林业机构试种。可惜黄山海拔低,且气候对黎巴嫩雪松而言过于温暖潮湿,试种未成功。

但阿基基博士始终不死心,总想着另择合适之地。有一次宁夏回族自治区一位领导访问黎巴嫩时听我介绍黎巴嫩雪松并提到阿基基博士的计划，认为宁夏六盘山区可能适合黎巴嫩雪松生长，回国后便请宁夏林研所考虑此事。该所通过使馆与阿基基博士取得了联系。一开始他认为中国西北地区一定很干旱，移植黎巴嫩雪松肯定不可行，但宁夏林研所介绍了六盘山区独特的地理和气候条件后，阿基基博士十分高兴，随即托我将一批树种捎给宁夏林研所。该所李所长收到树种如获至宝，认为有很大把握试种成功。我衷心祝愿阿基基博士的梦想成真，为中黎友谊锦上添花。

黎中友联

黎巴嫩中国友好合作联合会（简称黎中友联）创建于 2001 年 8 月。2003 年 1 月 23 日，黎中友联经黎巴嫩内政部按照科学和新闻类的有关规定正式注册批准成立。黎中友联成员来自不同行业，不分政治信仰和宗教背景。让他们走到一起的共同点就是：他们都发自内心地热爱中国，对开展同中国的友好活动非常积极热心。黎中友联是一个完全自发组成的民间团体，没有任何官方拨款，也不寻求企业赞助，活动开销都是自己想办法。比方说他们接待到访的中国团组时，会请参加与中方交流的单位分担一部分接待任务，也会请经营酒店、餐饮业的会员提供食宿方便，还有一些活动费用就由会员分

黎中友联在一成员家中小聚
（本文照片均由中国前驻黎巴嫩大使吴泽献提供）

摊。每次接待中国到访团组，他们都像过节一样快乐，见到中方代表团中阿拉伯语言文化方面的专家学者更是格外高兴。他们的热情友好也总使中方访问黎巴嫩团组深受感动。记得有一次，在黎中友联为中方团组举行的欢迎晚宴上，中方代表团的年轻成员受现场热烈气氛感染，为答谢好客的主人，用阿拉伯语演唱了黎巴嫩传统名曲，赢得黎中友联朋友们经久不息的掌声。整个宴会厅充满中黎友好之情。

黎中友联每年都要聚会多次，邀我馆人员参加，由会员轮流做东。虽然会员分散在各地，有时需驱车数小时才能赴会，但每次都能聚集数十

人。大家兴高采烈，共叙中黎友谊，聚会结束时总是意犹未尽，约好下次聚会时间。黎中友联每年还要找一家大饭店举办一次年会，同样请我馆人员参加。年会的规模比平时聚会要大得多，热闹非凡。我每次看到这些友人，心里都暖洋洋的。他们对华友好绝无他图，出席年会还要自费。简直可以说，他们天生就是喜欢亲近中国，有一种天然的对华友好之情。

黎中友联现任主席是达海尔博士。他和夫人都是黎巴嫩大学教授，也都将黎中友好事业当成己任，积极为此奔走、联络、策划，不遗余力。经达海尔博士穿针引线，2015 年 4 月延安市与马海德祖居地哈马纳镇签订了缔结友好市镇关系的意向书。陕西省的另外两个城市宝鸡和渭南也分别与黎巴嫩的贝鲁特市及贝特梅利镇签订了结好意向书。达海尔博士经常访华。2015 年 5 月，他为北京外国语大学阿拉伯语系的学生做了关于中东局势的讲座。

黎中友联中还有一批骨干成员，积极协助主席张罗各项事宜，努力为中黎友好添砖加瓦，并以此为荣、为乐。

"海内存知己，天涯若比邻。"大家都能体会这句诗的深刻含义。我觉得用这句诗来描述中黎人民之间的友好情缘真是再贴切不过。这方面要讲的人和事还有很多很多，我愿最后再讲一个小故事来结束此文。

有一次，一所山区小学与我馆联系，要组织一年级的小学生到中国使馆参观。我们当然十分欢迎，盼着小朋友们早点来。但不巧在预定日期前不久黎巴嫩安全局势再度趋紧，校方只得推迟此项计划。我们以为此事恐要搁浅，因为孩子们的安全牵动着每个家长的心，校方也责任重大。然而，一俟局势趋缓，一群天真活泼的孩子便来到使馆。除参观使馆外，孩子们还当场上手工课，将带来的蜡光纸剪成一面面小红旗和一颗颗金黄色的五角星，然后将五角星贴在红旗上，做成中国国旗。孩子们骄傲地向我们展示劳动成果，接着又争先恐后地向我们提各种各样关于中国的问题，比如中国的长城是什么，中国的龙长什么样，等等。对这样一群可爱的小天使，我们少不了要犒劳一下。食堂做了一些中式小点心请他们品尝，他们都吃得津津有味。

从这些孩子身上，我看到了中黎友好情缘将代代传承的前景。毋庸置疑，中黎友好之树会永远枝繁叶茂、硕果累累。

中国前驻黎巴嫩大使
吴泽献
2016 年 1 月 28 日

序言三

有史记载以来的中国与黎巴嫩的关系
——黎巴嫩共和国与中华人民共和国 45 年的外交关系

　　我作为一名黎巴嫩高级外交官，在谈论黎巴嫩外交时如果小心翼翼或谨小慎微，则大可不必，因为事实有目共睹，足以填补沉默。任何人都可以翻阅历史记载，从中了解事件的过去和现在，得出必要的结论。自古以来，国家有大小之分。征服者总是被野心冲昏头脑。当巴比伦战火燃起，大流士奔向爱琴海和雅典时，当时黎巴嫩被称为腓尼基。在阳光下，它的地位令人触目，它有特定的对外关系和友谊，有温和的联盟。当大国向它施压，而自己能力有限，无法和平对抗时，它只得开放边境，让它们的军队通过。时光逐渐流逝，但这些军队没有留下痕迹，只有在狗河（位于首都贝鲁特的北面）走廊或其他地方留下一块记忆的木牌。

　　这种行为的结果是证实外交的现实性和灵活性，证明黎巴嫩的思想家和作家米歇尔·希哈的话："黎巴嫩注定要经常忍受风险。"古代腓尼基人的黎巴嫩舰队乘风破浪驶向西方。从东方过来的商队，前往地中海。这些都是按照双方的协议来安排的。在中国，我有机会了解这些情况，到过著名的丝绸之路经过的地方。这条丝绸之路直到西安，也经过黎巴嫩南部的苏尔，这是丝绸之路亚洲的最后一站。中国货物从这里通过腓尼基人的船只继续运往国外，直到意大利的威尼斯。这些操作过程是基于双方的共识和协调。我们也可把它分属为外交行为。

　　在谈到黎巴嫩和中国之间外交关系的过程之前，我要提请大家注意一个特别的时间段，即乔治·海德姆博士（马海德）在中国的那段时间。他真切地体现了黎巴嫩在中国的存在。我认为有必要向大家，尤其是向那些不知道谁是乔治·海德姆和他在中国起到什么作用的人简单地介绍他的事迹。他的中文名字是大家熟悉的马海德。1910 年生于美国纽约州布法罗市。早年，父母亲从黎巴嫩的哈马纳镇迁居到美国。马海德后来返回黎巴嫩，毕业于贝鲁特美国大学。出于意识形态和求知目的，马海德 1933 年来到中国。他先落户于上海，开了一家医疗诊所，后与漂亮的中国姑娘苏菲结了婚。她毕业于戏剧学院，是她把马海德送到延安，介绍认识中国领导人毛泽东，并使马海德成为毛泽东的保健医生的。1937—1949年，他们一起参加了长征。其间，马海德医治了4万多名伤员和麻风病患者。1949年，同毛主席和获胜的解放军队一起进入了北京，见证了中华人民共和国的成立。他在中国度过了55年的岁月，在科学和医学研究方面做了大量的工作，发挥了独特的作用。我作为黎巴嫩驻中国大使荣幸地把当时阿明·杰马耶勒总统授予他的黎巴嫩国家级雪松骑士勋章佩戴在他的胸前。我从北京回到贝鲁特后，在我的积极倡议下，黎巴嫩中国友好合作联合会成立了。在联合会的努力和中国驻黎巴嫩大使馆以及哈马纳镇的参与下，在哈马纳镇马海德故居的土地上，建成了一个马海德的半身青铜雕像，用以表彰他的奋斗业绩和高度评价他在跟随伟大领袖毛泽东主席解放全中国而为之奋斗的历史中写下的黎巴嫩篇章。

青年时期的萨马哈大使

　　我写这篇序言只是为了回顾黎巴嫩和中国建立外交关系之前早就存在的非常古老的关系。2016年是黎巴嫩和中国建交45周年。1971年，中国台湾被取缔了联合国会员资格，并被驱逐出联合国。中华人民共和国取代了它的地位，并理所当然地成为联合国安理会常任理事国。黎巴嫩很快地承认了中国，成为首先与中国建立外交关系的国家之一。1971年11月9日，黎中两国共同签署了联合公报。第二天，在双方首都贝鲁特和北京同一时间公开发表此公报。中华人民共和国于1972年1月在贝鲁特建立了大使馆。黎巴嫩大使馆也于1972年4月在北京建立。黎巴嫩驻华的第一任大使是伊利·布斯塔尼阁下。

双边关系的准则和中国在这方面的立场

　　中国和黎巴嫩在相互尊重独立和主权及每个国家的领土完整的基础上，建立了关系。必须指出，中国的外交政策是基于众所周知的五项原则：相互尊重主权和领土完整、互不侵犯、互不干涉内政、平等互利、和平共处。在当时发表的联合声明中，中国同往常建立外交关系时一样，强

马海德医学博士在授勋仪式上发表讲话

刘志明大使夫妇与萨马哈大使夫妇

调只承认一个中国，即中华人民共和国，不存在"两个中国"，"台湾是中国领土不可分割的一部分"。

在我们谈论中国领土完整时，应该指出的是，中国政府于1997年对香港恢复行使主权。这是建立在前英国首相撒切尔夫人与中国政府签署的协议的基础上。条件是50年内中国保持香港地区现有的经济体系。依据这个条件，中国领导层提出了一个政治学上的新学说"一国两制"，也就是说，中国内地的经济体制不同于香港地区的经济体制，两种经济体制都统一在中共中央的政治领导下。同样，以这项措施为样板，根据与葡萄牙政府签署的协定，中国政府于1999年对澳门恢复行使主权。

2003 年 8 月 31 日，刘向华大使（右三）、萨马哈大使夫妇（右二、右四）等人出席马海德铜像揭幕仪式

在国际论坛上，黎巴嫩与中国的政治关系

中国领导人不错过任何机会表达中国对黎巴嫩的支持，并呼吁所有黎巴嫩人都坚持谅解和团结在政府的周围。在国际论坛上，两国保持永久的合作关系。在提名加入国际组织和机构时，黎巴嫩经常得到中国的支持。这样的例子不计其数。这里仅举几个：加入国际民航组织、加入国际海事组织、派遣国际维持和平部队、加入无线通信协会理事会、加入联合国人权委员会专家组等。我们不会忘记在通过第 425 号决议时中国的积极立场。

我愿意坚持提及黎巴嫩与中国在国际论坛中的相互支持，也许是因为它反映了外交关系的真正形象。在我结束北京的任务前，我觉察到中国和黎巴嫩在彼此提名加入国际组织和机构的立场。我认为，把这些罗列出来是非常有利的。下面是一些实例：

第一，相互支持。

（1）在纽约举行的选举海洋法国际法庭的成员时，黎巴嫩和中国相互提名支持对方为会员。

（2）在纽约举行的选举过程中，中国推荐黎巴嫩为联合国儿童权利委员会委员，黎巴嫩推荐中国为大陆架界限委员会委员。

（3）在巴黎举行的世界文化遗产委员会的选举中，黎巴嫩和中国相互推荐对方为委员会委员。

（4）在伦敦举行的选举国际海事组织理事会理事的过程中，黎巴嫩推

27

荐中国为理事会理事，中国也支持黎巴嫩为理事会理事。

第二，在纽约联合国选举会议上，黎巴嫩支持中国为会费缴款委员会委员。

第三，黎巴嫩希望中国在第五十四届日内瓦会议上支持它提名为联合国人权委员会的反对歧视和保护少数群体分支委员会的成员。

第四，中国希望黎巴嫩支持它在下列机构的候选资格：

(1) 联合国消除对妇女歧视委员会。

(2)·联合国经济和社会理事会的可持续发展委员会。

(3) 联合国非政府组织委员会。

在双边关系框架内，加强互访充分反映领导人的意愿。自 1971 年 11 月 9 日黎中两国建交至今，一些黎巴嫩官员访问了中国，其中著名的人士和组织有：

外交部部长哈利勒·阿布·哈马德（已故）率领的官方代表团。

前总统阿明·杰马耶勒（时任副总统）。

前部长、议员瓦利德·琼卜拉特。

前外交和移民部秘书长福阿德·阿特尔克大使。

法里斯·布维兹部长率领的政治、经济和企业家代表团。

民用航空总干事率领的代表团。

黎巴嫩第一夫人穆娜·赫拉维率领的由 135 位黎巴嫩妇女组成的代表团。

拉菲克·哈里里总理率领的官方代表团。

外交部秘书长扎菲尔·哈桑。

前农业部部长萧盖·法胡里教授。

访问黎巴嫩的中国官员主要有：

外交部副部长齐怀远。

外交部副部长杨福昌。

文化部部长助理。

外贸部副部长和出口促进局局长率领的代表团。

纺织工业部部长。

外交部副部长。

中国民航局局长。

大连市副市长率领的中国企业家代表团。

外交部副部长吉佩定。

中国运输部副部长。

外交部部长助理。

中国国务院副总理钱其琛先生率领的政治和经济代表团。

中国同黎巴嫩的经济和贸易往来

两国贸易往来的历史可追溯到中国西安市和腓尼基的苏尔市之间的一条丝绸之路。在中国与意大利的威尼斯启动贸易活动前，黎巴嫩苏尔市是这条丝绸之路在亚洲的最后一个城市。

至于中国和黎巴嫩之间的现代经济交流，就要回到1958年，从那时起直到1975年，即黎巴嫩内战爆发。当时，贸易繁荣，特别是黎巴嫩从中国的进口贸易。双边贸易没有停止，商人的活动集中在国外，这主要是为了避免战争的危险。他们在产地活动，以供应国内市场。1991年，国内平静以后，黎巴嫩商人恢复在贝鲁特的活动。两国的贸易额开始上升，达到近7亿美元。

1996年，拉菲克·哈里里总理访华，签署了经济合作协定和鼓励与保护投资协定。此外，还签订了一个协定，根据此协定，中国将提供800万美元的支持。同时，双方签署了航空运输协定。应该指出，黎巴嫩农工商会联合会主席阿德南·卡萨多次访问中国，并为中阿联合商会在贝鲁特举办会议做了大量的组织工作，他的贡献是卓有成效的。

任何人同中国官员谈论中国和黎巴嫩之间的贸易交往，都会立即听到"阿德南·卡萨"这个名字。确实，中国人把他作为联结中国与黎巴嫩经贸关系的象征或桥梁，何况他是阿拉伯国家农工商会总联盟名誉主席和黎巴嫩农工商会联合会主席。

作为阿拉伯驻华大使委员会主席，我负责联络、筹划接待以卡萨为首的阿拉伯联合商会代表团访问北京，并准备建立一个联合商会。

在双方第一次会议前夕，我在北京希尔顿饭店邀请阿拉伯代表团和阿拉伯驻华大使一起召开了一次筹备会议。会上，各方统一了立场。阿德南·卡萨会长提出了建立中阿联合商会的总规划。第二天，即1995年10月5日，中阿联合商会召开第一届理事会会议。中阿联合商会的宗旨是：在21世纪，中国和阿拉伯国家在经济、金融和旅游领域进行务实的合作。

代表中方的是中国国际贸易促进委员会。在闭幕会议上，与会者一致同意，第二次会议于1996年春在黎巴嫩首都贝鲁特举行。卡萨会长在会议上提出的主要想法是：在寻找平衡机会的当今世界，中国和阿拉伯国家

1995 年 10 月 5 日，萨马哈大使（右三）同阿德南·卡萨主席（右四）出席中阿联合商会首届理事会会议

萨马哈大使拜会时任外交部部长吴学谦

的作用在于双方共同努力用符合自己价值观的意志和设想来解决目前的难题。因此，阿拉伯国家希望看到中国承担符合它的重要性和能力的国际责任。希望阿拉伯世界、非洲和发展中国家与中国开展更紧密的合作。这就要求双方进一步协调和磋商多渠道与更密集的合作。这就是为什么我们必须创建中阿联合商会的原因。

黎巴嫩与中国的文化协定

由于安全局势，到 1992 年，黎巴嫩才与中国签订文化协定。此时，黎巴嫩各机构才比较趋于正常，才以极大的兴趣关注与中国文化部商讨文化协定草案的事。1992 年 10 月，中国文化部部长助理带着文化协定草案来到贝鲁特，就此草案与黎巴嫩政府共同商讨。我把有关情况报告给了外交部。在我的报告中，对此内容逐字逐句地做了记述。从中可知，1992 年 11 月 23 日，黎巴嫩教育和美术部部长密哈伊勒·达海尔代表黎巴嫩方面在协议上签字。

中华人民共和国政府和黎巴嫩共和国政府文化协定

中华人民共和国政府和黎巴嫩共和国政府（以下简称"缔约双方"），为加强两国的友好关系和促进两国在文化领域的合作，决定缔结本协定。全文如下：

第一条

缔约双方根据平等互利的原则，在两国法律和现行制度的范围内，发展两国在文化、艺术、新闻、广播、电视、教育、体育、卫生、出版等方面的合作。

第二条

缔约双方同意按下列方式发展和促进双边文化、艺术方面的合作：

一、互派文化部门的负责人访问；

二、互换文化艺术方面的印刷品和文学艺术作品；

三、互派作家、艺术家、音乐家访问；

四、互派民间艺术团体访问演出；

五、互相在对方国家举办文化艺术展览。

第三条

缔约双方同意在教育方面按下列方式进行合作：

一、互派高等院校教授、学者、研究人员访问；

二、根据需要与可能，相互提供奖学金名额，并派遣自费留学生；

三、鼓励两国高等院校之间建立校际联系和合作；

四、相互鼓励对方在本国大学和高等研究机构中举办讲座和研究班，介绍对方的文学、历史以及与文化教育有关的内容；

五、根据缔约双方意愿，互派教育部门的负责人访问，考察对方的教育状况，以便在发展教育方面交流经验；

六、双方为两国学生、青年代表团互访创造条件。

第四条

缔约双方鼓励在体育方面按下列方式进行合作：

一、互派体育机构的负责人访问并交流发展体育运动的经验；

二、互派体育运动队进行友好访问和比赛；

三、互换体育方面的资料和出版物。

第五条

缔约双方同意相互翻译、出版对方的优秀文学作品。

第六条

缔约双方鼓励两国的图书馆之间建立交流与合作关系。

第七条

缔约双方同意，在需要时为实施本协定签署年度执行计划进行协商。

第八条

本协定自缔约双方履行各自国家的法律程序并相互通知之日起生效，有效期为五年。如缔约任何一方在期满前六个月未以书面通知另一方要求终止本协定，则本协定自动延长五年，并依此法顺延。

本协定于一九九二年十一月二十三日在贝鲁特签订，一式两份，每份均用中文和阿拉伯文写成，两种文本同等作准。

文学领域

在这方面，黎巴嫩和中国之间有较好的交流，领域广阔。从 1985 年到 1998 年，黎巴嫩驻华大使馆举行了多次研讨会，从而在北京为黎巴嫩增光添彩。我不是在为自己的工作评功摆好，而是说明在这方面还需加倍努力，在没有达成一项国家级协定的中国舞台上，扩大这种交流，从而推动黎巴嫩与中国文化部起草协定草案。应当指出，中国已派出几个艺术团造访黎巴嫩，同时，中国政府每年向黎巴嫩学生提供奖学金。其中：有 4 人毕业于医学专业，他们是贾米勒·哈迪卜博士、安特万·伊特博士、吉利吉博士、爱德蒙·易卜拉欣博士；国际关系专业有迪纳·奈西尔博士等。

萨马哈大使与黎巴嫩时任总理拉希德·卡拉米握手

如果我们回顾过去在我们组织的各种研讨会上展出的中国出版的黎巴嫩人的作品，那么可以发现，已出版的作品总共有几十部，其中纪伯伦·哈里里·纪伯伦就有 16 部（全集出过 4 次）。还有米哈伊勒·努艾美（又译米哈依尔·努欧曼、米哈依勒·努埃曼）的《七十述怀》和《筛》，陶菲格·阿瓦德的《面包》，女作家努尔·萨勒曼的《红眼睛》和艾米莉·纳斯鲁拉及其他作家的一些作品。我夫人玛丽亚·萨马哈用阿拉伯语和法语做过多次有关的报告。著名作家杰马耶勒·贾布尔博士由其夫人、艺术家杰奎琳·贾布尔陪同来到北京，出席黎巴嫩驻华大使馆举行的研讨会和北京大学的研讨会，并做报告。我的夫人玛丽亚也展示了她的部分绘画艺术作品。

为了纪念文学家和翻译家，我们不仅举行了文学研讨会，还有邀请他们参与活动。在过去连续两年，我们邀请了杰马耶勒·贾布尔博士和努尔·萨勒曼女博士参加两次见面会。

与杰马耶勒·贾布尔博士

1995 年 11 月下旬，杰马耶勒·贾布尔博士来到了北京。这是一件非常重要的事，因为他谈到了在中国青年中占有特殊地位的、黎巴嫩的文学天才纪伯伦·哈里里·纪伯伦。他做了两个报告：第一次是在庆祝黎巴嫩

萨马哈大使在长城饭店举办的黎巴嫩大诗人、女作家
努尔·萨勒曼博士《红眼睛》一书发布会上发表演讲

国庆活动期间；第二次是在北京大学，面对的是众多的教师和阿拉伯语专业的学生。中国文学家向他赠送了自己翻译的纪伯伦、努艾美和里哈尼等人的作品。他的夫人、艺术家杰奎琳·贾布尔陪同参加了以上活动。

与努尔·萨勒曼女博士

1996 年 11 月下旬，努尔·萨勒曼女博士应邀访问了北京。在京期间，她出席了当时举办的黎巴嫩国庆节研讨会。会上，她发表了有关黎巴嫩女作家的讲话。她说，黎巴嫩女作家用她们的文学作品丰富了黎巴嫩文学。

中国的阿拉伯语女教授王复翻译了努尔·萨勒曼博士的作品《红眼睛》。250 多名中国教师和学生参加了这次专题研讨会，并得到《红眼睛》的中文译著。我们的大诗人努尔·萨勒曼在送给每人的译著上还签了名。

送给中国知识分子的赞语

这是与中国作家最后一次见面，我邀请他们到大使馆做客。我还发表了下面的讲话：

亲爱的朋友们，黎巴嫩的朋友们和思想家们：

我想把自己对这个友好国家的思想家、科学家和传媒人的美好记忆记录下来。请允许我提一提你们中部分人的名字，其中很多人今天都在场。我很荣幸同一些人合作，把黎巴嫩文学介绍给中国读者。在座的作家可能都参与了这项工作。

　　请允许我在这里首先提一下中国文学作家的领袖、著名作家冰心，她快 100 岁了。早在 1931 年，她就翻译了纪伯伦的《先知》一书。我很荣幸，同我的妻子和女儿拜访过她，并把由纪伯伦·哈里里·纪伯伦基金会在巴西授予她的奖品和黎巴嫩共和国总统埃利亚斯·赫拉维阁下授予她的黎巴嫩国家级雪松骑士勋章赋予了她。

　　中国知识分子完成的部分作品如下：

　　——《努埃曼短篇小说选》，由仲跻昆、郅溥浩和朱威烈教授翻译，外国文学出版社出版。

　　——米哈伊勒·努艾美写的《七十述怀》，由作家王复等翻译。

　　——陶菲格·阿瓦德写的《面包》，由马瑞瑜翻译。

　　——《先知的使命》，由李琛选编。

　　——纪伯伦的 4 部作品《泪与笑》《反思》《暴风集》《队伍》，由仲跻昆、伊宏和李唯中等教授翻译。

　　——黎巴嫩的短篇小说刊载于《外国文学研究》，并由郅溥浩分析和研究。

　　——《黎巴嫩散记》，由曹彭龄和卢章谊夫妇撰文。

　　——奥马尔·阿布·纳赛尔的作品《安塔尔——阿拉伯人的英雄》，由紫山翻译，由贝鲁特百万科学出版社出版。

　　其作品被从俄文翻译成中文的黎巴嫩作家有：阿敏·利哈尼、马龙·阿卜德、穆罕默德·易卜拉欣·达克鲁卜、拉伊夫·胡里、拉沙德·达尔古斯、纪伯伦和努艾美等。

　　——《寺院的教士》，乔治·哈纳著。

　　《纪伯伦散文诗全集》第一集由中国阿拉伯文学研究会全力相助出版。内容包括 10 篇作品：《泪与笑》《暴风集》《珍趣篇》《疯人》《先驱者》《先知》《沙与沫》《人子耶稣》《流浪者》和《先知园》（由文学家伊宏编）。

　　——《一千零一日》，由仲跻昆、王复和万曰林教授翻译。我有幸为该译著写了序。有关黎巴嫩作家的研究和分析，由关稿和杨孝柏教授撰文。

1995 年 2 月，吴富贵教授与萨马哈大使合影

对此，我现在已很满足了。在我离开北京以前，我只要求你们继续成为联结黎巴嫩与中国的精神桥梁，希望你们为加固这座大桥，发挥聪明才智。愿你们继续与这里的黎巴嫩驻华大使馆，特别是与我的继任者新大使保持联系。

那些同我一起合作，将黎巴嫩文学家的作品翻译成中文的中国思想家们做了许多善事。为了记住他们的事迹，我要把他们的名字记录在自己的历史备忘录里。

女作家和男作家的中文名字和阿拉伯名字如下：

冰心：黎巴嫩文学中文翻译界泰斗

萨阿德/仲跻昆

贾拉勒/伊宏

法里德/王复

哈利姆/朱梦魁

哈利勒/李唯中

谢立夫/郅溥浩

萨　法/计雪

阿迪勒/关稱

亚　辛/杨孝柏

巴萨姆/薛庆国

纳士尔/朱凯

杜丽娅/李琛

扎奈卜/马瑞瑜

阿媞珐/卢章谊

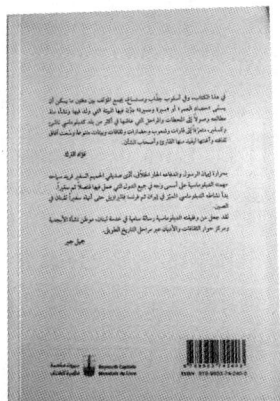

萨马哈大使著作《我的外交生涯》的正封与封底

1998 年 5 月 22 日，王燕教授与萨马哈大使合影

萨利姆/ 刘元培

阿卜杜·卡里姆/吴富贵

乐元（译音，黎巴嫩作家作品的英语翻译）

吴因（译音，黎巴嫩作家作品的英语翻译）

鲁永福（译音，黎巴嫩作家作品的英语翻译）

鲁勤（译音，黎巴嫩作家作品的英文翻译）

介绍、传播黎巴嫩文学翻译作品的机构部分如下：

——甘肃人民出版社

——浙江人民出版社

——江苏人民出版社

——中国阿拉伯文学研究会

——《外国文学研究》杂志

——今日中国杂志社阿拉伯语编辑部

——中国国际广播电台阿拉伯语部

——新华社

——《人民日报》

——《世界文学》杂志

—— 湖南人民出版社

——《文艺报》

第一个居住在中国的黎巴嫩阿拉伯记者兼作家海德尔·哈利勒

在我离开中国的前一年，作家和小说家海德尔·哈利勒抵达北京。他书写的书籍和文章的落款为拉比阿·哈利勒。当他来黎巴嫩驻华大使馆看我的时候，他介绍了自己生平和他的新闻业务。我感到高兴和满意，因为我看到他很认真，并有决心做好工作。在北京，我们缺少这样的人，也就是在中国需要黎巴嫩和阿拉伯传媒。

仅仅几个月，我们同他配合默契。首先，我作为黎巴嫩驻华大使。其次，我是阿拉伯驻华大使委员会主席。他可以同我，或通过我，同阿拉伯大使接触。我很喜欢这样重要的人物，确实为有这样的人物感到自豪。但命运把我们分开。1998 年，我在中国的外交工作结束，回到了黎巴嫩。

我不能更深地谈论尊敬的拉比阿·哈利勒的生平。但后来我认识了他的妹妹菲娜·哈利勒小姐，她是一位高雅和可敬的小姐。她送给我一些他哥哥的书，书中记录了他的经历。从而加深了他在北京时给我留下的美好记忆：他是一个性格独特、深谋远虑的人。

作家和小说家海德尔·哈利勒，1957 年 8 月 20 日出生于黎巴嫩南部的梅斯·加贝勒。他曾在黎巴嫩大学文学院读书。1985 年，他荣获哲学奖。他是第一个常驻在中国的黎巴嫩阿拉伯记者，并设立了新闻办公室，目的在于密切阿拉伯国家人民和中国人民之间的文化联系。他曾写过有关中国的论文和研究文章，并发表在黎巴嫩和阿拉伯国家的报纸杂志上。他还在迪拜卫视、阿拉伯卫视等阿拉伯卫星电视台担任中国问题的政治分析员，并通过美联社驻京办事处，为沙特电视台承担同样的工作。

他在报纸上发表过数十篇文章，写过几十部连续剧、话剧和电影剧本。但 2000 年 9 月 19 日，他心脏病发作，在中国病故。2000 年 10 月 1 日，在黎巴嫩他的故乡，举行了葬礼。他留下了一大批手抄本，他嘱咐他的家人：把这些手抄本交给他的朋友艾哈迈德·苏莱曼，请他把这些手稿出版成书。书名等信息如下：

《棺材外》：有关文学、思想和政治的文章。

《当代中国见闻阅读》：文章和现场纪实。

《不安的旅行》：文学体裁。

黎巴嫩人毕尔·艾布·哈特尔因他的黎巴嫩个性及对中国和黎巴嫩的宽宏大量而优秀

谁不知道毕尔·艾布·哈特尔？如果有人知道毕尔，那肯定是听说他很慷慨，他的人道主义行动和他帮助中国少年儿童上学，而他自己却没有孩子。还听说他出钱供学生出国留学。更重要的是他向医院提供援助，特别是对那些治疗儿童癌症的科室和毕尔·艾布·哈特尔会堂等数十个文化中心的帮助。毕尔出席了黎巴嫩驻华大使馆举行的国庆节研讨会。其间，他宣布：他将捐献一笔钱，在山东省兴建一所学校，取名为"黎巴嫩女子学校"。他解释道：他捐赠的目的是让那些女孩和关爱男人成长的妇女接受教育。

萨马哈大使（左）与毕尔·艾布·哈特尔在长城饭店发表讲话

一年半后，这所学校成功建成。总共花费 50 000 美元，全部由毕尔支付。他要求落成典礼在 1997 年 6 月 1 日举行，正逢庆祝六一国际儿童节。我在典礼上发表了讲话，首先对毕尔先生及其夫人的善行表示肯定和感谢。

下面是讲话的全文：

如果我不是外交官，我也会捍卫我国家的权利。我愿成为一名教师，去灌输这种权利和爱国的理念。我想以这样的语言，开始我的讲话，以表达我对教师的尊敬。是他们教我们认识字母，他们是所有专业人士的导师，这些专业人士中包括外交大使和正在建造今天这座大厦的主人。我多么希望在这历史性的日子里，黎巴嫩人毕尔和敬爱的他的中国夫人能同我们一起庆祝黎巴嫩女子学校的建成，是他们奉献了这座建筑。但我们见到了他们的精神力量。他们的形象铭刻在我们每个人的心中。毕尔和他的妻子把黎巴嫩这个名字深深地种植在这美丽县城的受人尊敬的中国大地上。

冠县党委书记孙先生，冠县县长刘先生，冠县副县长胡先生，黎巴嫩女子学校总督王先生：

我以黎巴嫩的名义，向你们致意，向正在用智慧、决心和耕耘来安排自己事务的这个中国地区表示敬意。正如你们所知，建学校是为了造福人类，为向中国公民普及文化教育。所以你们积极响应黎巴嫩的呼吁，建造了这所带有黎巴嫩国名、专供女子上学的学校。因为我们相信妇女在社会中的作用，又因为她们培育了男人，把男人磨炼成社会有用之才，所以我们应该让她们接受教育，接受训练。她们是母亲、姐妹、恋人、妻子和女儿。那么，这座建筑代表了黎巴嫩对中国优秀妇女的尊敬。

亲爱的学校管理者们，我们黎巴嫩流传一句谚语："每当建成一所学校，就会关闭一座监狱。"所以黎巴嫩和黎巴嫩人认为，他们的使命是传播知识。遗憾的是，也许你们中的大多数人不太知道我的国家——黎巴嫩。但在中国领导人向世界开放的明智政策下，你们会有机会熟悉外面世界发生的所有事件。

过去，黎巴嫩曾经历过痛苦的内战，所以你们对黎巴嫩形成了固定的看法。可现实并非如此。黎巴嫩不只是一个国家，而且是一种思想、一个使命。它曾给世界带来了书写的字母。它发明的字母，比当今发明的智能电子更重要。黎巴嫩涌现出第一位传授字母和书写的教师——腓尼基人卡德摩斯，他从其海岸奔向西地中海海岸，没有携带一把征服他人的剑，而是携带书写字母的不朽的雪松树枝及象征和平的橄榄枝。今天我们正在完成这一使命，自豪地为这个可爱的国家——中国的现代化做出贡献。

我今天是黎巴嫩驻华大使，也许有一天，我会离开在我心目中念念不忘的这个国家。但是，这座大厦将随同黎巴嫩国名一起永远存在。你们是政治领导、管理人员和教师，将来终有一天会离开工作岗位，但是那年轻的一代，那些将在这个学校学习的、凝聚着中国—黎巴嫩友谊的学生会永远记住你们。

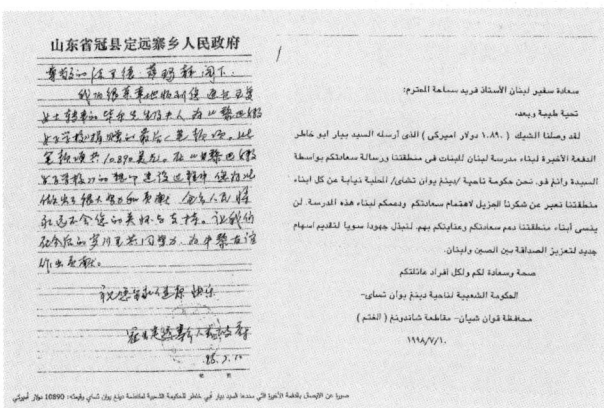

山东省冠县定远寨乡人民政府致萨马哈大使的信

亲爱的同学们，愿你们刻苦学习，用知识和科学武装自己，努力达到你们国家英明领导提出的要求，成为建设你们国家的有用之才。使中国在21世纪初，成为坚强的政治和经济力量，来服务和造福人民。同样，黎巴嫩自有史以来，一直履行它的人道主义使命。今天，我们在这里聚会就是活生生的见证。黎巴嫩的儿子毕尔建设了这座坚实的大桥，缩短了黎巴嫩和中国的距离，方便了我们两国人民的相互了解。

祝你们身体健康！

黎巴嫩人毕尔永垂不朽！

中国万岁！

黎巴嫩万岁！

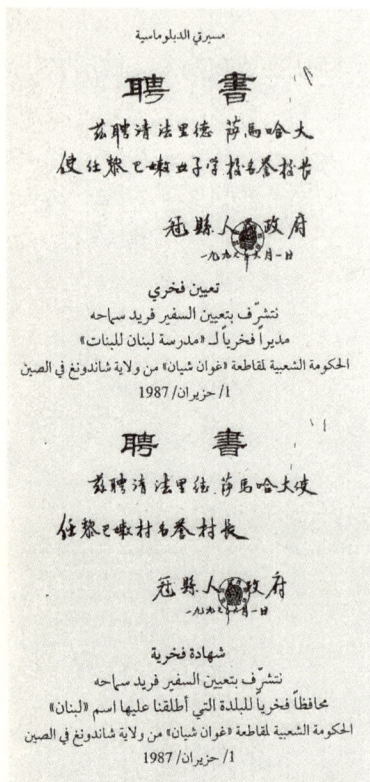

山东省冠县人民政府颁发给萨马哈大使的聘书

另外，毕尔先生拨出一部分预算用于支付部分中国作家去黎巴嫩的旅费。他要我每年从翻译黎巴嫩作家作品的人中选择合适的人到黎巴嫩访问，停留 15 天，以便了解那些作家，如纪伯伦·哈里里·纪伯伦、米哈伊勒·努艾美、阿敏·利哈尼和陶菲格·阿瓦德等，并近距离接触他们的故乡。所有一切费用由他负担。前后轮流去黎巴嫩访问的中国作家有：王复、朱梦魁、仲跻昆和伊宏等。他们访问了贝什里（纪伯伦的故乡）、纪伯伦博物馆、巴斯肯塔（海拔 2 000 米的小镇）、阿勒非莱凯（阿敏·利哈尼的故乡）、阿敏·利哈尼博物馆、比克非亚镇、陶菲格·阿瓦德故居；还访问了其他一些作家和诗人的故乡。

我妻子全程陪同他们访问黎巴嫩的名胜古迹和文化遗产中心。每次回到中国后，他们都会发表关于黎巴嫩的文化运动、古老文明和其他方面有价值的文章。以上这些安排多亏了慷慨而崇高的毕尔先生。他在人生道路上默默地为黎巴嫩做出了重大贡献。可惜，黎巴嫩失去了他。他为几所学校、医院和研究所建了会议室等设施，大批学生在他的人道主义的帮助下完成了学业和研究。最有感触的是那些在他创建的贝鲁特美国大学医院的病房里接受治疗的癌症患儿，他们都会怀念他。愿上帝保佑他。

之后，我访问了该地区，参加了新学校的落成典礼。中国山东省的领导聘请我为黎巴嫩女子学校名誉校长。山东省的这个村取名为黎巴嫩村，他们聘请我出任该村的名誉村长。

体育领域

1990 年，黎巴嫩派出由 40 人组成的奥运代表团，参加了北京亚运会。1991 年，黎巴嫩又派出了学生体育代

萨马哈大使夫妇

表团来华。另外，黎巴嫩黑带学院由其创始人哈桑·贾德巴尼先生带队前往北京，参加"世界武术锦标赛"。比赛分两个阶段进行，黎巴嫩运动员有尚佳的表现。

外交官夫人

妇女在丈夫的身边一般发挥着关键和重要的作用，特别是大使的夫人，她在很多场合帮助丈夫开展工作。她是大使馆的公主，向世界展示了她的国家的华丽形象。

我的妻子玛丽亚是受过良好教育的女子。正如我在介绍她的文章中提到的那样，她曾是从事社会活动，参加过人道主义机构的女子。她当过黎巴嫩红十字会和民防的教练，从事教育工作几十年。

在她从事的外交活动和陪同我参加的所有的外交场合，她总是非常热情。至于在中国，

萨马哈大使夫人玛丽亚（后排左一）和她的画友们

由于我们在北京度过了漫长的岁月，建立了牢固的人际关系，她更如鸟儿一样，到处飞翔，积极参加各种活动。

在外交工作方面，玛丽亚作为阿拉伯驻华使团团长的夫人，经常召集大使夫人们举办文化座谈会，请每位大使夫人介绍各自国家的情况，以满足大家了解整个阿拉伯世界不同生活现状的需求。另外，她还开办培训班，向大使夫人们讲授急救知识。玛丽亚过去在红十字会工作时，也常常这样做。大使夫人们对此举十分感兴趣，相信这样的培训对她们护理自己的孩子很有好处。

萨马哈大使夫人玛丽亚（左一）在捐款晚宴上

在另外一些外交活动中，由于玛丽亚精通多国语言，她同大家打成一片。她懂西班牙语和葡萄牙语，经常参加拉丁美洲国家大使夫人举行的活动，她用流利的西班牙语和葡萄牙语同她们进行沟通。她还活跃在欧洲国家大使夫人举办的文化领域的聚会上，多次用法语发表讲话。其中最重要的一次是在法国使馆文化处下属的法语学院做的报告，她向与会者介绍历史上的黎巴嫩妇女和她们对世界文明的影响。

另外，玛丽亚还是图书俱乐部的积极分子。大使夫人联合会有一个流动书店，该书店拥有一些有价值的书，特别是最新出版的书，书店经常在各使馆流动。大使夫人们也会就书中的内容和思想进行讨论。

大使夫人们不仅开展文化活动，还聚会娱乐休闲。她们不时围坐在一起玩中国麻将、打桥牌，或召开轻松活泼的茶话会。

绘画是玛丽亚的爱好之一。她善于用自己的方法，把中国的绘画方法和西方的古典绘画艺术与黎巴嫩的画法结合起来。她曾到北京美术学院进修过。还亲自开车把教过她的老师请到使馆讲课，也请她的部分好友及大使夫人们一起听课。

对于她的绘画艺术，我不想给她颁发奖状，但从我个人的审美眼力看，她的画确实很美。在我们黎巴嫩的家的接待大厅和房间的墙上，都装饰着她的绘画作品。

在官方领域，玛丽亚同中国官员，特别是国家高层领导人的夫人关系密切。她以阿拉伯驻华使团团长夫人的身份同她们一起参

萨马哈大使夫人玛丽亚展示其画作《翠竹》

加一些官方活动。时任中国国务院副总理兼外交部部长钱其琛的夫人周寒琼时常邀请她参加一些活动，如一些展览会或慈善活动开幕仪式等。同时，陈慕华、何鲁丽等中国妇女领导人曾邀请她一起参加例如植树等环保活动。

另外，玛丽亚积极从事多种公益工作，这里仅举一例说明。为了帮助中国外交部部长钱其琛的夫人周寒琼关注的一个慈善机构，她组织了一次慈善晚宴，邀请各国驻华大使参加，时任中国国务院副总理兼外交部部长钱其琛陪同夫人也光临了慈善晚宴。这次晚宴收集到大笔捐款，当晚就交给了中国外交部部长的夫人。

萨马哈大使夫人玛丽亚（中）同陈慕华（左）、何鲁丽（右）参加植树活动时的合影

萨马哈大使夫人玛丽亚的画作《牡丹》

值得指出的是，过去连绵不断的战火使黎巴嫩满目疮痍，一些报纸杂志趁机大做文章，进行别有用心的宣传。为了展示黎巴嫩真实而亮丽的一面，玛丽亚向世人证实，尽管黎巴嫩面临灾难，但黎巴嫩人不会忘记自己的人道主义和人文使命。

在黎巴嫩的使命：成立黎巴嫩中国友好合作联合会

自从回到黎巴嫩以后，我一直同中国大使馆和到目前为止的历任中国大使保持联系。我觉得应该完成加快黎巴嫩与中国友好合作关系进程的任务。于是，我主动与中国驻黎巴嫩大使协调，邀请黎巴嫩大学教授、部分诗人、艺术家和医生，特别是从中国大学毕业的医生，共同创建了一个协会，取名"黎巴嫩中国友好合作联合会"。2003年1月23日，经内政部按科学和新闻类的有关规定注册批准。

萨马哈大使夫人玛丽亚的画作
《荷花与鸳鸯》

联合会的主要活动

联合会举办了一些活动，其中最重要的活动之一是举行了乔治·海德姆（即马海德）半身铜像揭幕仪式。铜像坐落在乔治·海德姆的故乡哈马纳镇的公园内，后来这家公园被命名为马海德公园。由于萨马哈大使、中国大使馆和黎巴嫩中国友好合作联合会的努力，中国慷慨地捐赠了这座铜像，并通过中国驻黎巴嫩大使馆，运到黎巴嫩。

在铜像揭幕仪式上讲话的有：

——黎巴嫩中国友好合作联合会主席萨马哈大使

萨马哈大使夫人（左四）出席剪彩仪式

——中华人民共和国大使刘向华

——萨马哈大使夫人玛丽亚

——记者萨利姆·纳萨尔

——诗人亨利·扎格卜

——哈马纳镇镇长凯利姆·纳吉卜·阿布·海达尔教授

我辞去联合会主席职务

由于工作繁忙，我认为最好把联合会主席职务移交给副主席，以便推动联合会工作继续前进。于是，我提出辞任。尽管同事们一再挽留，但我还是坚持自己的决定。2004 年 5 月 26 日，在我主持的最后一次董事会会议上，我亲手把辞职书递交给我的朋友、联合会副主席马苏德·达海尔博士。我相信，达海尔博士和同事们将会带领我亲爱的联合会迈向持久成功之路。

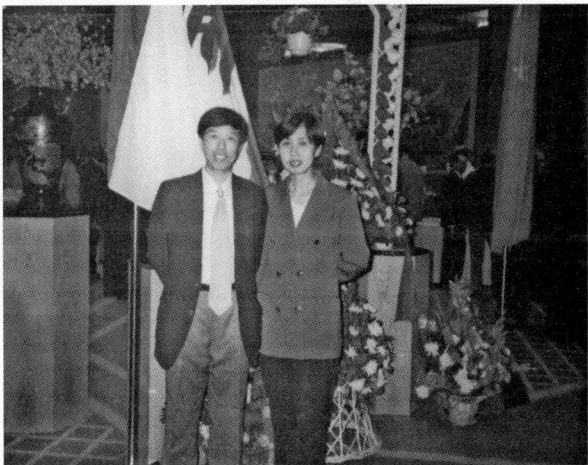

1996 年 11 月 22 日，吴富贵教授与王燕教授出席黎巴嫩国庆招待会晚宴

2016 年 3 月 15 日，吴富贵教授与黎中友联主席马苏德教授在萨马哈大使家中合影

（本文照片均由黎巴嫩前驻华大使法里德·萨马哈提供）

马苏德·达海尔博士就任主席后，加倍努力与理事会的其他同事合作，举办了数次文化和经济论坛，邀请中国专家和黎巴嫩教授参加，获得了巨大的成功。他还坚持举办年度晚宴，以增加联合会的成员。我衷心祝愿联合会繁荣和进步，希望同中国人民对外友好协会签署合作议定书。为了组织好这种合作，在未来以成文和官方的计划进行合作，同时通过不断修改计划，定期协商、规划和执行合作的机制，在一次研讨会上，我提出了黎巴嫩中国友好合作联合会与中国人民对外友好协会合作议定书草案。

下面是由我起草的黎巴嫩中国友好合作联合会与中国人民对外友好协会合作议定书草案。

为进一步促进中国人民和黎巴嫩人民的相互了解、友谊和合作，经黎巴嫩中国友好合作联合会与中国人民对外友好协会友好协商，双方就下列条文取得一致：

1. 每三年，缔约双方邀请对方派一个由 5～7 人组成的代表团访问。被邀请方负担往返机票，邀请方承担整个访问期间的住宿、饮食和国内交通费用。

2. 缔约双方在对方逢十的国庆日、两国建交日等重要的全国性节日，配合黎巴嫩驻华大使馆和中国驻黎巴嫩大使馆，举行各种庆祝活动。

3. 两国相互举办贸易博览会，以介绍对方在各个领域的成就和产品，促进相互了解和推动两国经济与贸易关系的发展，从而为两国企业界、金融界和其他各领域人士的合作提供机会。

4. 两国相互举办科学、文化研讨会和报告会、艺术展览会，以便两国人民了解对方国家的科学发展状况、文学和思想作品，并促进信息交流和文化、艺术、科学、技术领域的合作，从而为两国作家、诗人、艺术家、科学家提供聚会的机会。

5. 交换出版物、文献资料、期刊，鼓励用汉语和阿拉伯语翻译双方资深作家的作品。

6. 缔约双方应鼓励结成姐妹城市的关系。

7. 可以进行双方同意的其他活动。

本议定书于××××年××月××日在××市签订。一式两份，每份均用中文和阿拉伯文写成，每种文本具有同等法律效力。本议定书自签字之日起生效。如果任何一方没有宣布停止执行本议定书，议定书将自动继续生效。

黎巴嫩中国友好合作联合会主席签字
中国人民对外友好协会会长签字

由于黎巴嫩中国友好合作联合会的成立，以及被认为是中国与黎巴嫩外交关系中最重要轴心的历届中国驻黎巴嫩大使们的努力，中国人在黎巴嫩的活动表现超群出众。大使们非凡的活动表现，给黎巴嫩各领域、各领导层、议会、内阁和老百姓巨大鼓舞。我们这个联合会是经内政部按有关规定注册批准的，是由黎巴嫩知识分子组成的，目的在于加强中国和黎巴嫩的经济、文化和社会关系。中国大使们认真配合我们联合会的活动。黎巴嫩驻华大使们也做出了努力。这里应该提上一笔。

我要强调指出，中华人民共和国现任驻黎巴嫩大使姜江先生发挥了积极作用，他积极参与黎巴嫩的政治、经济和文化等各领域的活动，而且还支持我们联合会的工作。

中国和黎巴嫩的合作在各阶段都进行得十分积极。我认为，最好能成立一个黎中政府级的联合委员会，以跟踪双方签订的各项协定的执行情况。我建议，委员会每两年开一次会议，对双方的政治、经济和文化协定进行认真评估，及时纠偏。这里，我希望，黎巴嫩中国友好合作联合会和中国人民对外友好协会能发挥有效和重要的作用，以达到预期的目标。

黎巴嫩共和国前驻华大使
法里德·萨马哈
2016 年 2 月 15 日

序言四

向共同美好的目标努力奋进
——序《百年牵手——中国和黎巴嫩的故事》

2016 年 2 月 10 日，忽接吴富贵学长发来的电邮："近查资料，得知你们1983 年曾专程拜访过纪伯伦博物馆馆长库鲁兹，转交了冰心老人签赠的《先知》及其他赠品，并与冰心老人有过文学交往等等，这些我们知道和不知道的内容太精彩了。很想请你们笼统写一篇回忆文章，配上照片，收入书中，也算是为中黎建交 45 周年奉献一份厚礼……"这已不是我们第一次接到吴学长发来的约稿函了。去年 9 月，他和刘元培学长为筹划纪念中国与埃及建交 60 周年，也曾向我们发过同样言辞恳切的电邮。令我们感动的是，这两位学长自工作第一线退下之后，不是想方设法颐养天年，而是延续各自所长，继续为中国—阿拉伯友谊长桥铺砖添瓦，做一名名副其实的中国—阿拉伯文化学者。

我们原以为两位学长约我们"笼统写一篇回忆文章"，不一定非要写我们在黎巴嫩的工作经历或与冰心及纪伯伦博物馆馆长库鲁兹先生接触的情况，这些我们在黎巴嫩和自黎巴嫩回国之后陆陆续续写的文章已有多次提及，并且文章都已收入 1988 年 9 月厦门鹭江出版社出版的散文集《黎巴嫩散记》中。冰心先生病故后，我们又撰写了长文《永远的冰心》，将因代纪伯伦博物馆馆长库鲁兹先生索求一本冰心译的纪伯伦《先知》中译本，而与冰心及库鲁兹先生多次接触的前前后后，做了详细的记述。迄今算来，这一切都是近 33 年前的往事了，似没有必要再去重复。我们想的是，如何能在历经近 33 年沉淀之后，将我们于 1983—1987 年在黎巴嫩——伴着窗外几乎不绝于耳的"战神交响曲"——枪声、炮声、爆炸声、急救车的尖啸声……——工作、生活的四年中，留在我们内心深处最深切的感受，写一篇小文，以应吴学长之约。我们记得我们自黎巴嫩回国之后，曾应《海外文摘》编辑部主办的"海外一事"征文之约，按其要求，分别写了两篇短文，曹彭龄写的是《什叶派"圣地"见闻》，是记述伊拉克什叶派圣地卡尔巴拉的；而卢章谊写的是《人民心中的美，不会消失》，记述的是在黎巴嫩战乱不息，抢劫、绑架成风的情况下，她外出采访及公干时突遇的困难与险境都是由并不认识的黎巴嫩人主动相助化解的。

这两篇文章均被选入 1989 年 1 月出版的《百人海外亲历记》——"海外一事"征文佳作集。可巧的是，这本选集聘请了章文晋、王殊、冰心、萧乾、刘宾雁、鲁光等老一代外交官和记者、作家任评委，冰心还亲笔题写了书名。卢章谊

首都女新闻工作者协会编辑出版的《女记者与世纪同行》相册中刊登的卢章谊的照片

在该文结尾说："毋庸讳言，长期战乱，确实给黎巴嫩带来许许多多难以解决的政治与社会危机。在国家分裂、政府瘫痪、企业倒闭、人民流离失所的情况下，不少人的心灵发生扭曲、变态，铤而走险，使黎巴嫩成了恐怖的世界。但是，令我感触最深的，却是绝大多数普普通通黎巴嫩人朴实、真挚的天性，他们心灵中美好的东西，永远不会消失。"这确实是我们最深切的感受。只是由于征文篇幅有限，文中列举的两个小例子难尽其意。我们原准备在这基础上再做些回忆与思考，把黎巴嫩人留给我们的这种最难忘怀的深切感受写一写。后来，又与吴学长进行过几次电邮沟通，特别是他访黎返京后曾专门打来电话，始知他与刘元培学长策划编撰这本书的构想与进展情况，邀我们像刘志明、吴泽献两位中国前驻黎巴嫩大使一样，结合自己在黎巴嫩工作经历写一篇长序；也了解到刘志明、吴泽献两位大使及黎巴嫩前驻华大使法里德·萨马哈，以及吴学长采访并撰写的有关马海德医学博士、阿德南·卡萨主席、毕尔·艾布·哈特尔等黎巴嫩友人的文稿均已写就，他与刘学长还准备在 4 月初将全书文稿译成阿拉伯语。时间这样紧迫，我们如何赶得出来？吴学长对我们的难处也充分体谅，只要求我们给全书写一篇序言，而由他负责将我们在黎巴嫩工作之余所做的有关为冰心与纪伯伦博物馆之间"搭桥"建立联系的事，另写一篇报告文学或采访录收入书中，以便为中黎两国纪伯伦、冰心研究者及读者提供一点史实。我们对此自然感佩于心。只是又有劳吴学长了。

为纪念中黎两国建交 45 周年，刘、吴两位学长与黎方商定将此书命名为《百年牵手——中国和黎巴嫩的故事》，因为书中记述的几位主要人物——纪伯伦、茅盾、冰心以及马海德，都是近百年来增进中黎两国友谊

与文化传播的标杆式人物。前三位——纪伯伦、茅盾与冰心是文学泰斗；后一位马海德博士是黎巴嫩旅美侨民的后裔、医学专家，他在中国的声望可能要比在他的祖籍黎巴嫩高得多，因为他在第二次世界大战——中国人民最困难的时期来到中国敌后根据地延安，把他的精湛医术、青春年华，以至所有的一切都无偿地献给了中国人民抗日救亡事业。如纪伯伦所说："和你一同笑过的人，你可能把他忘掉；但和你一同哭过的人，你却永远不会忘。"中国人民不会忘记在最艰苦的年代，把中国当作他的第二故乡，与他们一起共渡难关的这位高鼻子的年轻人，他在工作中也找到了自己的归属——和一位年轻、活泼，又勤劳、大方的中国姑娘苏菲组建了幸福的家庭。新中国成立后，马海德出任全国政协常委的同时，还担任了中国卫生部的顾问，几十年如一日，为中国性病与麻风病的防治、研究做出了杰出贡献。

其实，中黎两国人民的交往，又何止百年！早在丝绸之路连接起中国、西亚、北非与南欧的时候，中黎两国人民就有了贸易往来与文化交流。而且至今还留有许多实物印证。在贝鲁特和特里波利博物馆中，我们曾看到过通过"古丝路"运来的中国的瓷碗、瓷盘；在黎巴嫩的舒夫山区，至今仍有许多桑园，那儿许多居民世代养蚕、纺纱、织绸，那桑籽、蚕种与纺织技艺，都是那时沿"古丝路"由中国引入的。当地的迦南人，将他们织的绸缎，配上从苏尔（现提尔）海边出产的一种海螺肌体中提取的紫色染料，沿地中海远销到希腊、罗马、埃及一带，该绸缎曾是这些国家皇宫的珍品。希腊人更由此将地中海东岸的迦南人，统称作腓尼基（紫色的）人，从那时起他们更以"腓尼基人"的称呼闻名于世。舒夫山区的德鲁兹人，自古以来就流传着一种"转世"的传说，即德鲁兹人亡故后，来世将在中国投生。或许因了这种传说，德鲁兹人对中国有一种与生俱来的亲切感。我们在黎巴嫩与德鲁兹族朋友接触中，时时感受到这种热诚。记得我们在使馆宴请伊德将军时，他夫人用不惯筷子，伊德将军还用这则传说开他夫人的玩笑："你现在不好好学，来世怎么在中国投生啊?!"……这些，都说明中黎两国人民之间的友谊源远流长。

拜读了吴学长发来的刘志明、吴泽献两位大使及吴学长采写的文章、资料之后，我们第一个感觉，就是世界真小。原来有些疑惑的事情，前后一联系，一下子就豁然开朗了。譬如马海德先生，我们早知道他的事迹，却无缘相识。可是在我们去黎巴嫩赴任之前，忽接前任武官自黎巴嫩发来的电报，从中得知：一位黎巴嫩老友泽丹上校的夫人患了硬皮病，曾去法国等不少西欧国家求医都未能治愈。一天，他们从《中国建设》杂志上看到中国山西有一家医院，对治愈这种病有一些很有效的方法，便找上门来，要求到中国治病，希望我们赴任之前帮助联系一下。接到电报，我们首先便想到马海德，建议组织上设法帮助联系约见。我们原感到颇有难度的事，不料马海德先生却爽快地应承下来，同我们商议分几个步骤，怎样进行。谦和、认真的态度与务实、干练的作风，让我们深感我们面对的，绝非盛气凌人的高官，而是解放初时，教我们欢唱"解放区的天是明朗的天……"的延安来的穿着灰布衣裳的"老八路"。马海德先生得知我们都会说阿拉伯语，高兴地说：去阿拉伯国家工作，这是非常有利的条件，除了和上层人士接触外，还可以和普通百姓用他们自己的民族语言进行交流，这会让他们感到亲切。他还说，前些年他曾回过黎巴嫩，并去家乡哈马纳镇看望亲戚、朋友。他说："黎巴嫩人和中国人同样有好客的传统，你们在那里不会感到陌生。"告辞时，他送给我们一张名片，并在上面用阿拉伯文写了他鲜为人知的原来的姓名：乔治·海德姆。后来，此事在马海德先生的大力协助与支持下，打通了一个个关节，才使得前任武官的老朋友泽丹上校得以偕夫人来中国，去了山西那家医院检查、诊治。但由于硬皮病是遗传系统的结缔组织的病变，病人患病时间长，诊治只能起到延缓病情发展的作用，而无力治愈。即使这样，泽丹上校对中方给予的协助，一直心怀感激。我们在黎巴嫩工作期间，正是自1975年黎巴嫩内战以来，时局最动荡、战事最激烈、环境最复杂的时期，而恰恰由于泽丹上校这位老朋友诚恳、无私的协助，我们与使馆解决了一个又一个困难。包括我们两次去纪伯伦家乡贝什里镇，都是他亲自联系、安排与陪同的。1983年11月，从巴勒斯坦解放组织"法塔赫"中分裂出来的以阿布·穆萨为首的反对派，与阿拉法特领导的主流派的火并，由于叙利亚、利比亚公开支持反对派而愈演愈烈。阿拉法特的势力被赶出贝卡谷地，被迫向北部特里波利市的最后两个巴勒斯坦难民营转移。而叙利亚派出四个整建制旅，加上阿布·穆萨的分裂势力又紧追不舍，从北、东、南三个方向把两个难民营围得严严实实，而西面唯一的海上通道又被以色列舰艇封锁。激烈的战火迫使特里波利市居民携家带口，倾城弃家而逃，使阿拉法特一时陷入前所未有的困境。外电纷纷评论阿拉法特插翅难逃，"巴解"瓦解只是一两日的事情。谣传四起，舆论哗然，如何正确分析、估价中东时局的发展变化，是使馆、我们及新华分社记者们都急需弄清的问题。也是靠泽丹上校相帮，我们才得以驱车穿过一道道哨卡、路障，在他托付的熟悉当地情况与战局发展态势的治安警官的引领下，在不绝于耳的枪炮声中一直深入特里波利市内，距火线一二百米处实地观察与采访，最终顺利完成任务，对未来局势的发展做出了正确的分析与估量。

也是根据泽丹上校的安排，曹彭龄到任不久，就拜会了黎巴嫩国防部部长塔努斯将军。塔努斯将军兴奋地说："前两天我去总统府向阿明·杰马耶勒总统禀报工作时，告诉他中国派来了一位懂阿拉伯语的武官。总统高兴地说，黎巴嫩与中国的友谊，不仅建立在'古丝路'上，还建立在两国人民互相支持、互相帮助上。他说中国是联合国常任理事国，在国际事务中发挥的作用将愈来愈大，我们要重视发展同中国方方面面的关系。"他说："今后，您有什么需要，直接来找我们。我们不把你当客人，而是兄弟。我相信我们会合作得很好……"他又告诉曹彭龄："总统还提到一位黎巴嫩人的后裔，在拥有十几亿人口的中国政府里任高官，这是黎巴嫩人值得骄傲与自豪的……"

这次读到刘志明大使的文章，始知马海德夫妇是1974年随中国卫生代表团访问黎巴嫩的，而全程陪同代表团的，正是时任黎巴嫩议会议员的阿明·杰马耶勒，难怪他对马海德先生这么熟悉！也是从刘志明大使的文章中得知，阿明·杰马耶勒总统还于1986年颁布了授予马海德先生黎巴嫩国家级雪松骑士勋章的决定，以表彰他在医学方面及为中国和世界所做的贡献。这说明阿明·杰马耶勒总统诚如他自己所说，确是尽力加强与中国的友好合作关系。而在北京代他为马海德先生授勋的，也是我们熟识的法里德·萨马哈大使（关于萨马哈大使的事这里先放下，后面还会提到）。回过头来再说马海德先生。他的故乡哈马纳镇位于黎巴嫩中部，麦顿山与阿莱山相交的山环中，有一条公路与贝鲁特至叙利亚首都大马士革的国际公路相连。如果没有战争，去那里原是很便当的，但1975年黎巴嫩教派冲突一起，宽敞便捷的国际公路便被炮火切断了。原一直想去马老家乡看看，不料这竟成了难以实现的奢望。直到1987年我们离任前，终于下决心与一位多次邀我们去他家乡麦顿山区做客的朋友商议，在去麦顿山之前，先从南面舒夫山区内战时德鲁兹人派民兵在阿莱山峭壁上修筑的"急造军路"，登上国际公路，再沿那条岔道拐到哈马纳镇看看。那天我们终于抵达了哈马纳镇，沿着两边是黄墙红瓦的民居小镇的马路驱车慢转了一圈。小镇虽不在火线上，但由于害怕教派间报复性的仇杀，居民们也像黎巴嫩许多村镇一样，早已避走他乡，显得十分荒凉。

回国后，原想去看望马老，但怕过多打扰，后来想，还是待收有关哈马纳镇情况文章的散文集《黎巴嫩散记》出版后，带上书再去。不料，样书尚未拿到，竟从电视新闻中听到马老病故的噩耗……我们于万分悲痛中匆匆写了一篇短文，发表在《北京日报》上，题目就叫"高鼻子的老

'八路'"。后来在收入散文集《岁月流痕》时，又将文章做了修改与充实。也算是我们两个晚辈，呈献给马老的一瓣心香……刘志明大使文章还提到，20 世纪 90 年代末，马老夫人苏菲偕儿子周幼马应邀去黎巴嫩马老家乡哈马纳镇，出席"马海德公园"命名仪式。2003 年 8 月 31 日，马老的一尊半身青铜雕像，又在哈马纳"马海德公园"中竖起。这些消息，颇令我们抚今追昔，振奋不已！

这里我们还想提一提黎巴嫩前总统阿明·杰马耶勒。因为两位大使文章已多次提到他，而我们在黎巴嫩工作时恰逢他任黎巴嫩总统，所以对他也多一些了解。杰马耶勒家族与弗朗吉亚家族、夏蒙家族一样，都是黎巴嫩基督教马龙派旺族。黎巴嫩独立后，依据法国托管时期立下的各教派分治原则，总统由基督教马龙派人士担任。阿明·杰马耶勒的父亲老杰马耶勒与弗朗吉亚、夏蒙都曾当选过总统，老杰马耶勒还是黎巴嫩长枪党的创始人。原本到阿明这一代，出任总统的不是阿明，而是他的胞弟贝希尔。贝希尔·杰马耶勒年轻气盛，锋芒外露，有一种天不怕地不怕的架势，因而树敌也多。在他刚刚担任总统不久，便于 1982 年 9 月 14 日在长枪党总部开会时，遭爆炸身亡。一周后的 9 月 21 日在黎巴嫩议会选举中，阿明·杰马耶勒以高票当选总统。他实际上是临危受命，但他性格沉静、处事稳健，在各政党、教派、部族及国际与黎巴嫩周边国家各种利益纠葛与冲突所构成的风暴、暗礁与旋涡中，尽力保持着黎巴嫩这条已是千疮百孔的航船的平稳。他曾提过一句响亮的口号："给我们和平，我们将还世界以奇迹。"这一点我们毫不怀疑。诚如刘、吴两位大使文章中所说，黎巴嫩自古就是一个开放型的国家，早在腓尼基时代黎巴嫩人就把海洋当作自己随意耕耘的"蓝色的田畴"。20 世纪 60 年代初，我们在叙利亚工作时，便知道山多地少，矿产资源也并丰富的黎巴嫩，却依靠金融、旅游、侨汇与经贸"四大支柱"的支撑，带动经济、文化的迅猛发展，成为中东最富庶、最繁荣的国家，被称作"中东瑞士"，首都贝鲁特更被誉为"中东小巴黎"。如果没有自 1975 年以来由于内部教派矛盾的发展与外来势力的插手，所酿成的无休止的战乱，这样富庶、繁荣、天堂般美好的国家，怎会变成人人谈之色变的人间地狱呢？阿明·杰马耶勒总统一直在为结束黎巴嫩教派纷争、恢复和平奔走呼号。我们记得黎巴嫩当时有一位名叫鲁米·班德莉的四五岁的小姑娘，会用英语、法语与阿拉伯语三种语言演唱反战歌曲，并很快成了阿明·杰马耶勒总统呼吁和平的小使者，在总统府举行的新年晚会上，鲁米·班德莉大大方方地用这三种语言高唱《还我们童年，还我们和平》："我是一个希望玩耍的孩子/为什么不让我玩耍/我的布娃娃在等我/我的小伙伴在祈祷/幼小的心灵在恳求/给我们机会吧——还我们童年，还我们和平！"联想到黎巴嫩的时局，包括外交使团在内的与会的贵客们，个个感动得热泪盈眶。后来鲁米·班德莉还应法国香舍丽榭电视台的邀请，去巴黎演唱。那时，鲁米·班德莉在黎巴嫩受欢迎的程度，已远远超过了黎巴嫩歌后费鲁兹。我们在黎巴嫩时，由于身份的关系，只在重大集会上听过阿明·杰马耶勒总统的演讲，真正零距离接触只有一次。那是 1986 年黎巴嫩独立日前夕，我们接到黎巴嫩国防部转来的阿明·杰马耶勒总统在他的官邸举行独立日庆典的请束。吴顺豫大使自然也收到了外交部转发的请束，他来找曹彭龄，商议去不去。平时我们接到这类请束，相互打个招呼便按惯例分别前往。这次主要由于当时使馆所在的贝鲁特西区，不仅伊斯兰教派与东区基督教派之间时常爆发冲突，相互炮击，而且穆斯林各派民兵间常常火并、绑架、劫持、暗杀等乱象多发生在西区，完全是无政府状态。东区局势一般相对平静，但不巧的是那段时间，基督教民兵组织"黎巴嫩力量"的势力坐大，与黎巴嫩政府军为争夺势力范围爆发的武装冲突，使贝鲁特东区也陷入一片混乱之中。而去阿明·杰马耶勒总统的官邸所在的毕克法雅，除经西区穿过东西区之间"绿线"上因局势不稳时常关闭的通道外，还要穿过东区两派敌对势力分别控制的敏感街区。安全问题难有保证。但我们都认为，我们分别代表着中国政府与中国军队的大使与武官，接到黎巴嫩总统举办的纪念黎巴嫩独立日庆典的邀请，从外交礼节或从道义上讲都应当出席。吴大使最后决定：女同胞——大使夫人与卢章谊都不去；曹彭龄不再开车，而乘坐大使的车一同前往，万一路上遇意外情况，好相互照应。他们就这样一起上路，进入东区后，他们发觉街上车辆、行人明显减少，不少商店已关门歇业。各路口也像西区一样设了路障、哨卡，但看见大使车前面的五星红旗，都礼貌地放行。到官邸后，他们相互约定离开的时间与会合地点，便分别去会晤各自"朋友圈"的熟人。由于时间尚早，来宾都聚集在前厅，吴大使遇到其他国家使节，用法语同他们寒暄、交谈。而曹彭龄在人丛里转了一圈，竟未看见一位穿军礼服的外国同行，也未看到黎巴嫩国防部部长及其他信奉基督教的高级军官。后者或因忙于应对"黎巴嫩力量"民兵的战事不能前来，那其他国家武官怎么一个也没看见呢？正诧异间，黎巴嫩军方一位联络官兴冲冲赶来，曹彭龄问："其他国家武官在哪里？"联络官说："今天您是唯一的一位应邀出席的武官。"曹彭龄说："怎么会呢？我想其他同行，特别是美、英、土耳其等住在东区的武官，一定早就到了。"他摇摇头，轻轻叹口气："大概因为东区的事故……"接着他又关心地询问曹彭龄来时沿途的情况，有未带武装警卫，等等。因黎巴嫩治安部门无力保障各驻黎巴嫩外交使团和外交人员的安全，各使馆不得不自己设法，或雇用某个教派组织民兵，或由各自国家派遣武装警卫。一旦时局动荡不定，大使或其他主要外交官外出公干，就会派武装警卫荷枪实弹护送。有些国家武官，平时出席这类庆典时也配有手枪，那并非出于自卫，而是军人礼仪的需要。而我们国家那时却没有这种规定，更没有武装警卫。联络官似乎觉得不可思议，他问："那您碰到危险怎么办？"由于其他国家同行都未来，联络官也无须忙于接待。反正有的是时间，曹彭龄想，不妨与他开开玩笑。于是，他故作神秘地说："不怕，因为子弹飞过来，认清是我，便拐个弯儿飞向别处去了。"联络官不明白："这为什么？"曹彭龄给他讲起中国古代有位名叫彭祖的传说中的人物，相传能活800岁。曹彭龄降生后，他爷爷希望孙儿像彭祖一样健康长寿，便给他取名"彭龄"，即"像彭祖一样的年龄"。所以他说飞向他的子弹看清是他，知道他还不到寿限，便拐弯飞向别处去了。联络官听懂了，和曹彭龄一起哈哈大笑，他说："您真幽默。不过，这古老传说也说明中国文化的博大精深……"他看看表，发现庆典开始的时间到了。此时主厅的门已经敞开，阿明·杰马耶勒夫妇已在门边接受使节及来宾们的致意。联络官说："咱们也过去吧，看来，您真的是武官团的唯一代表了。"当联络官把曹彭龄向阿明·杰马耶勒总统引见后，曹彭龄立即用阿拉伯语向总统夫妇祝贺独立日。阿明总统笑着说："我早听说中国派来一位懂阿拉伯语的武官，今天见到您非常高兴，特别是贝鲁特时局这样混乱的时候。"接着，他又关切地问起来时路上的情况，曹彭龄说西区情况无太大变化，只是东区多了不少哨卡、路障，但看见中国外交车倒都礼貌放行，所以一路上还比较顺利。阿明总统笑着说："那就好。"曹彭龄未料到联络官竟把刚才曹彭龄和他说的关于彭祖的玩笑话告诉了总统夫妇，他们一直笑着。总统说："黎巴嫩和中国都是文明古国，两国人民都是热情好客的。而今天我们却不能为我们尊贵的客人们——您，以及所有外交使团的朋友们，提供起码的安全保障，作为总统我感到愧疚。但这绝不是黎巴嫩人民的过错。我曾说过：给我们和平，我们将还世界以奇迹。黎巴嫩的战乱，固然与其历史上遗留的各种矛盾有关，但主要还是由地区与国际上种种外来势力的插手、挑唆与干预所致。如果排除了外来干涉，黎巴嫩政府与人民完全有智慧与能力解决好自身的问题，在黎巴嫩这古老、文明的土地上，创造新的令世界震惊的奇迹。"曹彭龄表示完全赞同这种观点。阿明总统又对中国在黎巴嫩问题、中东问题所持的一贯立场表示赞赏。如今，从刘、吴两位大使文章中得知，苏菲、周幼马应邀赴黎巴嫩参加哈马纳镇的"马海德公园"命名仪式期间，还曾特意前往毕克法雅看望阿明·杰马耶勒夫妇，使我们不禁联想起在黎巴嫩那个特殊的时段，去毕克法雅出席黎巴嫩独立日庆典时，同阿明·杰马耶勒总统接触与交谈的情况。阿明·杰马耶勒在任黎巴嫩总统期间，虽然未能实现他的宿愿，但他为实现这一理想及发展黎中两国的友好合作关系不遗余力。黎中两国人民是不会忘记的……

1986 年，曹彭龄出席黎巴嫩总统阿明·杰马耶勒主持的独立日庆典活动

至于黎巴嫩前驻华大使法里德·萨马哈先生，更是许多人都熟悉的中国人民的老朋友。刘、吴两位大使及吴富贵学长的文章中已做了介绍，我们在这里只做一点点补充。那是 1985 年 8 月，卢章谊以新华社驻黎巴嫩分社记者的身份采访黎巴嫩外交部秘书长图尔克先生时，得知时任黎巴嫩外交部政治司司长的法里德·萨马哈先生已被任命为黎巴嫩新任驻华大使，她便立即要求采访萨马哈先生。从采访中深感萨马哈先生是一位学者型的资深外交家：不仅学识渊博、诚挚友好，而且对黎巴嫩与周边国家关系及中东形势现状分析得有条有理。更重要的是，他对黎巴嫩的未来充满自信，对即将去中国赴任更充满了期待。卢章谊采访后立即写了报道，认为萨马哈先生定是一位尽职尽责、富有开拓性的大使。

我们第二次听到的有关萨马哈先生的消息，来自北京大学同窗、中国阿拉伯文学研究会会长仲跻昆教授。那是 1987 年 3 月，萨马哈先生看到我们在《文艺报》上发表的文章《再访纪伯伦博物馆》，感到意义重大，立即打听作者，并根据文章提供的线索，找到仲跻昆教授。当时我们对此一无所知。因为曹彭龄是军人，不能随意同外国使馆接触，外国使馆找他，还需通过一道道审批手续，而仲跻昆是北京大学教授，不受此限制。萨马哈大使与仲教授见了面，并由此也开始了与仲教授及中国阿拉伯文学研究会的接触与联系，进一步拓宽了中黎两国文学与文化交流的通道。我们深知大使工作是多么繁忙，而一篇普普通通的报道或游记式的文章，竟引起萨马哈大使这样的重视与关注，足见他对推动与加强黎中两国友谊与交流是多么认真、细致。这更加深了我们与他第一次交往时的印象——确实是一位值得我们大家学习与尊重的开拓型大使。在与同我们有较多交往的阿语界学友，特别是中国阿拉伯文学研究会的众多学者、教授、翻译家的接触中，发现萨马哈先生为他们热心提供的方便与帮助是有口皆碑的。1989 年 3 月为纪念纪伯伦的挚友、同是黎巴嫩"侨民文学"创始人的米哈伊勒·努艾美一百周年诞辰而举办的学术研讨会，便是由黎巴嫩驻华大使馆和该研究会共同筹划，在黎巴嫩驻华大使馆举行的。我们收到请柬后，曹彭龄特意向单位领导打了报告，

1985 年 8 月，卢章谊采访即将来华赴任的黎巴嫩驻华大使法里德·萨马哈

得到许可后，同卢章谊一起出席。我们很高兴在那里又见到了萨马哈先生，他还记得四年前他来华前夕卢章谊采访他的情形。当我们把《黎巴嫩散记》送给他，并介绍说这是我们把在黎巴嫩工作、生活时的见闻、感触，写成的纪实性散文集。他突然眼睛一亮，大声说："啊，知道了，那写过拜访纪伯伦博物馆文章的就是你们吧？"见我们首肯后，他热情地说："你们做了一件很有意义的事！应当谢谢你们……"反倒弄得我们很不好意思。他接着说："黎巴嫩的人口不及北京的一半，无法与中国相比。但在半个多世纪前，中国著名女作家冰心便把纪伯伦的《先知》介绍到中国，从而架起沟通两国人民之间思想和文明的桥梁。而今天，我们高兴地看到（他指指正陆续走进会场的人群，继续说）黎中两国越来越多的有识之士，正继续加固这座连心桥。"这时，会议即将开始，萨马哈先生还要主持会议并做主题发言，我们忙拿出自留的一本《黎巴嫩散记》，请他在扉页上签名留作纪念。萨马哈大使提起笔，不假思索地写下这样的文字：

　　正如中国的负责人士和思想家们从未忘过黎巴嫩一样，黎巴嫩也绝不会忘记你们这样的它的朋友们。我希望近期和平能在黎巴嫩各处稳固下来，好让我们能在黎巴嫩山区，在你们非常熟悉的为雪松覆盖的纪伯伦的家乡贝什里，和曾给你们留下宝贵记忆的纪伯伦博物馆再次相聚。

　　向黎巴嫩的朋友中国致敬。

　　向你们致敬。

黎巴嫩驻华大使法里德·萨马哈

1989 年 3 月 9 日于北京

这题词，也是对我们做的那一点点微不足道的工作的真诚的激励与褒奖，是我们珍贵的纪念。

几个月后，我们又远赴伊拉克和冰心先生给我们信中描述的"从飞机上将看到沙漠中有一股大河和河边的城市，以及椰子树，有趣"的埃及。但从与学长仲跻昆及中国散文诗学会创会副会长、诗人纪鹏等友人的通信中，得知中国阿拉伯文学研究会后来举办年会前，曾根据我们的建议，与冰心、纪鹏进行了联系，冰心不仅为纪伯伦 110 周年诞辰研讨会写了贺信，还欣然接受该研究会同人的恳请，出任名誉会长。诗人纪鹏也应邀出席了研讨会，并做了有关阅读纪伯伦《先知》《沙与沫》《泪与笑》等著作体会的题为《真情·知音·友谊》的发言。研究会及阿语界的同人们也继续得到萨马哈大使真诚热情的帮助。我们还听说萨马哈大使多次就向冰心先生授

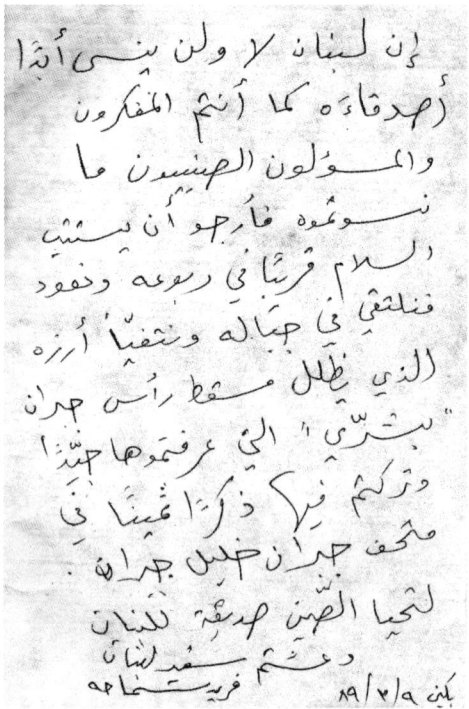

1989 年 3 月 9 日，萨马哈大使在《黎巴嫩散记》扉页用阿拉伯文为作者曹彭龄、卢章谊写的题词

勋一事向黎巴嫩总统建言。1995 年 3 月，我们果然从报上看到萨马哈大使代表赫拉维总统向冰心授勋，以表彰她为黎中文化交流所做的杰出贡献的报道，更感兴奋异常，立即驰函向被尊为"文坛祖母"的 90 多岁高龄的冰心先生表示祝贺。萨马哈先生驻华任职 13 年，后来还担任过阿拉伯国家驻华使团团长。在他的热情推动下，阿拉伯国家与中国的友好关系得到进一步提升，为当今大力推进习近平主席倡导的"一带一路"的宏伟战略规划，打下了坚实基础。所有这些，都是值得称道与颂扬的。

对本书提到的其他人物：黎

1989 年 3 月，曹彭龄、卢章谊夫妇向黎巴嫩驻华大使赠送著作《黎巴嫩散记》一书后的合影

（本文照片均由中国前驻黎巴嫩大使馆武官曹彭龄将军提供）

巴嫩前总理拉菲克·哈里里，法兰萨银行董事长、黎巴嫩农工商会联合会主席阿德南·卡萨，前黎巴嫩环球快递公司董事长、国际扶轮社黎巴嫩分社主席毕尔·艾布·哈特尔等先生，我们不熟悉，做不了什么补充。但读了收入本书的有关他们在各自不同环境与际遇中，热心推进黎中两国友好关系的事迹，我们深感兴奋，他们的事迹值得大家细读与思考。譬如毕尔先生，一直关注中国"希望工程"建设，不断捐款资助。特别是1997年5月，他在地处我国冀、鲁、豫三省交界处的山东聊城冠县定远寨乡，捐款兴建了总建筑面积达1 500平方米，能容纳600名学生的黎巴嫩女子学校。事情或许不大，但其意义是深远的：它不仅给了600名失学的女孩走进学校，接受正规、系统的教育的机会，而且对如今特别是老、少、边、贫地区的农村依旧存在的重男轻女的传统陋习，给予了巨大又直观的冲击，对改变该地区人际关系、更新社会观念，会起到巨大的推动作用。令人遗憾的是，毕尔先生了却这一心愿时已59岁，仅仅4年之后，他竟因病谢世……呜呼！天嫉良才，令人不禁扼腕顿足，痛惜不已！他生前说过："捐款不是商场上的竞争，是奉献，也是人生一大乐事。"我们相信他的精神的种子，将会在定远寨乡黎巴嫩女子学校受惠的女孩心中萌发，并迅速扩展，绽开出绚丽的花朵……

纪伯伦说："让今日用回忆拥抱着过去，用希望拥抱着未来。"在临近中黎两国建交45周年的日子里，中黎两国出版机构通力合作，联袂推出《百年牵手——中国和黎巴嫩的故事》（中文版和阿拉伯文版）一书，为的正是温故知新，从我们两国共同创建的传统友谊出发，在如今我们与世界其他各国人民共同践行"一带一路"宏伟战略规划的伟大进程中，向着共同的美好目标奋进。

是为序。

中国前驻黎巴嫩大使馆陆海空三军武官
曹彭龄将军和夫人卢章谊
2016年3月28日

中黎友好使者

长城离巴尔贝克更近了

中华人民共和国历任驻黎巴嫩共和国特命全权大使：

中黎两国建交日：1971 年 11 月 9 日

第一任：徐　明　1972 年 3 月至 1978 年 9 月

第二任：许文益　1979 年 4 月至 1981 年 4 月

第三任：于梦欣　1982 年 12 月至 1985 年 5 月

第四任：吴顺豫　1985 年 8 月至 1988 年 3 月

第五任：杨一怀　1988 年 4 月至 1992 年 5 月

第六任：朱培庆　1992 年 6 月至 1996 年 10 月

第七任：安惠侯　1996 年 11 月至 1998 年 12 月

第八任：刘振堂　1999 年 3 月至 2002 年 8 月

第九任：刘向华　2002 年 9 月至 2006 年 11 月

第十任：刘志明　2006 年 11 月至 2010 年 12 月

第十一任：吴泽献　2011 年 1 月至 2013 年 4 月

第十二任：姜　江　2013 年 4 月至 2016 年 5 月

第十三任：王克俭　2016 年 8 月至今

利塔尼河水通长江黄河

黎巴嫩共和国历任驻中华人民共和国特命全权大使：

黎中两国建交日：1971 年 11 月 9 日

第一任：布斯塔尼　1972 年 5 月 5 日至 1983 年 6 月

第二任：塔德穆里　1983 年 7 月 28 日至 1985 年 7 月

第三任：法里德·萨马哈　1985 年 8 月 17 日至 1999 年 1 月

第四任：齐丹·萨基尔　1999 年 2 月 20 日至 2003 年 10 月

第五任：苏莱曼·沙菲克·拉斯　2003 年 11 月 25 日至 2013 年 2 月

第六任：法里德·阿布德　2013 年 4 月 22 日至 2015 年 6 月

黎巴嫩记忆时空

黎巴嫩籍阿拉伯人后代马海德博士

——第一位加入中华人民共和国国籍的外国人士

马海德的故事

20 世纪 10 年代的一天，美国纽约州布法罗市，一个年老的医生走进一个普通的工人家庭，家中的 6 口人都患上了当时的一种传染病。这位医生不但给 6 人治病，还带去了他们需要的食物。但这位老医生想不到的是，他的这一举动，在这个家庭中一个名叫海德姆的小男孩幼小心灵中埋下一颗种子：长大后一定要当一名医生，为穷人治病。让这个男孩想不到的是，后来他成为一个传奇的世界名医，还成为唯一一名在红军时期就加入中国共产党的西方人，唯一一名全程参加了中国的土地革命战争、抗日战争、解放战争和社会主义建设的西方人，唯一一名在中国工农红军、八路军、解放军里都担任过高级军职的西方人，第一个被批准加入中华人民共和国籍的外国人。

一个青年和中国革命

1936 年 6 月，一头毛驴，两个青年，行走在延安通往保安的路上。两个青年，一个是美国记者埃德加·斯诺，一个是美国医生乔治·海德姆。

1935 年，毛泽东带领的中国工农红军经过二万五千里的长征到达陕北，那是中国革命低谷时期，长征后的红军只剩下万人，在陕北立足未稳，补给困难，医疗就更不用说了。

毛泽东为让人们真实了解红军，改变落后的医疗状况，委托宋庆龄物色一名外国记者和一位高明的外国医生到陕北。于是，两个美国青年出现在中国工农红军最高指挥部临时所在地保安。

困难超乎想象。睡觉有虱子，斯诺就教马海德，被子不盖正面，脱光了睡，连裤衩也不要穿。第一次，小米入口，马海德感觉是粒粒小米在嘴里乱跑，咬不住，咬不着，他有一种被吓着的感觉，好在有土豆。马海德更多时候是吃土豆，以至于后来主管新华社的廖承志请他帮助对外宣传时，犒劳他的就是煮土豆。

斯诺的《红星照耀中国》，让更多人了解了中国革命和中国工农红军，而马海德则给红军带来了直接的帮助。

1936年8月，斯诺和海德姆一同来到红军西征军总部所在地宁夏豫旺堡，这里是回民居住区。海德姆祖籍黎巴嫩，从小就会讲阿拉伯语，能写阿拉伯文。当地群众听说红军中来了一位"土耳其"人，精通教律，又写得一手好经文，这一下找到了知音，大家争相请他到家里做客。他发现这些回民认识汉字的没有几个，认识阿拉伯文的人反而较多。他将这一发现报告红军总部，总部首长就让他把一些标语口号译成阿拉伯文刷写在墙壁上。于是"回汉人民是一家""停止内战，一致抗日""欢迎回民群众来当红军""发展回民教育""红军不侵犯回民的利益"等红军宣传标语以阿拉伯文的形式出现在偏僻的山村里。当地回民感到既新奇又亲切，有人还专门请来了寺上的阿訇把标语内容讲给大家听。这对号召回民参加革命起到了很大的宣传和鼓动作用。

在与豫旺堡回民的频繁接触中，海德姆深为回族群众的勤劳善良、热情好客所感动。一天清晨，他和斯诺在豫旺堡城墙上散步，对斯诺说出了自己的想法："埃德加，我想把我的名字改成中国人的名字，这样大家在一起会更融洽些。"斯诺惊奇地问道："想好了吗？"海德姆回答说："想好了，这里的回民姓马的多，干脆我也姓马吧，我想把'海德姆'改成'马海德'。"斯诺连声叫好："这名字既保留了美国姓氏的'海德'字样，又加了中国姓氏的'马'字，两全其美，实在妙极了！"海德姆自此变成了马海德。

一天，彭德怀带领部队去迎接红二、红四方面军。临行时，他望着海德姆问道："海德姆大夫，听说你还有一个名字叫'马海德'？"斯诺笑着插话说："他为了献身中国革命事业，把自己的名字也改成中国名字了。"海德姆说："我还没有报告组织批准呢。"彭德怀笑着说道："我代表西征红军党委现在就批准你改名。"从此，红军队伍里又增添了一个外国人。

斯诺在《西行漫记》中曾这样描述：1939年，当路易·艾黎随印度医疗队来到延安的时候，在欢迎人群当中，发现了当年的乔治·海德姆，现在已经改名为马海德，并且担任苏区军委卫生部的顾问。这时候的马海德皮肤粗糙，一脸饱经风霜的沧桑，说着一口流利的陕北腔的中国话。艾黎给马海德带来久违的咖啡，而当路易·艾黎试图和老朋友马海德彻夜长谈的时候，却总是不能尽兴。艾黎在后来的回忆中写道，"冬暖夏凉的窑洞里，咖啡的香味深深打动了乔治，他想喝咖啡想了好久，喝了一口后，门外有一个提马灯的人请他出诊，他急急地又喝了两口，收拾一下药箱，就跟着走了。半夜一觉醒来，又有一个农民进来找马大夫"。马海德说："那就是我的日日夜夜，随叫随到的生活。但

萨马哈大使女儿萨米拉（左三）在授勋仪式上宣读黎巴嫩总统阿明·杰马耶勒颁发的总统令，授予马海德医学博士黎巴嫩国家级雪松骑士勋章
（萨马哈大使供图）

我从来没有这么愉快地生活过，我感觉自己是一个有用的人。延安人都认识我，我也喜欢他们。"

虽然年纪不大，但马海德是一位医学博士，自然就做起了毛泽东、周恩来、朱德、彭德怀、林伯渠的保健医，贺龙、刘伯承、邓小平、陈毅、林彪、聂荣臻、徐向前等回延安也都由他做身体检查。白求恩到延安后，很快要去前线，马海德很着急，他去向毛主席请示，想和白求恩一起到前线，正在看文件的毛主席头都没抬说了一句："那我谁管？"马海德一听就明白了，他在延安也有重要的任务。为了毛主席身体健康，马海德确实费尽了心思。为让毛主席换换脑筋，他时常拉着毛主席打麻将。一次，一贯和气的马海德打牌中和毛主席争执起来，这让周围的人十分不解。过后，他才告诉毛主席，打牌时吵吵闹闹，这时候你的注意力才能分散一些。

留在延安的马海德，在负责中央领导的健康的同时，和同事全力发展延安的医疗事业，以前延安仅有一个中心医院，有300张床位。很快，发展到8个中心医院24个分院，18 500张床位。1939年冬天，突然来临的寒潮使大批红军伤员严重冻伤，马海德及时给宋庆龄写信请求紧急救援。宋庆龄得悉后立即设法运来了2 500条澳大利亚毛毯，解救了受到严寒威胁的伤病员。

在延安，马海德一人就诊治伤病员4万余人次，在与领袖、战士和群众的密切接触中，马海德深深为中国人民争取自己解放的伟大事业所感动，他在给友人的信中写道："现在生命对我来说十分有意义。"他投身到这场革命中，加入红军后，他又加入了中国共产党。

5

萨马哈大使受黎巴嫩总统委托向马海德医学博士授勋
（萨马哈大使供图）

一位医生和中国人民

近代影响中国的西方人，如利玛窦、汤若望，他们带着"上帝"的旨意、带着西方的科学知识来到中国；据说南怀仁还发明了"世上第一辆汽车"。但能直接投身中国革命、广泛造福于中国人民的，马海德是第一人。他不是带着上帝的旨意，而是带着一颗济世的善心。他对中国影响之大，以至于后来获得了"新中国卫生事业的先驱"的称誉。

党中央刚进北平不久，毛主席在香山双清别墅宴请即将离任回国的苏联医生阿洛夫。阿洛夫是苏联派驻延安的军医。斯大林派特使米高扬到西柏坡和中共毛泽东、朱德、周恩来、刘少奇、任弼时五大书记谈话时，阿洛夫是记录员。这次会谈中，米高扬特地告诉中共，李敦白、马海德是美国情报机关的情报人员。毛主席这次宴请，把马海德一家子叫来作陪，以这种方式向苏方表明：中共是相信马海德的。

很快，马海德到国家卫生部当顾问。在卫生部，他很快发现一个问题：边远地区的少数民族人口锐减。进一步的调查表明，这是由性病造成的。马海德敏锐地认识道："性病不是单纯的一种疾病，而是社会病。"本来，作为卫生部的顾问，他是可以"高高在上享清福的"，但他却到中国医学科学院皮肤病研究所（简称皮研所）承担起了性病和麻风病的防治与研究工作，并兼任麻风病研究室第一届主任。这两种病都是当时中国人谈之色变的重病。

怎样治疗梅毒？当时所里有两种意见：一部分专家提出要用"914"和铋联合使用的长期治疗方案。这种办法要投入大量的人力、物力，不符合中国的国情。马海德同部分国内专家都提倡用青霉素 10 日疗法。这种方法简便，节省人力、物力，但在国内还没有远期疗效的观察资料。为此，从 1954 年起，马海德每年都用一半以上的时间带领科研小组到边远的农牧区，复查 1950 年和 1951 年医疗队用青霉素治疗梅毒的远期疗效。他到过内蒙古、呼伦贝尔草原及乌兰察布盟（现为市）、甘肃裕固自治州（现为自治县）、边远的新疆昭苏县草原、海南岛、青海、宁夏、云南、江苏、四川、广东、广西等地，在那里调查研究、医治病人、培训医护人员。他对工作极端负责，对病人极端热忱，每天预约的病人只要有一个人还没来，他都要求医护人员坚守岗位等着，不管天色多晚。他说："病人爬山走路来一趟不容易，不能让病人白跑。"

马海德医学博士（左二）在授勋仪式上发表获奖感言
（萨马哈大使供图）

在辽阔的农牧区，对梅毒患者要一个不漏地进行复查，困难是很大的。常常为了寻找一个病人，跑很远的路。最难的是人们不理解，中国人讲身体发肤受之父母，不能轻易动的，抽血就更不行了，在偏远地区普查性病时，群众对抽血化验接受不了，马海德上桌子前坐下来，说"给我抽血"，让医务人员愣了，旋即明白了这是做样板，边抽边讲，在自己身上抽血，以此来取得群众的配合。有时做实验，水质不好，不能保证血清实验的可靠性，马海德便自己动手，教大家就地取材，做简易的沙滤缸，保证实验用水的质量。从病损中检查梅毒螺旋体需要用暗视野显微镜，可是当时很多地方没有电，马海德就将显微镜进行了改造，用干电池做电源，从而保证了诊断的准确性。经过四五年的努力，马海德终于从理论和科学数据上证实了：在中国使用青霉素治疗梅毒的效果是好的，是适合中国国情的。此后，在全国范围内推广了这种办法，对大量的梅毒病人进行治疗。在人民政府的组织下，经有关人员的共同努力，采取各种有效措施，1964年，中国取得了基本消灭梅毒的震惊世界的成就。

60年代初期，在中国基本消灭了性病之后，马海德又把主要精力投入消灭麻风病的工作中去。麻风病在中国流行了几千年，人们对麻风病普遍存在恐惧心理，对患者又存在歧视态度。马海德提出了"麻风病可防、可治、不可怕"的科学论断。他去麻风病医院，从来不穿隔离衣，也不穿白大褂，还与病人亲热地握手问好，查病时总是多次复查，生怕误诊。碰上患者脚底溃疡，他还把病人的脚抱在怀里仔细检查。病人请他喝水、吃水果，他从不拒绝。为了消除人们的恐惧，他还经常带着爱人和儿子到麻风病医院一起探望病人。江苏省海安县一位患者得病后，家人、亲戚都离他远远的。马海德和他握手时，他哭了，"25年了，这是第一次人家和我握手"。

在皮研所的官方材料里，有这样的记载："1953年到1970年，马海德有一半的时间是带医生在全国各地的性病、麻风病现场工作。"

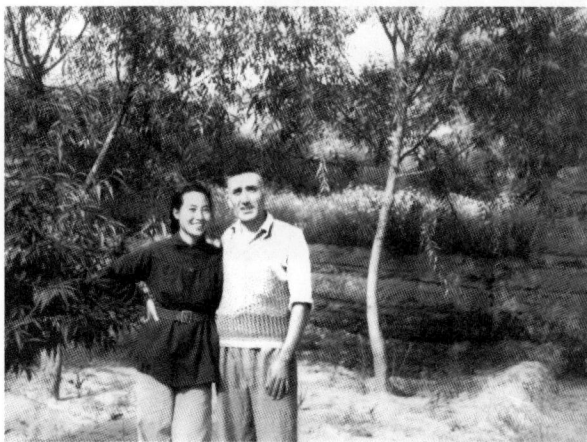

马海德与苏菲在延安时期的合影
（马海德之子周幼马供图）

在基层工作时，马海德和大家同甘共苦，同吃同住，一起跋山涉水，骑毛驴、坐大车。他住过蒙古包、破庙，睡过临时旅店的土炕，也曾和4个人合盖过一条粗布破被。在延安时，斯诺教给他防虱子的方法：全脱光了睡。而现在反过来了：全扎紧了睡。要不蚊虫叮得你根本睡不着。

现在的北京协和医院皮肤科一级教授王洪深，当年还是个年轻医生，和马海德一起下乡。一次，他们乘马车到卫生院去，走了整整一天。天气太冷，马海德的脚冻得不能动弹，下不了车，卫生院的同志用温水为马海德泡脚后才下来车。尽管条件艰苦，他总是和大家聊家常、说笑话，工作之余经常喊"来，小王，跳舞，跳舞"。

有一次在甘肃和同事夜间赶路，途中因汽车相撞，几个同事受伤。由于前边放着铺盖卷，马海德得以幸免，他不顾天寒路滑，提着马灯救伤员，后又送饭送水、联系医院。医疗队中就他岁数最大，可他忙了一夜。

过去，中国治疗麻风病只施行单一的药物疗法，平均6年患者才能基本治愈。从1980年起，马海德把国外治疗麻风病的新技术——强杀菌联合药疗引进中国。用这种药疗方法，病人一周内即可脱离传染期，平均两年即可治愈。但是这种联合药疗的3种药品价格较高，因而影响了在全国的推广使用。为此，马海德抱病出访了十几个国家，终于从日本、美国、意大利、比利时、加拿大、荷兰、英国和联邦德国等国家争取到价值上千万美元的药品、医疗器械和交通工具等援助，大大加速了消灭麻风病的进程。中华人

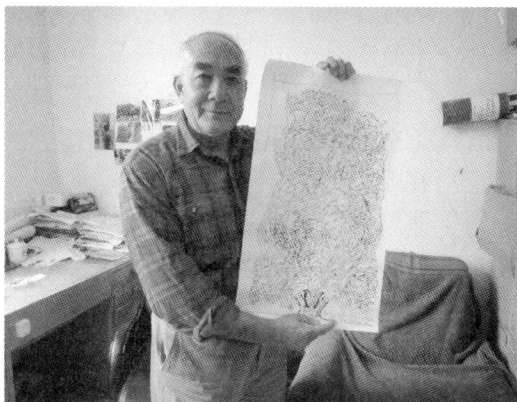

马海德之子周幼马向作者展示象征其黎巴嫩家族的家谱树

民共和国成立后，40多年间，累计发现麻风病患者50多万，已治愈40多万；绝大部分地区麻风病发病率及患病率都在逐步下降，不少县市已达到控制或基本控制的指标。根据马海德的战略部署，1995年中国就可以达到基本消灭麻风病，再用两年作为复查验收时间。

在1987年世界卫生组织召开的世界卫生大会上，根据马海德的建议，中国与麻风病流行的一些国家共同倡议，把在全世界范围内消灭麻风病的目标，作为到2000年人人享有卫生保健的一部分，并使大会通过了"走向消灭麻风病"的决议。在上述倡议的影响下，1988年6月，在新加坡举行的麻风病联合化疗协调会议上，日本笹川基金会提出了使亚洲地区麻风病联合化疗的覆盖率在5年内达到75%，10年内达到100%的目标。在1988年9月海牙第十三届国际麻风会议上，世界卫生组织也积极响应，提出了到2000年在世界范围内麻风病联合化疗的覆盖率要达到80%，也就是说，到20世纪末，80%的麻风病患者将得到应有的治疗。可以说，这是马海德对世界麻风病防治工作的贡献。

为纪念这位伟大的国际共产主义战士，在他逝世一周年之际，中华人民共和国卫生部为他举行了隆重的纪念会，并出版了《马海德纪念册》；同时设立了"马海德基金会"，以奖励和表彰优秀的麻风病防治科研和管理人员。

一个人和三个国家

马海德当年到延安后，受中国革命事业的触动，向周恩来提出加入中国籍的申请。周恩来说：老马，可是我们哪有国啊，我们只有个党，等将来新中国成立以后，我就第一个批准你入中国籍。

1949 年 10 月 1 日，天安门城楼上，一个响亮的湖南口音回荡在广场上空——"中华人民共和国中央人民政府今天成立了"。这时，马海德就在天安门城楼上。如今想来，这是一个殊荣，但当时，马海德没想这些。他想的是找周恩来总理兑现诺言。从城楼上下来后，马海德马上找周总理提出加入中国籍的问题。于是，这份殊荣他记住了：新中国第一个外籍中国人。

1949 年 10 月 2 日，即新中国成立的第二天，在北京就成立了中国人民保卫世界和平大会（简称"和大"）。宋庆龄、郭沫若、廖承志、刘宁一等是"和大"的直接领导。马海德的一批外国朋友名列其中。人们奇怪，这里怎么会没有马海德呢？其实不奇怪，他是自己人。20 世纪 50—70 年代，在大陆的外国人是不允许随意走动的，绝大部分县、市不许外国人进入，就连北京郊区路口都立有"外国人未经许可不许超越"的牌子。为方便到国内各地工作，马海德的钱包里总是放着那张一号入籍证书的缩微照片，以供机场、车站的军警们查验。如同他后来在国内出差时，当人们为这个大鼻子中国人莫名其妙时，他总是笑着指着自己的鼻子说："我是新疆人，我姓马。"

1962 年的夏天，一位美国老人敲响了大马士革的中国使馆大门。中国警卫问他是什么人，老人说，自己是美国人，要找在中国共产党里的儿子。在那个"打倒美帝"的年代，警卫马上警惕地关上门向大使汇报。大使徐以新及其夫人陆红从楼上看到门口进退两难的美国人时，叫了起来："那就是老马的爹呀！长得太像了！"

原来，1962 年初，马海德的父亲纳霍·海德姆从英国的《泰晤士报》上看到一则消息，说马海德在中国当上了卫生部的顾问，还和毛泽东、周恩来都是好朋友。老人立刻让家人取出 5 000 美元，收拾行李，"到中国看儿子"。当时中美还没建交。时任中国外交部部长的陈毅知道了这件事，安排老马到当时和中国已经建交的叙利亚同父亲见面，那儿离老家黎巴嫩还近些。老马一家三口，坐飞机转道莫斯科飞到叙利亚，在大使馆的安排下，这对 29 年没有见面的父子，激动地拥抱在一起。老父亲悄悄问他，听说你和中国最大的人物是好朋友，那你现在有多少财产呢？马海德大着嗓门说："我有九百六十万平方公里土地，全中国的房子都是我的。"

这时，很多人回想起，老马是美国人。让他想不到的是，直到他逝世，也不知道，美国政府一直为他保留着美国国籍。没有一个国家不敬重英雄！

马海德夫人苏菲全家福合影
（马海德之子周幼马供图）

美国人的身份是个优势，马海德在延安时期，还曾担任中共中央外事组和新华通讯社的顾问，积极参加外事活动和对外宣传工作。1937年11月，他帮助新华社创立了英文部，开始向国外播发英文消息。他还经常为当时中央出版的对外宣传刊物撰写稿件。

中华人民共和国成立后，他多次应邀出国访问，出席过许多国际会议。在广泛的国际交往中，他总是以亲身经历和所见所闻，生动地宣传、介绍新中国的伟大成就，为促进中国人民与世界各国人民之间的了解和友谊做出了贡献。

他是中国人，也是美国人，同时也是黎巴嫩人。三个国家由他一人生出多种友好的联系。

2003年8月31日，一尊马海德的铜像于黎巴嫩哈马纳镇落成。这里是马海德的家乡。他的根在这里，他也是黎巴嫩人民的儿子。

铜像是中国政府捐赠的。黎巴嫩总统拉胡德的代表、难民事务部部长费尔哈特和黎巴嫩总理哈里里的代表、社会事务部部长迪亚卜，以及哈马纳镇政府官员、当地群众、友好人士、华侨代表等约 500 人出席了马海德铜像揭幕仪式。

中国驻黎巴嫩大使刘向华在致辞中说："马海德是中黎友谊的象征。中国政府特向他的故乡——美丽的哈马纳镇捐赠一尊他的铜像。让我们世世代代记住他，怀念他，让我们世世代代致力于巩固和发展他所开创的中黎友谊。"

时隔不久，2009 年 3 月 12 日，镇上的居民互相传递着这样一个消息：中国驻黎巴嫩大使馆向哈马纳镇资助 7.1 万美元，用于哈马纳镇的打井引水项目。

哈马纳镇镇长哈比卜·里兹克很激动。他说，哈马纳镇位于贝鲁特市以东约 30 公里的黎巴嫩山区，人口的增加和雨量的减少造成了该镇长期以来严重缺水。打井引水项目不但解决了困扰居民多年的饮水问题，而且解决了该镇居民今后 30 年的用水问题。

镇上的居民也很感动。他们从这笔捐款上，知道了他们这里原来有一个名叫海德姆的人，后来为中国人做了很多事。他们也从这件事上，知道中国是一个有情有义的友好国家。

2010 年 9 月 23 日，在黎巴嫩首都贝鲁特的超国际五星级的万豪酒店里，举行了一场隆重的大型晚宴。群贤毕至，高朋满座，他们到这里是为了纪念马海德医生的百年诞辰。晚宴开始前，黎巴嫩卫生部部长哈利发宣读了苏莱曼总统的贺词。总统在贺词中称赞马海德医生是"黎巴嫩人民优秀的儿子"。刘志明大使说，中国人民永远不会忘记马海德医生，在中国他是人民的功臣，在哈马纳他是黎巴嫩的骄傲，他是中国和黎巴嫩友好关系的象征。

马海德生前病重时曾对妻子说过，他不喜欢追悼会，但喜欢纪念会。他想不到的是，他的纪念会，百年仍在，不但是妻子、儿子忘不了他，而且美国人忘不了他，黎巴嫩人也忘不了他，中国人更忘不了他。

1972 年 1 月 24 日下午，身患重病的美国著名记者埃德加·斯诺凝视着千里迢迢从中国赶来探望他的好友，深沉地说："乔治，我羡慕你！我羡慕你走过的道路。我常想，如果当时我也像你一样留在延安，我今天的境况将是怎样的呢？"

1988 年 10 月 3 日，这位高鼻子的中国医生在他的第二故乡——中国这块土地上，含笑走完了充满传奇色彩的人生历程。临终前，他满怀深情

（左起）王燕教授、周幼马先生、刘元培教授、吴富贵教授在黎巴嫩宴会上的合影

地对亲友们说，"我最聊以自慰的是我没有站在外面，我是和人民站在一起"，"如果让我重新开始生活，我还是要选择这条道路，这是毫无疑问的"。

这个祖籍黎巴嫩的美国孩子，投身中国革命后，又从中国走向世界：

1979 年获美国北卡罗来纳大学"突出服务奖"。

1982 年获美国达米恩-杜顿麻风奖。

1985 年获美国加利福尼亚州参议院颁发的国际公共卫生及麻风病防治成就证书，任中国麻风病防治协会理事长、中国麻风病福利基金会主席和中国麻风病防治研究中心主任。

1986 年获黎巴嫩国家级雪松骑士勋章和美国艾伯特-腊斯克医学奖。

1987 年获美国纽约州立大学名誉理学博士学位。

1988 年获印度国际甘地奖。

最是文学润后生

——记中国百年文学巨匠茅盾先生

　　中国现代文学界把黎巴嫩著名文学作家、世界文坛巨匠纪伯伦作品译介给中国各界读者的第一人，当属茅盾先生。

　　天资卓异、学贯中西、举世闻名的中国文坛百年文学巨匠，茅盾先生当之无愧！

匠心译介纪伯伦

　　认识茅盾先生，我是从阅读《文学周刊》开始的。

　　读懂纪伯伦，我是从阅读茅盾先生译介并于 1923 年发表在《文学周刊》杂志上的五篇纪伯伦的散文和散文诗《批评家》、《价值》、《别的海》、《白纸如是说》（又译《一张雪白的纸说……》）、《圣的愚者》（又译《圣徒》）开始的。

　　如今，斯人离世已数十载。然而，他的五篇散文和散文诗译作犹如高山，离得越远，越显得伟岸；犹如一杯清茗，越是慢品，越觉得味道浓郁。其在，中国文学的天空就多一缕星光。文坛忆，最忆是茅盾。译出真情，忆出真趣。自有真淳意，匠心译得诗文美。诗韵留存，沉醉百年，最是文学润后生，最是译文润乡野。追忆茅盾，五首诗作，点滴匠心，墨香识友人，纪伯伦复活。一首诗，一种坚持；一首歌，一种态度；一群人，一种力量。一头滋养了灿烂的华夏文明，另一头托举起西亚黎巴嫩的雪松之乡。而茅盾却早在 93 年前便以中国文学家的慧眼，高瞻远瞩，徐徐揭开了中黎文学译介交流的大幕。五篇译文，厚重如史，带着泱泱中华的历史记忆。从 20 世纪的 1923 年至 21 世纪的 2016 年，时间跨度长达 93 年，它们成为联结中国与黎巴嫩两国文学译介交流发展的桥梁和历史根基，它们的问世填补了两国文学领域的一个空白。

　　茅盾先生为什么要这样做？答案很简单，是纪伯伦的优美散文和散文诗感动了他。他的译介作品具有强烈的时代感和创新精神，他为国人留下的是无与伦比的黎巴嫩精湛文学作品，是代表那个时代的文化遗产。他自觉地把自己的命运和民族的命运，与历史、文学挂上了钩。所以，茅盾译介的纪伯伦的作品展示了一个个有血有肉、与命运不停搏斗抗争、与时代洪流相交融、不断探索创新的黎巴嫩文学各式人物。五篇散文和散文诗充满着人文精神，细节生动、人物鲜活、故事传奇、富有哲理，令人浮想联翩。因此说，纵观古今，有什么样的巨匠，就有什么样的译作。茅盾先生的每一篇译作都是极富寓意的文学精品、传世之作，每一篇都有睿智过人之处。其独特的自然哲学之美和人文情怀之美，令人咂舌、不可捉摸。如今，历史的记忆已被重拾，文化的熏陶处处萦绕，哲学的脉络如此清晰，民众的生活怡然自得，纪伯伦散文和散文诗的种种精彩，无论怎样品评和解读，总觉得韵味醇厚、陶然非常。这译作之美当归功于中国文学大师茅盾先生。他用自己的译介之笔和文学创作，再现了纪伯伦散文诗作的文学之美，为中国近代文学译介史书写了不朽的文学艺术篇章。茅盾先生对于中国近代文学贡献卓著，而且对于所有文学的后来者，他都是一位楷模，一位难能可贵、知识渊博的文学大家。他的文学译介水平超越时代、超越文学范畴，他的译作是世间永存的珍品。他在文学方面有着一定的过人的天赋，他的译介言简意赅、朴素易懂，令人百读不厌、回味无穷。

茅盾故居咏叹调

　　茅盾（1896—1981），原名沈德鸿，字雁冰，浙江桐乡人，现代著名作家，进步文化的先驱。中国百年文学巨匠茅盾是国家的名片，茅盾故居是茅盾的名片。它古朴典雅、底蕴深厚，是京城八大名人故居之一，坐落在后圆恩寺胡同 13 号。其行政区划隶属北京市东城区。从地理位置上看，故居所在的后圆恩寺胡同，曲径通幽，呈东西走向，东起交道口南大街，西止南锣鼓巷，沥青路面，宽 6 米，全长 444 米，在清代属镶黄旗辖区，乾隆时期称后圆恩寺胡同。因胡同在圆恩寺背后，故而得名。

　　值得提及的是，故居所在的这条后圆恩寺胡同，如前所述，东西畅通，漫长深邃，一眼望不到边。对于初来乍到的外来游客来说，即便是手里拿着北京地区游览图，找到这里也要费点力气。然而，天无绝人之路，笔者告诉你有两条路均可到达。一是从鼓楼东大街的南侧进入，径直往东步行 200 余米，过南锣鼓巷交叉路口，走不多远即可到达；二是从东面与繁华的交道口大街仅一街之隔的后圆恩寺胡同东口进入，径直往西步行200余米即可到达。总之，无论是从东——车水马龙的交道口南大街进入，还是从西——鼓楼东大街的南侧进入，路遇古朴与现代时尚并存、人声鼎沸的南锣鼓巷交叉路口时，路西朝南便可见到这座闹中取静、古朴典雅的茅盾故居。它没有太多的修饰，是一座灰砖老式建筑，灰白的矮墙中嵌着一扇油漆斑驳的朱红大门，两棵高大的白杨树守候在大门的左右，给人一种花木扶疏、幽静肃穆的感觉。这看似普通的老宅，却有着光荣的名字。

茅盾故居牌匾

从外观上来看，这是一座典型的两进四合院；从面积上看，它占地850平方米；从建筑形式与结构上论述，它是如意门、蝎子尾，属京城内北京四合院采用得最普遍的一种宅门形式。1974年，它经过简单的修缮；同年12月，茅盾先生从东四头条5号文化部宿舍搬迁至此后一直住在这里。在这里，茅盾先生为中国文学奋斗到最后一刻，直到1981年去世。茅盾先生在这里度过了生命中最后的7年多时光，院内留下了老人一年四季忙碌劳作的身影。1976年粉碎"四人帮"后，茅盾在院内的书房里写下了60多万字近百篇文章。他一生做无产者的决心经受住了岁月的考验。而他在这座小院里用最后精力完成了自己的回忆录《我走过的道路》。

茅盾先生逝世之后，中国作家协会党组向中共中央宣传部提出书面报告，请求把茅盾生前的最后寓所保留下来，作为故居，用来收藏他的遗物。1982年2月，中央领导批复报告，同意保留。

1984年5月24日，北京市人民政府在京公布茅盾故居被列为"北京市文物保护单位"。1984年9月，北京市文物事业管理局立此牌匾。中共北京市东城区委员会、北京市东城区人民政府遂将茅盾故居列为东城区爱国主义教育基地，供后人抚今追昔。后经中央批准，1985年3月27日，其寓所辟为"茅盾故居"纪念馆，其卧室、起居室、工作室、会客室一切陈设全为旧物，保留原貌；另设前院北房、东房、南房三处展厅举办"茅盾生平展"，正式向公众开放。

我们和一群海外学子慕名推开厚重的大门，走进向往已久的茅盾在北京的故居。进入院门，映入眼帘的首先是门内正中间影壁上镶嵌的周恩来总理夫人邓颖超题写的"茅盾故居"四字大理石横匾。它安静肃穆，似乎在向来宾诉说着那段令人难忘的历史。

邓颖超题写的"茅盾故居"四字大理石横匾

步入故居北房、东房、南房三处展厅，会看到展柜内陈列着茅盾生前用过的两本字典，一卷陈旧的茅盾学生时期用毛笔写的作文的手稿，三本泛黄的茅盾早年读过的古籍，20年代茅盾使用过的墨盒、镇纸，30年代茅盾在上海佩戴过的怀表，各个时期茅盾的部分作品，茅盾生前的证件及文化部部长委任状，茅盾文学奖证书及奖章，朱自清写给茅盾的信件，茅盾《子夜》手稿，茅盾50寿辰纪念册，中国科学院聘书，中华人民共和国第五届全国人民代表大会代表证，个人借书证等300多件陈列品。

这些珍贵的物品见证了茅盾先生传奇的一生。原作、原物、原文、原址，原汁原味，满院文物、满园植物、满墙照片、满柜珍贵的历史文学陈列品，似在无声诉说……这声音贯穿古今，浸润着中华大地，塑造了茅盾先生崇尚文学的世界观，使之成为中国新文化运动的先驱者、中国革命文艺的奠基人。茅盾在中国文学艺术工作者第四次代表大会上被选为全国文联名誉主席、中国作家协会主席。

而古朴典雅的茅盾故居内的每一件历史文物，再次勾勒出这位中国文学百年巨匠的老人肖像，向参观者讲述这位八旬老人平和质朴的晚年生活。茅盾先生生前的栖身之所，如今成为21世纪北京这座千年古都与现代化城市文化血脉和

茅盾故居内景

朱自清写给茅盾的贺信手稿

基因的重要载体。加上茅盾先生自20世纪20年代起，曾被看作坚实的自然主义信徒，他翻译了大量的外国自然主义的书籍，并且为之撰写了不少的理论书籍。可以说，在这里，既可以感受到茅盾先生勤劳治学的文化魅力，又可以亲身领略到京城八大名人故居之一的难得一见的独特风景。

树高千丈，其落叶总要归根。茅盾先生成为百年文学巨匠，缘于他自己的勤奋努力和历史给予他的机遇。他的名字以及故居中的所有物品，应该属于这个时代、这个社会，属于家乡人民。

来到故居院内，由卧室改装而成的展厅，简朴而不失淡雅。前院西厢房原为茅盾先生的会客室和藏书室，布置维持原状，室内陈设着茅盾生前写作时使用过的写字台，堆放着茅盾写作回忆录时备查的各种旧期刊、平时收集的剪报资料以及晚年阅读过的书籍的茶几，"玄珠68岁后所读书"藏书印章，与朋友、来访客人促膝交谈时坐过的沙发等。东厢房为饭厅，现被辟为陈列室，用以展示茅盾从出生、幼年、少年、乌镇时代，一直到病重住院几十年的实物，包括手稿、作品初版本、信件、手迹。其余为家属和服务人员住房。后院有北房六间和西厢房两间，北房原是茅盾的工作室兼卧室，现保持原状。西厢房的一间辟为"茅盾文库"，藏有茅盾著作及藏书。通过这些简朴的家具和物品，我们仿佛看到夜深人静时书房里仍然亮着那盏不息的灯……

走出书房，移步院内的葡萄架下、石榴树旁边。这里建有一尊雕塑，实为茅盾先生半身汉白玉石雕像，雕像高83厘米，放置在黑色大理石底座上。雕像1981年建成，雕塑家名为曹春生。

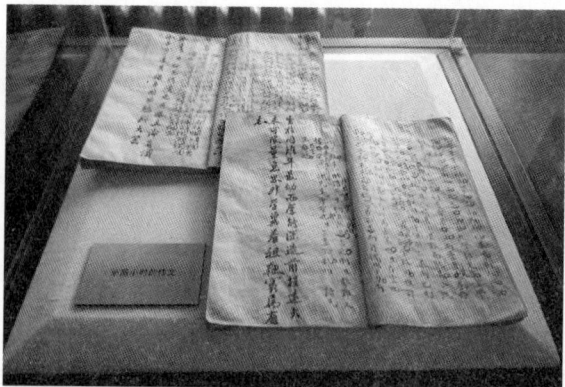

茅盾小时候的作文手稿

院内日夜陪伴故居的这尊茅盾石雕造像，栩栩如生，显得怡然自得，仿佛是在那里呼唤清风，充满着动感与活力。茅盾先生那笑容可掬的神情跃然而生。

值得提及的是，故居内茅盾先生生前喜爱的百合、玉簪、石榴树、葡萄架等各种花草植物绿化景观，更是婀娜多姿、美不胜收。

茅盾生前使用过的借书证及出席会议的代表证

值得回味的是，茅盾生前为让小孙女有娱乐玩耍之地而让家人特地在院中葡萄架上安装了一架悬挂式秋千，一前一后，一摇一荡，一老一少，令人回味着那段美好的时光，回味着爷爷对孙女的疼爱。此时此刻，岁月流逝，秋千不语，让寂静更加寂静，让沉默更加沉默，让回味更加悠长。面对此情此景，可以说，院内的一草一木、一砖一石都蕴含了独特的故事和人文风情。茅盾故居，可谓平凡，因为它有树、有水、有人、有情，亲近家庭。其不平凡之处在于那粗壮的葡萄架上面绑了一根用粗麻绳捆绑的横木，横木中间悬着那架秋千……

前面谈到过的屋内300多件从大到小各类历史文物，更是内含文学艺术的光影，它从茅盾先生的身上折射出来，又从故居蔓延到社会。茅盾文学，就是可以这样"润物细无声"。

茅盾早年出版过的著作

此时此刻身在故居，我们感受着茅盾文学的涟漪正一圈圈荡漾和扩散。文学的涟漪，就从这里开始，层层向外蔓延，渗透到胡同中的每一个家庭，感染了京城内所有的北京人。而今，茅盾故居仍以"文学贴近生活、贴近百姓"为宗旨，一如既往地保持大众性与亲民性。茅盾故居的老房子保持了原生态的风貌，赢得了海内外参观者的一致好评。茅

茅盾20年代使用过的镇纸，30年代在上海使用过的怀表等物品

盾故居，中国百年文学名人名片，北京市东城区交道口后圆恩寺胡同13号院，京城因其存在而更美！

茅盾先生同家人曾于1974年至1981年在此地度过了7年多的时光。1981年3月27日，茅盾先生病逝于北京，享年85岁。临终前，这位文学巨匠恳切地向党提出："如蒙追认为光荣的中国共产党党员，这将是我一生最大荣耀。"中共中央根据茅盾先生的请求和他一生的表现，决定恢复他的中国共产

茅盾为让小孙女有玩耍之处而让家人特地安装的秋千

党党籍，党龄从1921年算起。为了繁荣中国长篇小说的创作，他把自己的毕生积蓄25万元稿费捐献给中国作家协会书记处，设立一个长篇小说茅盾文学奖的基金，用以奖励每年最优秀的长篇小说创作。现在该奖项已经延续9届，文学奖为茅盾先生喝彩！25万元，这是一笔有形的文学善款遗产，将奖励给中国文学界最优秀的长篇小说创作人员。这是一笔无形的文

学美德遗产，将感动更多人。

捐资助学育新生

有人说是文学成就了茅盾，有人说是机遇成就了茅盾，还有人说是才华成就了茅盾——这些或许都对，但又不尽然。张光年说，茅盾体现了"文学家与革命家的完美结合"，是并不多见的"把两种素质集于一身的人"；胡耀邦说："茅盾创作了大量杰出的文学作品，这些作品刻画了中国民主革命的艰苦历程，绘制了规模宏大的历史画卷，为我国文学宝库创造了珍贵的财富，提高了现实主义文学创作的水平，在文学史上留下了不可磨灭的功绩。"茅盾成功的原因不是单一的，但有一条是最重要的，即人民喜欢！

沉舟侧畔千帆过，病树前头万木春。斯人已逝，幽思长存。2016 年 7 月 4 日是我国现代进步文化的先驱、杰出的革命文学家茅盾同志诞辰 120 周年纪念日。为此，我们决定著书立说。我们的目的是传承茅盾先生爱国主义精神与无私奉献精神。茅盾先生为祖国文化和文学事业做出了卓越贡献，其诸多作品如今已成为中国现当代文学史上的经典，茅盾先生是现当代中国作家理想追求和人品文品的杰出代表。他坚持为人民写作、深入社会实践、反映社会生活的原则，与时代同步，与人民同心；他在创作上博采众长，不断创新；他关心文学新人，善于团结广大作家和文学工作者，凝聚多方面的文学力量。我们缅怀茅盾先生的崇高精神，总结他的创作成就，就是要从文学前辈那里汲取营养和力量，更好地为发展和繁荣社会主义文学事业、弘扬发展先进文化而勤奋创作、努力工作。

值得提及的是，2015 年 3 月 13 日，第九届茅盾文学奖评奖工作启动，《关于征集第九届茅盾文学奖参评作品的公告》在中国作协网络上发布。据了解，茅盾文学奖是根据茅盾先生遗愿，为鼓励优秀长篇小说创作、推动中国社会主义文学的繁荣而设立的。茅盾文学奖是中国设立的第一个以个人名字命名的文学奖，是中国长篇小说的最高文学奖项之一。该奖项设立于 1981 年，由中国作家协会主办，当时决定由巴金担任评委会主任。首届茅盾文学奖于 1982 年颁发。2015 年第九届茅盾文学奖启动了作品征集，这将读者的目光再次引向该项长篇小说的专属表彰。作为中国最具影响力、存在时间较长的文学类奖项，茅盾文学奖由茅盾先生遗嘱捐赠的 25 万元人民币作为启动基金，由中国作家协会组织评奖。它被誉为国内至高无上的"文学皇冠"。人生如棋局，落子收官之时品性尽显。茅盾，这位新中国成立后的第一任文化部部长，表现出了一位共产党人信仰坚定、清正廉明、克己奉公的崇高风范。如今，他离世已有 35 载，然而这种品格犹如高山，离得越远，越觉得伟岸。

千秋功过，读者评说。有人比喻，茅盾这位文学巨匠是中国当代文学大厦的承重墙，他把对祖国的大爱之心，完全倾注到译介作品中。斗转星移，时至今日，93 年时间过去了，但他对中黎著名文学的译介贡献是不可磨灭的，他的人生智慧和译介作品中体现出来的文学价值是永恒的，是他用自己的生命和智慧谱写出来的。

值得庆幸的是，2014 年 12 月 14 日，由中央电视台、新影集团、银谷艺术馆携手打造、精心制作完成的百集大型人物传记纪录片《百年巨匠·文学篇》开机仪式在中国现代文学馆举行。《文学篇》聚焦鲁迅、郭沫若、茅盾、巴金、老舍、曹禺 6 位 20 世纪文学巨匠。《百年巨匠·文学篇》的开机是文学界的一件大事，也是一项重大的文化工程。6 位文学巨匠是中国现代白话文传统以及现代文明传承的重要代表，该纪录片通过现代影像手段，对他们的生平和创作进行梳理和表现，具有划时代的重要意义。

文学殿堂忆使者

百年文学巨匠茅盾先生走了，但由他率先译介纪伯伦五篇散文和散文诗的中国文学创作译介接力赛却始终没有停止过。一股向善的中外友谊正能量正在中国大地上传承着……

在中国，各地民众纪念茅盾的形式多种多样。家乡人民在其故居为他建造纪念碑、纪念馆；鼠标点开浙江桐乡市档案馆官网的首页，即刻出现的动画显映的便是茅盾先生；桐乡市用茅盾的名字命名中学、小学和幼儿园，教育后代铭记师长；中国作家、文学评论学者著书立说，出版茅盾文集。中国文联每年例行召开有国内外人士、专家、学者出席的茅盾作品研讨会、诞辰纪念大会，缅怀他为我国人民的革命事业和文学艺术事业所做出的丰功伟绩。中国文学界对茅盾先生的最好纪念，就是学习和继承他的卓越精神，并将之发扬光大，大力促进我国社会主义文学艺术的进一步繁荣和昌盛。此外，中国作协还遵照茅盾遗愿，用其捐献的 25 万元人民币设立茅盾文学奖，鼓励中国青年向文学巨匠茅盾先生学习，创作出更多无愧于时代的优秀文学作品；弘扬茅盾先生与笔为伍，以译介为专长，传承爱国主义和国际主义文学创作精神，用广博的学识创作出享誉世界的中国文学作品，以飨读者，为祖国经济建设和文化建设乃至国际文化人文交流铺路架桥，为国争光。

凡此种种，虽说纪念茅盾先生的形式多种多样，但目标只有一个，即追忆故人为国争光的往事、学习百年文学巨匠茅盾的精神并付诸行动。笔者认为，茅盾先生生前学习和工作过的故居对在校学生来说，对各国各界茅盾文学爱好者来说，同样是了解茅盾先生最直接的窗口与接受教育的最佳文学殿堂。

目前，在中国，茅盾故居共有两处：一处坐落在首都北京；另一处地处浙江乌镇。乌镇是中国首批十大历史文化名镇和中国最具魅力名镇之一，其故居是茅盾先生出生、童年时代及少年时代学习和生活的地方，现被列为国家重点文物保护单位。北京茅盾故居，是1974年至1981年茅盾先生在世时住过的寓所，时间长达7年多。故居除日常接待游客外，还利用自身文学资源积极参与各种类型的文化宣传活动。茅盾故居曾与国内众多文化单位联合举办过一系列有影响的文化周、文化月、文化年活动；与大、中、小学校共同开展"访问名人故居，学校进故居，文学有传承"文化交流系列活动。

院内的西厢房原是茅盾先生的会客室，在那里，茅盾先生接待过无数国内外宾朋好友，那里是他晚年畅所欲言的地方。有关茅盾先生在此与突尼斯、美国、日本等国在华留学生交谈译介《先知》、创作《子夜》体会，坊间多有传闻；茅盾在乌镇故居会见捷克、法国、日本乃至德国专家、学者的故事，国内报纸杂志、网络传媒亦多有文字记载。究其原因，多是国内同胞及国际友人对茅盾这位中国百年文学巨匠的作品百看不厌、情有独钟。

然而，斯人已逝，人们无法再面见其人。但茅盾精神、茅盾作品仍在激励、鼓舞、教育国民热爱祖国、奋发向上。因此人们敬仰他、怀念他，均对这两座哺育过中国一代文豪的故居产生了浓厚的兴趣。时光流逝，35年过去了，茅盾的名字在中国家喻户晓，尽人皆知。而且茅盾先生在黎巴嫩、埃及、伊拉克等阿拉伯国家文学界，乃至世界文学界榜上有名，世界民众对之无不肃然起敬。

在中国现代文学史上，茅盾被誉为国内外享有崇高声誉的百年文学巨匠、文学翻译家和社会活动家。从1916年开始从事文学活动以来，在60多年的漫长岁月中，茅盾先生把毕生的精力都献给了中国的革命事业和新文学运动事业。他写了大量杰出的小说作品和文学评论文字，翻译介绍了许多外国作家的优秀文学作品，积极领导了文化事业和文学艺术团体的工作，促进了中外文化交流和各国人民友好的事业，从而对世界文学做出了突出贡献。因此，世界文学史界近年来公认茅盾先生是中国社会剖析派小说的坛主。他毫不利己、专门利人的国际主义精神在国内外广为传诵。他不仅是精确译介纪伯伦散文和散文诗名著的第一人——世界文学名著译介之王，而且在中黎两国人民直接交往的过程中，他以持续的努力起着重要的、无人能够替代的作用。黎巴嫩著名文学家说，茅盾先生的名字是黎中两国人民友谊源远流长的象征和诚挚友好的历史见证，对茅盾先生的倾情思念，将贯穿中黎友人的一生。

忆往昔峥嵘岁月稠。在中黎两国人民友好交往的多年努力当中，在两国建交之前，直至 1971 年 11 月 9 日，中华人民共和国政府代表田志东、黎巴嫩共和国政府代表约瑟夫·哈尔富希分别代表本国政府在巴黎签字，共同发表两国正式建立外交关系的联合公报，茅盾先生一直脚踏实地地用译介黎巴嫩著名文学作品的方式为两国人民相互了解辛勤铺路。

如今，地处浙江乌镇和坐落在首都北京的两处茅盾故居，受众面很广。因为，名人是国家的名片，茅盾故居是中国百年文学巨匠的名片，所以，前来拜谒的人络绎不绝，拜谒者来自世界各地。除去留言簿上签名的南来北往客，很多是世界各国酷爱茅盾文学作品的研究专家、学者以及来自新加坡的中学生团组。"带队的新加坡语文老师说，在新加坡对中学生推荐的 200 本必读书中，有茅盾的四本书。"因此新加坡中学生都对茅盾故居情有独钟，相继利用学校放假时间慕名造访。参观过茅盾故居的新加坡老师和学生在留言簿上写道：北京、乌镇两处茅盾故居作为中国文学博物馆，为本国与外国热爱茅盾文学作品的人士之间进行交流对话提供了机会和场所。对于传承中黎友好历史文化来说，它是一个非常有意义的补充，是值得探索的一种民间交流发展模式。让历史文物复活起来，在保护的前提下，找到其最大公约数，使之成为一粒弘扬茅盾精神的种子，一座中国与黎巴嫩民众进行现代文学交流的艺术殿堂。

浙江桐乡茅盾纪念馆记载：1987 年 5 月 30 日，新加坡佛教协会副主席广洽法师参观茅盾故居。1988 年 9 月 25 日，美、英、法、意、苏等 11 个国家驻上海领事馆的总领事、领事、参赞共 30 余人参观茅盾故居。1996 年 7 月 10 日，纪念茅盾诞辰 100 周年国际学术讨论会在茅盾纪念馆举行。2005 年 5 月 26 日，"连线浙江——世界作家看浙江"一行 19 人参观茅盾纪念馆。其中海外作家 9 人，分别来自美国、俄罗斯、法国、希腊、韩国、新加坡及中国台湾地区。2009 年 9 月 10 日，莱索托王国文化部部长一行参观考察茅盾纪念馆。

值得提及的是，除了茅盾故居之外，在中国乃至世界各地，为纪念茅盾先生的历史功绩，相继成立了许多与茅盾及其文学作品相关的各类机构。例如，以茅盾命名的浙江省桐乡市茅盾中学、茅盾实验小学、茅盾实验幼儿园，出版物《茅盾研究》杂志，以及茅盾文学奖评奖委员会、中国阿拉伯文学研究会、中国茅盾研究会、茅盾与文学研究会等。

在世界，法国、美国、俄罗斯、日本、斯洛伐克、新加坡、韩国等国家均有中国茅盾研究会会员，他们均成为弘扬茅盾精神、研究茅盾作品、培养人才的重要传媒。而世界研究茅盾最早的国家是美国、苏联和英国，大都始于30年代中期，而且多以序言形式出现。

中国现代文学馆院内的茅盾雕像

中国现代文学大师——茅盾，以其半个多世纪的杰出的现实主义创作、精辟的文艺理论与批评和大量的世界文学名著翻译，早就引起了世界汉学家们的瞩目。茅盾的文学作品，最早被译成英语走向世界的是短篇小说《喜剧》。从20世纪30年代初开始，世界各国开始译介、研究茅盾著作，并且硕果累累。从而，茅盾像鲁迅那样，早为世界所熟知；茅盾像法国的巴尔扎克，俄国的果戈理、托尔斯泰那样，备受世界读者的青睐和敬重。

如今在世界各地，有关茅盾的种种收藏不断丰富。在大学校园里开辟一个茅盾生平作品展览，在研究院建立一个供学者从事研究茅盾文学的工作室，均成为各国茅盾文学作品爱好者最好的纪念方式。

中黎两国建交 45 年来，无论是在中国还是在黎巴嫩，每年的 11 月 9 日——中国同黎巴嫩建交日，中国驻黎巴嫩大使馆和黎巴嫩驻华大使馆都必举行盛大国宴招待各国来宾。2011 年 9 月 26 日，中国驻黎巴嫩大使馆在黎巴嫩首都贝鲁特隆重举行庆祝中华人民共和国成立 62 周年暨中黎建交 40 周年招待会。在隆重热烈友好的气氛中，中国驻黎巴嫩大使吴泽献在致辞中积极评价中黎关系，强调指出：中黎友谊远非始于两国建交，早在 20 世纪 30 年代，黎巴嫩医学博士马海德先生就赴中国行医，并参加了中国革命，新中国成立后又为中国的卫生事业做出了重大贡献。中黎建交 40 年来，两国关系不断取得新进展。双方高层代表团多次互访，两国在重大国际问题上保持密切磋商。在经贸方面，中黎贸易额快速增长，中方还连续向黎方提供战后重建及人道主义援助。在文化教育领域，双方交流与合作成果显著。中国在黎巴嫩开办了孔子学院，双方高校和艺术界常有往来。黎巴嫩画家达海尔赴华采风，其两件作品被中国美术馆收藏。吴泽献大使赞扬黎中友联为推动两国友好交往所做的工作，并希望中黎旅游业界能积极开展合作，争取让更多中国游客来黎巴嫩领略其古老文明和秀美风光。

2014 年 11 月 9 日，黎巴嫩驻华大使馆举行盛大宴会，庆祝黎中建交 43 周年。黎巴嫩驻华大使法里德·阿布德偕夫人在官邸门口热情迎候世界各国各界驻华使节嘉宾的到来。随后，在热烈友好的气氛中上台发表演讲。他说，今天是黎巴嫩共和国与中华人民共和国建交 43 周年纪念日。在此，在黎中友好互利合作取得伟大成绩的时候，我们应该时刻记住几位黎中友好人士熟悉的名字，纪伯伦、马海德、茅盾、冰心……他们是黎中两国医学界和文学界友好互利、合作交流的先驱。他们 4 人中的马海德是从事医学研究的博士，茅盾先生和冰心先生是从事文学翻译事业的中国文豪巨匠。虽然他们 4 人所从事的工作领域不同，但都有一个共同的目标，这就是增进黎中两国人民之间的传统友谊与现代互利合作关系。他们充分发挥自己的专长与特长，利用手中所掌握的医学科学及文学翻译工具，争分夺秒，不计功利，服务于中黎两国人民。他们的精神值得后人学习和敬仰，他们的英名将载入中黎友好史册。为此，我们应该珍视前人开辟出来的深厚的黎中友谊，沿着中国政府率先倡导的"一带一路"战略方针坚定地走下去，实现黎中合作互补、共赢，为两国人民谋福祉。

最是书香能致远

——记荣获黎巴嫩国家级雪松骑士勋章的世纪老人冰心

> 纪伯伦是黎巴嫩的魅力，黎巴嫩是纪伯伦的根。我之所以热爱纪伯伦的作品，是因为我对他的作品爱得深沉。
>
> ——冰心

2016 年 11 月 9 日，是中国同黎巴嫩共和国建交 45 周年纪念日。此时此刻，我们应该记起和永远怀念在中黎建交 45 周年之前的 20 世纪 30 年代便用文学译介的方式投身两国文化友好交流事业的百年文学巨匠茅盾先生和中国著名女作家、文坛巨匠、世纪老人冰心。

的确，茅盾先生和世纪老人冰心，在中国同黎巴嫩文学交流互译友好的历史上，无论如何都是无法绕开的两个响亮的名字。茅盾先生 1923 年开创了中黎友好文学名著译介的先河，而冰心老人 1931 年翻译了纪伯伦的《先知》和《沙与沫》，为中国读者进一步了解纪伯伦打开了黎巴嫩阿拉伯文学的窗扉，且是有史以来第一位活着见证自己的作品被收藏进黎巴嫩著名文学大师纪伯伦博物馆的中国现代著名作家和荣获黎巴嫩总统特许颁发的黎巴嫩国家级雪松骑士勋章殊荣的中国世纪老人。

在流行文学泛娱乐化时代，人们应该静心地阅读世纪老人冰心译介的黎巴嫩著名诗人、世界百年文坛巨匠纪伯伦的两本散文诗集《先知》和《沙与沫》，细细品味散文诗中的真善美，那极富人生哲理的绝妙诗句，或许能带给你宁静而丰满的人生思索。

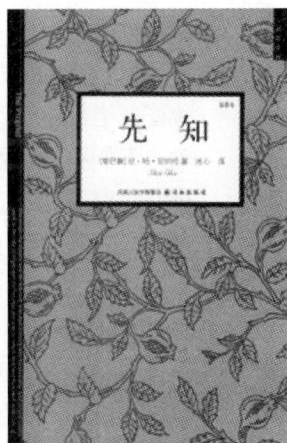

冰心译介的纪伯伦文学作品《先知》和《沙与沫》

冰心与纪伯伦

1995 年 3 月，95 岁高龄的冰心老人因病正住在北京医院高干病房就诊。然而令这位世纪老人意想不到的是，自己在 64 年前（1931 年 9 月）首次将黎巴嫩著名诗人纪伯伦的散文诗代表作《先知》译成中文，之后陆续翻译了纪伯伦的《沙与沫》等散文诗作品，在半个多世纪后竟然感动了黎巴嫩政府，时任黎巴嫩总统埃利亚斯·赫拉维于 1994 年 12 月亲自签署第 6 146 号命令，授予中国著名女作家冰心一枚黎巴嫩国家级雪松骑士勋章，用以表彰她为黎巴嫩与中国文化交流事业所做出的杰出贡献。

嘉奖令称，中国现代著名女作家冰心酷爱黎巴嫩著名文学家纪伯伦的作品，她在中国翻译出版的纪伯伦散文诗集《先知》和《沙与沫》是中国各界读者公认的译文精品。她的译介活动对于增进黎中两国著名文学作品的相互了解，促进两国民众之间的文化交流有着十分重要的历史意义与现实意义。

值得提及的是，1995 年 4 月 21 日冰心老人还获得了中国作家协会主办颁发的全国性文学翻译大奖——全国优秀文学翻译彩虹奖的荣誉奖。该奖项旨在表彰她在一定程度上为我国社会主义初级阶段国际地位的巩固与发展做出的积极贡献。

一言以蔽之，笔墨译作凝聚文学力量。冰心老人以清新秀美的散文、诗歌闻名于中国现当代文坛。其著名的诗歌、散文、儿童文学及世界著名文学译作是中国各界各民族文学爱好者、全国冰心文学爱好者的书柜必备。可以说，她一生的各个时期都曾与文学创作和译著为伴，即便是在 90 岁高龄时也未曾放下创作与翻译工作。一本书译出文学美，两本散文诗集译著，半部中黎文化交流史。一本书认识纪伯伦，两本书结识和读懂黎巴嫩。人们在赞美和感叹这枚黎巴嫩国家级雪松骑士勋章光辉耀眼、来之不易的同时，更加赞叹中黎文化交流史背后默默耕耘、无私奉献多年的冰心老人。她用时间、经验和智慧，翻译出黎巴嫩著名诗人纪伯伦的一部部诗作，为中黎两国文学宝库添一抹书香，得以让中黎两国人民心心相通、文化相连。她在 1931 年 9 月，继茅盾大师之后潜心将纪伯伦的散文诗《先知》译成中文之举，点滴匠心，笔虽轻，功甚重，由此奠定了中黎两国文学、文化友好往来的基石，架起了中黎两国人民之间文学交流的桥梁。

众所周知，与其他传统行业手工艺人一样，译文的修成并非一朝一夕，而是数十年甚至一辈子追求技艺、突破自我的漫长过程。想要译成一本"顺、真、美"、让读者满意、流传千古的好作品，真可谓"非千日之功难以得其门径"。只为译好一部作品，精于笔技、攻于艺术、藏于心中。纪伯伦精神、纪伯伦形象、纪伯伦文学、纪伯伦表达，唯有译者中国冰心老人，用慈爱之心引起中国读者共鸣。这正是"巾帼不让须眉，英豪多出裙衩"，厚积薄发中国才女，词为领首曲震天。因为从她为自己起的笔名——冰心为读者所熟知的那一刻起，某种使命感就已经落在她的肩头……

世纪老人冰心，中国文学宝库因你的译介作品存在而更美！

授勋当之无愧

俗话说，一线看实绩，民间听口碑。即便是在 21 世纪的当下，中国几代人，无论老幼妇孺，甚至是外国专家、学者对《先知》《沙与沫》《小桔灯》等众多中文名著和英文译著都耳熟能详，且父母对儿女、爷奶对儿孙、老师对学生，在课堂上、在家里、在社交沙龙中都曾时常记起并每每提及。然而大多数人并不了解，在这些绝美著作、译文的背后，是一位几十年如一日甘愿坐冷板凳的中国文学大家的默默付出，她就是中国文坛、译坛公认的著名文学作家世纪老人冰心。

中国古训说得对，"功夫不负有心人"，"只要功夫深，铁杵磨成针"。为表彰冰心老人的重要贡献，时任黎巴嫩总统埃利亚斯·赫拉维于 1994 年 12 月亲自签署第 6 146 号命令，授予中国著名女作家冰心一枚黎巴嫩国家级雪松骑士勋章。于是乎中国译坛为之惊叹，文学女杰、译介之母，冰心老人当之无愧！

说来有缘，三生有幸。我与冰心结缘是从阅读她的作品开始的，那时只知其人，未谋其面。然而，1995 年三八国际妇女节的前夕，我的好朋友、黎巴嫩驻华大使法里德·萨马哈给我打来电话，告知 3 月 7 日下午黎巴嫩驻华大使馆与中国文化部联合为年逾古稀的中国著名作家冰心老人举行授勋仪式。届时他将以阿拉伯国家驻华使团团长、阿拉伯驻华大使委员会主席、黎巴嫩驻华大使馆特命全权大使的名义，代表黎巴嫩政府在北京东单体育场附近的北京医院，为正在那里就医的冰心老人送上一份节日厚礼——举行隆重的授勋仪式，表彰她在中国传播黎巴嫩文学事业中所做出的重要贡献；同时邀请全国人大常委会副委员长雷洁琼、全国政协副主席赵朴初、冰心的女儿吴青及其亲属、编辑出版冰心老人译作的出版社相关人员，以及中国外交部、中宣部、中国文化部、中国卫生部、中联部、中国国务院新闻办、中国社会科学院外国文学研究所，黎巴嫩驻华大使馆全体外交官，中国作家协会、中国文联、中国翻译家协会，中国阿拉伯语界著名专家、学者，《人民日报》、新华社、中央电视台等首都各界传媒，出席本次授勋仪式。听到这一千载难逢的喜讯，我欣喜万分，立刻准备赴约，心里暗自庆幸，与冰心老人谋面的机会终于来到了。

1995 年 3 月 7 日，冰心荣获的黎巴嫩国家级雪松骑士勋章
（冰心文学馆供图）

记得 1995 年 3 月 7 日下午 3 点，我手持请柬如约来到北京医院北楼三层会议室。只见会场布置得朴素简洁，各界人士济济一堂。在各式鲜花的映衬下，会场充满温馨和喜悦的气氛。此时会议室里已经坐满了与会的中国各级各界嘉宾，他们是：全国人大常委会副委员长雷洁琼、全国政协副主席赵朴初、中宣部副部长翟泰丰、冰心的女儿吴青及其亲属等。会议室内高高悬挂着红色大幅标语，字书"黎巴嫩授予冰心国家级勋章仪式"。此时，只见冰心老人精神爽烁，面带微笑，慈祥地坐在轮椅上，与来宾们一一点头、握手，互致问候。雷洁琼坐在她的右侧，赵朴初坐在她的左侧，冰心女儿吴青身穿红色高领毛衣依偎在母亲的身后。

1995 年 3 月 7 日，萨马哈大使向世纪老人冰心颁发黎巴嫩总统签署授予的荣誉证书
（萨马哈大使供图）

授勋仪式开始，中宣部副部长翟泰丰首先转达了中共中央政治局委员、书记处书记、中宣部部长丁关根对冰心老人的祝贺。丁关根表示，感谢冰心老人为增进中黎两国文化交流所做的贡献，荣誉不仅属于冰心，同时，也属于中国文化界。他祝愿冰心早日康复。

接着，阿拉伯国家驻华使团团长、阿拉伯驻华大使委员会主席、黎巴嫩驻华大使法里德·萨马哈在热烈的掌声中手捧红彤彤的黎巴嫩政府颁发给冰心的嘉奖令文件夹上台发表了热情洋溢、语言生动、酷似散文诗的演讲。他代表黎巴嫩政府亲手将这枚意味着最高奖赏、象征中黎两国世代友好的黎巴嫩国家级雪松骑士勋章送到世纪老人冰心的面前，并按照黎巴嫩民族礼节亲吻了冰心老人的双手。随后，冰心老人

1995 年 3 月 7 日，黎巴嫩授予冰心国家级雪松骑士勋章仪式现场，萨马哈大使发表讲话

（萨马哈大使供图）

高兴地从萨马哈大使手中接过勋章和证书并与萨马哈大使亲切握手表示谢意。接着萨马哈大使替冰心老人将这枚勋章佩戴在其胸前，与此同时会场上响起了经久不息的热烈掌声。

黎巴嫩总统签署第 6 146 号命令授予中国著名作家冰心女士黎巴嫩国家级雪松骑士勋章，图为证书影印件

（萨马哈大使供图）

黎巴嫩总统签署的授予中国著名作家冰心女士黎巴嫩国家级雪松骑士勋章第 6 146 号命令的影印件

（萨马哈大使供图）

萨马哈大使在致辞中意味深长地说：

众所周知，中国现代著名女作家冰心老人，是中国新文学运动的

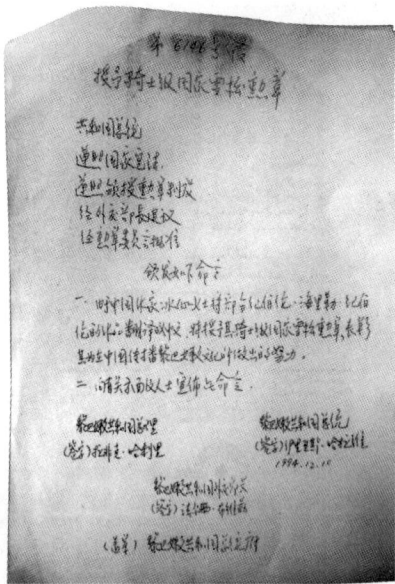

黎巴嫩总统签署的授予中国著名作家冰心女士黎巴嫩国家级雪松骑士勋章第 6 146 号命令的中文译文

（萨马哈大使供图）

第一代开拓者，是五四新文化运动的一位元老，也是中国现代女作家的优秀代表。她一生不仅在小说、散文、诗歌和儿童文学方面成就显赫，而且在文学翻译方面也功勋卓著。冰心既是一位杰出的小说家、散文家、儿童文学作家乃至诗人，又是一位出色的翻译家和社会活动家。身为作家，她被誉为老一辈女作家的"双子星座"之一，还被誉为"中国文坛祖母"。

"忆往昔峥嵘岁月稠"。今天我站在这里代表黎巴嫩政府，之所以选择在三八国际妇女节到来之际为杰出的中国女作家冰心老人颁发勋章和荣誉证书，是有着深刻而深远的政治意义的。因为我们是在为中华民族的优秀品质加冕！今天，如此象征性地在谢冰心老人身上得到体现的这些品质是由兼收并蓄、坚忍不拔、顽强拼搏和诗一般的温馨融汇在一起的一种伟大的中华民族精神。冰心老人从年轻时起，便敏锐地感受到另一位思想家、伟大的黎巴嫩作家纪伯伦的深奥哲理和诗一般的呼唤。多亏了这位伟大的中国女士，纪伯伦的声音和他的人文思想与诗一般的呼唤才能不仅在黎巴嫩和美国而且在中国传播……今天，我们是为她而在此聚会，为她在医院里举行如此隆重的授勋仪式。多亏了她，这所医院暂时成了文化的殿堂、文学的论坛，因为冰心在哪里，我们就能在哪里感受到文化的存在和思维力量的存在，就能感受到爱的独特存在。这正如她翻译的纪伯伦《先知》一书中的一段话："当爱向你们召唤的时候，跟随着他，虽然他的路程艰险而陡峻……当他对你们说话的时候，信从他，虽然他的声音也许会把你们的梦魂击碎，如同北风吹荒了林园。"

亲爱的朋友们，今天我们要赞扬冰心，单靠语言是不够的。所以，我最好就此打住，此时无声胜有声。我深信，此时此刻，冰心老人懂得我的意思，因为她翻译过《先知》中的《论谈话》，纪伯伦是这样说的："在你不安于你的思想的时候，你就说话……在你许多的谈话里，思想半受残害。"

在隆重的授勋仪式上，坐在轮椅上的冰心老人因行动不便特请女儿吴青教授出面上台代读母亲的致辞：

> 各位嘉宾，今天，我非常高兴和荣幸地与我的家人衷心感谢各位尊敬的中国党和国家领导人拨冗出席本次授勋仪式，衷心感谢中国文化部和黎巴嫩驻华大使馆在此为我举行隆重的授勋仪式，黎巴嫩政府经总统亲自批准授予我黎巴嫩国家级雪松骑士勋章，我感到十分荣幸。这个荣誉不仅是给予我的，也是给予 12 亿中国人民的。
>
> 身为中国文学作家，我自幼喜爱纪伯伦的作品，特别是喜爱他的人生哲学，对爱的追求，他说，"爱不占有，也不被占有"，"真正伟大的人是不压制人也不受压制的人"。这些深刻的至理名言，在他的作品中比比皆是，他的作品深深地感染了几代人。纪伯伦不仅属于黎巴嫩，而且属于中国，属于东方，属于全世界。
>
> 如今我高兴地看到，继我翻译了纪伯伦的《先知》和《沙与沫》之后，又相继有纪伯伦用英语和阿拉伯语写的作品被译成中文。去年伊宏先生把他所有作品结集由甘肃人民出版社出版。这三卷精美的《纪伯伦全集》可以全面地反映他的创作成果，使更多的中国读者进一步了解纪伯伦，了解黎巴嫩文学和人民、他们美丽的国家和灿烂的文化，它也将进一步增进中黎两国的文化交流和人民的友谊。
>
> 鉴此，我愿借此机会感谢黎巴嫩大使法里德·萨马哈和夫人玛丽亚·萨马哈女士，他们为介绍这位东方骄子所给予的热情支持和为加强两国的友谊与促进两国的文化交流所做的不懈努力将永远留在我和中国人民美好的记忆之中，谢谢大家！

梦圆文学 99 年

冰心这位寿比南山活了近百岁的中国现当代文坛上的杰出巨匠福建才女，从少年时代起便从福建老家迁居到北京，受到古都文化的熏陶；之后她远涉重洋出国留学的经历，开阔了她的视野。冰心天资聪颖、才华出众，毕生以女性的柔情与细腻，锻造诗句。最是书香能致远，99 年美好人生旅途中，她荣获了中国诗人、现代作家、翻译家、儿童文学作家、社会活动家、散文家等名副其实的荣誉头衔，最终圆了自己毕生从事文学创作、译介文学名著之梦想。

今天，黎巴嫩政府之所以授予文化使者、世纪老人冰心荣誉勋章，其目的是表彰她为文学、诗歌、散文、译介与中黎友好事业所做出的杰出贡献。黎巴嫩国家级雪松骑士勋章是黎巴嫩总统签署颁发的国家最高荣誉奖项之一，主要授予德高望重、品行卓越、修为杰出的高僧大师，因此少有外国妇女获此殊荣，世纪老人冰心则是中国文坛历史上首位获得该荣誉勋章的女作家。黎巴嫩驻华大使法里德·萨马哈受黎巴嫩政府的委托，代表黎巴嫩总统特在三八国际妇女节到来之际在中国首都北京举办这场授勋仪式，特为中国著名女作家冰心授予黎巴嫩国家级雪松骑士勋章，此举意义重大而深远。

当年接受勋章时的冰心老人已是 95 岁高龄。祖籍福建长乐的她，生于 1900 年 10 月 5 日，原名谢婉莹。1923 年出国留学前后，开始陆续发表通讯散文《寄小读者》，该散文成为中国儿童文学的奠基之作。1946 年在日本被东京大学聘为第一位外籍女讲师，讲授"中国新文学"课程，后于 1951 年返回中国。时光如彩虹般掠过，1995 年 3 月 7 日，冰心老人在 95 岁高龄时荣获黎巴嫩政府颁发的最高荣誉奖章——黎巴嫩国家级雪松骑士勋章，从而成为中国文坛历史上首位获得该国最高荣誉的作家和翻译家。1999 年 2 月 28 日 21 时 12 分，冰心老人在北京医院安详辞世，享年 99 岁。

被国人称为"世纪老人"的冰心，毕生从事儿童文学创作和翻译工作，天分超人，师德崇高，总是以慈母般的胸怀关爱读者，既译书又育人。她钟爱文学，锲而不舍地勤奋笔耕了近 80 年，发表了几百万字的优秀作品，丰富了祖国的文学宝库。她不仅是我最喜爱的儿童文学家，而且是著名作家、诗人、翻译家。冰心爱一切美好的事物，赞颂母爱、人类之爱、童心、大自然，是她一生创作的主题。她把自己的一生都献给了孩子们，献给了祖国和人民，献给了全人类。她开创了多种"冰心体"文学样式，她作品中的柔和、清丽、典雅、隽秀的语言风格，打动了无数读者。

在中国，冰心热衷于翻译工作和儿童文学创作事业，总是精力旺盛地无私地为人民奉献优秀译作。她的读者遍及各行各业，可谓桃李满天下。发展中黎睦邻友好关系、增进两国人民传统友谊，以饱满的热情从事中黎友好促进工作是冰心老人毕生的追求。世纪老人冰心一生平凡而伟大，其威望和影响在中国家喻户晓、有口皆碑，无愧于时代的文坛女杰、传播中黎文化的民间友好使者。

2005 年 3 月 29 日，为纪念三八国际妇女节，总部设在埃及首都开罗的亚非作家协会在牧羊人饭店举办了主题为"妇女——不断创新与奉献的力量"的亚非杰出女性授奖仪式，用以表彰为弘扬本国文化做出杰出贡献的亚非女性。

值得高兴的是，中国著名文学家世纪老人冰心女士，作为唯一的中国女性荣登榜首，荣获此次"妇女——不断创新与奉献的力量"亚非杰出女性奖。

时任中国驻埃及大使吴思科出席亚非杰出女性授奖仪式。此外，埃及高教部部长萨拉玛、环境部副部长迈瓦希布女士、国家妇女委员会副主席萨米哈大使、阿盟秘书长代表南希女士，以及黎巴嫩、约旦等阿拉伯国家杰出女性代表等出席并发言，另有利比亚、巴勒斯坦、伊朗、巴基斯坦等亚非国家驻埃及使节或代表共 200 多人出席了此次颁奖活动。

2005 年 3 月 29 日，中国驻埃及大使吴思科在颁奖仪式上发表讲话

（冰心文学馆供图）

在这激动人心的时刻，吴思科大使在颁奖仪式上发表讲话，并代表冰心女士家人领取了纪念徽章及证书。同时，吴思科大使向与会者介绍了冰心女士在文学领域取得的杰出成就以及她为促进中阿文化交流做出的突出贡献。

吴思科大使在发言中表示，妇女地位是衡量国家发展水平的标准之一，中国妇女是中国社会的半边天，对促进国家政治、经济及文化等各领域发展发挥了重要作用，并为加强中国与世界其他各国在各领域的交往做出了积极贡献。他指出，近年来埃及政府重视提高妇女地位并在妇女工作领域取得了喜人成就，相信包括埃及在内的广大阿拉伯国家及亚非国家的妇女事业能不断取得新的进步。

长留人间立碑传

世纪老人冰心走了，但优秀的文学作品是有生命力的，是生生不息的。由她在 1931 年 9 月率先译介《先知》《沙与沫》两部纪伯伦文学名著而引领的中国少年儿童文学翻译接力赛始终没有停止过。

爱不分国籍，文学交流是心灵的沟

2005 年 3 月 29 日，亚非作协颁发给中国现代著名作家冰心的证书及徽章

（冰心文学馆供图）

通。让世界优秀文学走进中国，用译介传递真情。文学艺术是否具有生命力，是好是坏自有公论，真正的文学艺术是会在人们心中永驻的，是无国界的，是有生命力的。而冰心之所以被称为伟大的中国现代著名作家，是因为她不仅向中国读者推介了纪伯伦文学作品，而且因受译介纪伯伦文学作品影响而写出了在中国颇具影响力的《繁星》《春水》两部诗集。这些在冰心主要业绩与影响中均是不可或缺、值得深入探讨和研究的重要内容。

为永久纪念世纪老人冰心对中国儿童文学创作事业和译介事业做出的突出贡献，中国各地政府部门相继于如下时间在全国各地建立了纪念馆、纪念园、图书馆和石雕、铜雕造像。因为有了这些承载精神与理念的物质，我们可以更立体地想起世纪老人，体会笔墨文化的灿烂。同时，冰心的译作《沙与沫》已被收入中国中小学生必读丛书成为语文课外阅读课本。

1997年8月25日，福建省人民政府投资780万元，在冰心的故乡长乐县建设了"爱心公园"和"冰心文学馆"。

福建省长乐华侨中学创办于1958年。1991年12月冰心先生为该校题写了校名"长乐华侨中学"和"长乐华中图书馆""科学馆"，并题词"愿长乐侨中的同学们，专心地学习，痛快地游玩"，勉励长乐侨中同学。该校特辟的校园文化园里塑有冰心的雕像，其花岗石地面上镌刻着冰心的名言。

1999年4月5日兴建并于2002年10月21日竣工的中华文化名人雕塑纪念园，由中国作家协会、中华文学基金会倡议、策划，得到了延庆县人民政府、北京长城华人怀思堂和中央美术学院的鼎力支持。在北京八达岭水关长城西南侧的中华文化名人雕塑纪念园内安放有冰心、茅盾、叶圣陶、夏衍、田汉、徐悲鸿、郭沫若、曹禺、吴文藻9位文化名人的骨灰、遗物和雕像。其中冰心和吴文藻夫妇之墓在一座与长城相邻的小山顶，占地面积约50平方米，无墓地和墓碑，仅有一座8吨重的汉白玉浮雕头像。

2003年4月10日，高达4米的冰心雕像，在北京平谷图书馆前正式落成。先于冰心雕像建成的"冰心奖儿童图书馆"和"冰心奖陈列室"，也于同日对读者开放。为了继承优秀文化，弘扬时代主旋律，同时给了解冰心老人和热衷于阅读"冰心奖"作品的海内外读者提供一个理想去处，平谷区委、区政府从2002年初开始投资兴建了全国目前唯一的"冰心奖儿童图书馆"和"冰心奖陈列室"，并落成一座冰心雕像。据了解，已经建成的"冰心奖儿童图书馆"全面保存了历届"冰心奖"的获奖图书;"冰心奖陈列室"则以图片和实物全面展示了冰心老人平凡而伟大的一生。有关人士称,"冰心奖儿童图书馆"和"冰心奖陈列室"及冰心雕像,将成为北京一项重要的文化亮点工程和海内外儿童重要的文化基地。

2008年8月3日,在山东烟台山上一座白墙红瓦的典型英式田园建筑落成,这就是冰心纪念馆。冰心纪念馆分5个部分、9个展室,集中展示了冰心与烟台的珍贵历史照片80余幅、文物20余件、书籍期刊66件、报纸5份、文献(复制品)11件、沙盘模型3个、冰心汉白玉雕像1件、冰心铜雕1件。这些从不同侧面再现了冰心与烟台的历史交融。

2009年11月26日上午,著名文学家冰心和其爱人吴文藻的铜像,在位于上海奉贤的滨海古园揭幕。

2010年6月24日,全国目前唯一的"冰心奖儿童图书馆"再添新作。由"冰心奖"评委会提供的719种、2 949册2009年"冰心奖"参展系列精美图书,被收入北京平谷"冰心奖儿童图书馆"。从2003年建馆到现在,北京平谷"冰心奖儿童图书馆"已收藏历届"冰心奖"系列图书4 755种、21 366册,其中部分图书向社会开放。

北京平谷"冰心奖儿童图书馆"是北京市重要的文化亮点工程和海内外儿童重要的文化基地之一,建于2003年,位于国家一级图书馆——北京平谷图书馆内,全面保存和藏有历届获"冰心奖"的小说、童话、诗歌、散文和寓言等各个门类的图书。此外,北京平谷图书馆还建有"冰心奖陈列室",该陈列室以图片和实物全面展示冰心老人平凡而伟大的一生。

北京第166中学始建于1864年,是一所已有150多年建校历史的跨世纪百年老校,也是冰心的母校,是她曾经学习过的地方。在该校官网上,动画界面中的第三幅画面便是慈祥的世纪老人冰心的照片,上书"希望便是快乐,创造便是快乐,有了爱就有了一切"这句极富哲理的冰心老人的人生哲言。

在中国,现当代作家的纪念馆不多,大大小小加起来可能不

北京第166中学冰心母校的冰心半身雕像

到50座，它们基本上都是在作家的故居或祖居上建造起来的。很少有名人健在时就修建博物馆的，然而，冰心独享殊荣。上述这些建在祖国各地，规模各异、占地面积不等的冰心文学馆、冰心纪念馆、冰心爱心公园、冰心纪念园区的意义是：通过文字、图片和实物来展示文化名人的人生历程、精神世界和主要成就，为全社会和子孙后代留下宝贵的文化遗产和凭吊缅怀文化名人的圣地。

在位于北京亚运村（原址：西三环路万寿寺），北京市朝阳区芍药居文学馆路45号，1999年9月28日落成、2000年5月正式对外开放的中国现代文学馆内，世纪老人冰心年轻时的坐姿汉白玉大理石雕像安放在月牙湖畔一处寂静的玫瑰花丛中。青年时代的冰心，容貌姿美。雕像和蔼可亲、栩栩如生，仿佛她一直在注视着眼前的鲁迅文学院。冰心雕像坐南观北，背倚主楼，静听文学之声。馆内工作人员说，冰心生前非常喜欢花卉，酷爱玫瑰，所以将冰心雕像放置在玫瑰花丛之中。冰心曾说："我喜欢玫瑰花，因为她有坚硬的刺，浓艳淡香都掩不住她独特的风骨。"

眼前的冰心雕像目视前方，身披毛衣外套，俯首端坐在那里静静沉思，双膝上是一本展开的书，左手托着下巴，陷入冥想之中。通体洁白、慈眉善目的冰心雕像是美丽的，冰心脸上充盈着慈祥和蔼，呈现出一种特有的温暖人心之美，与身边的绿树红花（红玫瑰）交相辉映。墓前，年轻的冰心托腮凝神；四周，她爱了一辈子的玫瑰正开得透红。

雕像左侧汉白玉大理石墓碑上，镌刻着世纪老人冰心生前亲笔题写的那句至理名言"有了爱就有了一切。"这句话彰显的是幸福、快乐、梦想、勇气、信念、责任，因为爱是一切力量的源泉。"有了爱就有了一切"是

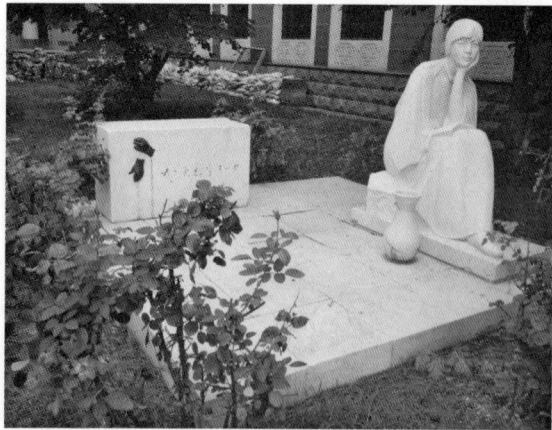

建在中国现代文学馆内的冰心青年时期汉白玉雕像

冰心一生的信念，是她信奉的"爱的哲学"的内核。在冰心雕像前徜徉，默念着她老人家的这句名言，不禁心潮澎湃。它令我终生受益。绕到墓碑的后面，看到碑上镶嵌着一块铜牌，上面是赵朴初亲笔题写的"吴文藻、谢冰心之墓"碑文。据家人介绍，按照冰心老人的生前遗愿，冰心和吴文藻的一部分骨灰安放在长城岭下驼峰之上的中华文化名人

雕塑纪念园内，另外一部分骨灰就安放在这里。

清明时节雨纷纷，每逢此时，一提起冰心老人，我的回忆和感想就从四面八方涌来。来冰心文学馆、冰心纪念馆祭奠冰心的人络绎不绝。碑与碑，人脉相连；情与情，永不相忘；人与人，血浓于水。正是因为有了您——世纪老人冰心，中国文学史上又增添了充满光辉的一页。一袭红装青丝白，文学创作近百载。展望未来，中国文学、译介文学、少年儿童文学园地因您的作品而更加绚丽多彩。

人生如棋局，落子收官之间品性尽显。上面这些文学馆、纪念馆、纪念园、纪念奖项，寄托了人们的哀思。世纪老人冰心，这位中国现当代女作家、著名儿童文学作家，下出了一盘令人震撼的文学棋，展现出一位著名文学家信仰坚定、清正廉洁、克己奉公的崇高风范。如今，冰心老人离世已有 17 载，然而这种品格犹如高山，离得越远，越觉得伟岸。

福建华兴信托投资公司捐建"永远的爱心"冰心与少年雕像

（冰心文学馆供图）

值得提及的是，冰心老人的优秀作品近一个世纪来，不仅为广大中国少年儿童所喜闻乐见，而且跨越国界为黎巴嫩人所知。现在纪伯伦博物馆内陈列的书架上，便有冰心老人翻译的纪伯伦著作《先知》一书的中文版。

冰心文学大赛

冰心是中国当代文学史上最具爱心和最具影响力的杰出的文学大师之一。她在近 80 年的写作生涯中写就的几百万字的优秀作品，成为青少年成长过程中不可或缺的精神食粮，影响和教育了一代又一代中国人。1990 年 6 月，在中国著名教育家、全国人大常委会副委员长雷洁琼，英籍华裔著名女作家韩素音和中国著名儿童作家葛翠琳女士等社会名流的共同倡导和鼎力支持下，为祝贺冰心老人 90 寿辰，纪念冰心一生为中国少年儿童创作了众多受孩子们欢迎的优秀作品，创立了"冰心文学奖"。其下设冰心儿童文学新作奖、冰心儿童图书奖、冰心艺术奖、冰心作文奖、冰心摄影文学奖 5 个奖项，以此发现、培养新作者，促进儿童艺术教育的发展。

　　冰心奖自1990年设立以来，每年举行一次颁奖大会，在海内外产生了广泛而深远的影响。由此，冰心文学奖犹如一朵素雅圣洁的小花在中国少年儿童文学园地中绽放了。吴作人、萧淑芳、杨沫、叶君健、吴全衡等诸位文学前辈欣然加入了冰心文学奖评委会的队伍中。创立初期，评奖时冰心都要亲自审读获奖作品。冰心文学奖设立至今，每年举办一次，且在冰心生日前后举行颁奖大会。26年来，该奖项已成为中国唯一的国际华人儿童文学艺术大奖。在设立冰心文学奖的同时，在中国作家协会、中国散文学会、中国诗歌学会、冰心少年文学杂志社编辑部的积极支持下，又成立了全国青少年冰心文学大赛组委会，并创办了自己的官方网站。网站内容丰富多彩，设有文学频道、大赛专题、文学之星、名师点评、刊物专栏、名家名篇、原创专栏、永远的冰心、文学与教育、大赛荣誉、读者心声、品牌期刊《冰心少年文学》专栏介绍、全国青少年冰心文学大赛专题等十多个栏目。尤其令读者关注的是"永远的冰心"栏目，它的点击率最高。打开页面，冰心老人微笑着站在花丛中的照片和蔼可亲。冰心老人的简历下面，呈现出的是一组6张黑白老照片，按照时间顺序依次排列：1929年，冰心结婚时举行的新式婚礼；1948年，冰心在日本东京寓所写作；1949年元旦，冰心全家在日本东京合影；1966年，冰心在寓所潜心创作；冰心和巴金等拜访日本

全国青少年冰心文学大赛颁奖大会现场

作家中岛健藏；1954年，参加第一届全国人民代表大会的福建组代表在会场合影。

　　一花引得百花开。中国青少年期盼已久的2015年第十届全国青少年冰心文学大赛"十年追梦"颁奖大会于7月14日在北京清华大学隆重举行。通知公告说，冰心是中国当代文学史上最具爱心和最具影响力的作家之一，她一生追求光明、奉献爱心、启迪后人。她的优秀作品是青少年成长过程中不可或缺的精神食粮。为继承和发扬冰心文学精神，发现和培养更多的文学新人，全国青少年冰心文学大赛组委会在成功举办九届大赛的基础上继续举办第十届全国青少年冰心文学大赛。以文学大师冰心名字命名的全国青少年冰心文学大赛是一项高品质、大规模的文学赛事，每届参赛

稿件高达几十万份。该赛事规格高、评审严，是全国最具权威的青少年文学赛事之一。第十届全国青少年冰心文学大赛总决赛，评出金、银、铜奖，颁发奖牌及证书，特别突出者将被授予"冰心文学之星""冰心文学大赛形象大使"或"中华小作家"荣誉称号，颁发奖金和证书。

通知公告强调，本届大奖赛是一项全国性青少年文学赛事，旨在继承和发扬冰心文学的爱心精神，进一步提高全国青少年文学素养，推动青少年文学事业的发展。本项大赛得到了冰心家人的大力支持。国家有关领导及中国作协有关领导对本项大赛给予了充分的肯定和支持。全国青少年冰心文学大赛是一项综合性文学赛事，每年举办一届。大赛通过开展征文评选、读书笔记展评、诗歌散文朗诵及古典诗词背诵等系列文学活动，引导广大青少年多读书、多背诵、勤写作、善思考，切实培养出良好的读书学习习惯，促进青少年健康成长，推动青少年文学事业的发展。

正如全国青少年冰心文学大赛组委会会刊所言，"这是一次全国青少年文学盛典。来自全国各地的 600 余名参会代表参加了大会。为继承和发扬冰心文学精神，发现和培养更多的文学新人，在冰心女儿吴青教授、女婿陈恕教授的支持下，在周明等一批著名作家、文坛巨匠的关怀下，以冰心先生名字命名的全国青少年冰心文学大赛从 2005 年至 2015 年整整走过了 10 个春秋。10 年来，数以万计的青少年文学爱好者聚集在冰心的旗帜下，在这个舞台上尽情展示才华、放飞梦想；10 年来，冰心文学大赛播撒了无数粒爱心的种子，栽种了无数棵文学幼苗，这一切必将对社会及青少年文学事业的发展产生积极深远而持久的影响。如今，每年一届的全国青少年冰心文学大赛已成为无数青少年热爱文学、放飞梦想的舞台"。

茅盾、冰心翻译纪伯伦作品
与人类共同价值的传播

——尘封近百年的中黎文学友好交流故事

　　2016 年，恰逢中国现代著名作家、中国现代进步文化的先驱、百年文学巨匠茅盾先生诞辰 120 周年，中国杰出的文学大师、忠诚的爱国主义者、著名的社会活动家冰心先生诞辰 116 周年，黎巴嫩天之骄子、著名文学和绘画大师纪伯伦诞辰 133 周年；同时也是中华人民共和国和黎巴嫩共和国正式建立大使级外交关系 45 周年。在这四个令人难忘和喜庆的日子里，中国文学界的专家、学者、大家相聚在一起，共同缅怀茅盾先生、冰心先生在中国文学史上留下的不可磨灭的功绩的时候，理应回顾和传承、理应勿忘和珍视茅盾先生、冰心先生和纪伯伦先生在中黎文学友好交流国际事业中，结下的珍贵友谊、奠定的坚实基础、做出的突出贡献和所拥有的人类共同价值。

　　然而，综览国内众多茅盾研究机构发布的诸篇茅盾先生生平事迹介绍，发现其均是按照 1896 年 7 月 4 日茅盾生于浙江桐乡县乌镇，到 1981 年 3 月 27 日茅盾病逝于北京的顺序排列的，而茅盾先生早在 93 年前的 1923 年曾率先译介过纪伯伦五篇著名散文和散文诗的历史细节只略有提及，少有论述。同样，综览国内众多冰心研究机构发布的诸多冰心先生生平事迹介绍，均是按照 1900 年 10 月 5 日冰心出生于福州三坊七巷谢家大宅（今鼓楼区杨桥东路 17 号）到 1999 年 2 月 28 日冰心病逝于北京的顺序排列的，而冰心先生早在 85 年前的 1931 年 9 月，曾首开先河译介过纪伯伦的《先知》和《沙与沫》两本著名文学作品的历史细节只略有提及，少有论述。这不能不说是中国文学研究界对茅盾和冰心生平介绍中的一种缺憾。

　　鉴于此，当下身为中国茅盾译介文学阿拉伯语研究学者，我们应该与时俱进，积极践行习近平主席提出的"总结经验、发挥优势、锐意创新，用海外读者乐于接受的方式、易于理解的语言，讲述好中国故事，传播好中国声音，努力成为增信释疑、凝心聚力的桥梁纽带"，尽快把这个发生在中黎两国百年文学巨匠茅盾、冰心和纪伯伦身上鲜为人知的历史故事讲出来，周知国民，激励民众，传承后人，沿着茅盾和冰心先生约一个世纪前开辟出的中黎文学友好之路走出去、走下去，用优秀的文学作品构筑两国人民心灵沟通的桥梁，加深中黎之间的传统友谊，进一步巩固两国的友好关系，迎接中黎文学互译百花园姹紫嫣红新时期的早日到来。

人类共同价值

据历史文献记载，中国和黎巴嫩之间的文学译介往来，渊源很深，亦是当今中黎关系发展的重要维度，从人类共同价值来看，研究中国与黎巴嫩文学译介交流合作的起源、现状，分析两国文学译介合作的基础，客观理性地探讨两国进一步提升文学经典作品译介层次的前景，对加强中黎两国人民友好交流，增强互信，改善两国文学关系，推动和促进丝绸之路经济带建设具有重要的现实意义。特别是习近平主席提出的"一带一路"倡议及其在中阿合作论坛第六届部长级会议上发表的题为《弘扬丝路精神，深化中阿合作》的重要讲话，以及《中国对阿拉伯国家政策文件》均对中黎文学互译和人文交流提出了新的任务和要求。

众所周知，文学翻译是跨国社会文化交流的重要桥梁和纽带，是民心相通的重要渠道和文化传承符号。而今站在中黎文学翻译领域学术交流的高度，论述茅盾、冰心在纪伯伦文学作品译介方面所取得的斐然成绩，对中黎学术界来说，具有深远的历史意义和重要的现实意义。

文学是友谊的桥梁，遥隔万里心相通。文学译介是促成中黎两国文学 93 年间相互交流的媒介方式之一。中黎特色鲜明的文化深深吸引着两国人民。国之交在于民相亲，密切的文化交流是促进民相亲的最佳途径。中黎友好互利合作关系发展 45 年的历史证明，两国关系不仅具有鲜明的战略性，同时也具有浓厚的文化底蕴。这也正是中黎关系未来发展具有广阔前景的牢固基础。

谈到茅盾、冰心与纪伯伦跨越时空牵手

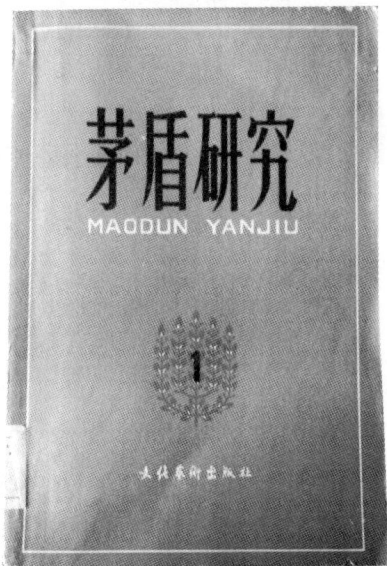

1984 年 6 月，文化艺术出版社出版的《茅盾研究》第一辑是新时期茅盾研究开端的记录

所创造的人类共同价值，时间需要追溯到 93 年前的 1923 年。据中黎文献的记载，茅盾、冰心和纪伯伦三位文学大师开启中黎文学友好交流之窗的时间为 20 世纪 20 年代。这个发生在 93 年前鲜为人知、以文会友的历史细节和友好故事，至今在中黎现代友好交流史、两国文学译介史和文学理论研究史上被世人传为佳话。他们的作品对中黎两国民众的人生和世界文学产生了深远的影响，更重要的是，如今两国民众跟三位作家家乡的人们一样，对纪伯伦、茅盾、冰心文学有着发自内心的喜爱与痴迷。对此两国学者认为，相通的文化精神是两国牵手的信物。

湖南人民出版社出版的《茅盾论文选集》

现在看来，虽然茅盾先生译介的纪伯伦五篇散文和散文诗文字不多、篇幅不长，冰心译介的《先知》《沙与沫》两本散文诗集年代久远、数量有限，但却有力地说明，此举意义重大，因为它自此揭开了中国同黎巴嫩、中国同阿拉伯世界文学文化交流崭新的一页。茅盾、冰心和纪伯伦因文学结缘，用译介牵手，他们开启民智，被誉为近代东方文学走向世界的先驱，他们是现代中黎两国的文学之魂，他们名副其实，当之无愧。而身为中国阿拉伯语学者的我们，理应为茅盾先生、冰心先生功在当代、利在千秋的义举身体力行，积极著书立说。

因此，笔者认为，站在 21 世纪，走在"一带一路"上，用现代中国阿拉伯语学者的眼光来审视和论述茅盾先生早在 93 年前，冰心先生早在 85 年前用以文会友的方式译介纪伯伦散文和散文诗之举，已然成为极具跨国社会文学人类共同价值的中黎文学交流与文化互动的一个历史缩影，且应该成为不能忘却的国家记忆。因为茅盾和冰心先生的译介作品深得中国几代读者的厚爱，且至今仍留存在人们心中。他们二人合力创造的人类共同价值，是无法用当代的经济价值杠杆相衡量、相媲美、相比喻和相提并论的。所以，走在当前"一带一路"上，认真分析和研究茅盾、冰心译介纪伯伦散文和散文诗的人类共同价值，有助于我们加深对黎巴嫩文学的认知和了解，促进两国在未来时日文学创作领域的借鉴与交流。

文学伦理价值

拜读过纪伯伦散文和散文诗的人，都有一个共同的感受，那就是哲理率真、独树一帜。茅盾和冰心译介的纪伯伦的散文和散文诗，充满着浓郁的人物情感、深刻的人生哲理和人生感悟。译介作品秉持"忠实、明白、流利"的原则，至今为国人所称道。他们在忠实原文的基础上，用娴熟的译技传达原作的神韵，不偏离，不遗漏，亦不随意增减，不拘泥于原文形式，"大难矣，顾信矣"，译出的作品文字优美、通俗易懂、朗朗上口，真正做到了诗词中有散文、散文中有诗歌，充满着诗情画意，这真是千里难寻是朋友，高山流水遇知音。

众所周知，"实践是检验真理的唯一标准"。如果把这句话的头两个字改为"时间是检验真理的唯一标准"之后用在茅盾、冰心和纪伯伦身上是再恰当不过的了。因为历史为证、时间为凭，读者的赞誉、世人的眼光是最公正的，事实胜于雄辩。茅盾、冰心翻译的纪伯伦富于人生哲理的散文和散文诗，何止征服了几代中国人！

中国社会科学出版社出版的《茅盾研究资料》

茅盾先生在 93 年前的 1923 年 6 月 3 日至 17 日相继在《文学周刊》杂志上发表五篇散文和散文诗《批评家》《白纸如是说》《价值》《别的海》《圣的愚者》的译文。继而冰心先生在 85 年前的 1931 年 9 月翻译纪伯伦的两本散文诗集。21 世纪的今天，经典润心灵，美德伴成长，回望来路，更知所向何方。重读五篇散文和散文诗译文、两本散文诗集，激活一池春水伴国人逐梦扬帆，助文学青年追梦领航，聚力驰骋在圆梦路上。茅盾先生五篇译作、冰心先生两本散文诗集译文，恰似品种优良的种子，虽栽种于百年之前，但现已孕育出无数中国优秀文学青年；恰似星火燎原，燃遍中华，让茅盾和冰心文学与时俱进，助力文学创新创业之火越烧越旺。因此说，茅盾、冰心译介之举，意义重大，为后人树立了楷模和榜样。

纪伯伦为人民抒写，为时代放歌；茅盾、冰心为人民译介，为时代放歌。纪伯伦思维敏捷开放，借助文学柔性的力量，叩响世界文学的大门，

而茅盾和冰心先生慧眼识珠，首开先河，争当中国译介黎巴嫩文学优秀作品的第一人，同样深知"以柔克刚"的道理，借助文学柔性的力量，叩开中国译介黎巴嫩文学的大门，揭开了中国同黎巴嫩、中国和阿拉伯世界文化交流崭新的一页，成为现代已年过花甲的中国读者心目中珍藏的少年时代的美好记忆。

为此，笔者认为，茅盾先生译介纪伯伦五篇散文和散文诗与冰心译介两本散文诗集，是因为他们深知，在当年的时代背景和条件下，不是有枪有炮就能崛起，文化虽软，但它会感天动地、沁入民心。中国亟须以柔性力量敲开世界文坛的大门，汲取世界文学作品的精华，学习和借鉴世界文学的创作理念为我所用，提高文学创作水平，提升中华民族的文学软实力，这事关民族前途命运。

是的，对中国各界读者来说，遗憾的是包括茅盾先生和冰心先生在内都未曾见到过纪伯伦，但当他们拜读了纪伯伦的作品之后，都被这位祖籍为黎巴嫩，作品风靡世界、家喻户晓、妇孺皆知的纪伯伦·哈里里·纪伯伦富于哲理的散文和散文诗词，感动得心驰神往，佩服得五体投地。

纪伯伦之所以家喻户晓、感天动地，纪伯伦的作品之所以毫无地域、时间的限制，跨越国界而持久传播，是因为茅盾、冰心先生译介的纪伯伦的散文和散文诗，说的是真心话，讲的是人生哲理。其散文诗作语言风格清新流畅，寓意深远；其译介作品技艺水平之高，唯茅盾、冰心能够驾驭。其译介作品均能够准确地呈现原作风貌，译文或通俗流畅，或典雅清新，具有较高的语言艺术水平，堪称中黎文学译介史上的活化石。因此，93 年后的今天，站在 21 世纪的时光里论说，茅盾、冰心先生译介的纪伯伦作品是世界文坛极具生命力、拥有广泛读者和影响力的作品之一。同时，它以黎巴嫩文学的朴素身份跻身于世界古典名著之列，填补了中黎文学译介交流史上的空白，堪称中黎文学及世界文学史上的一大奇迹，具有极高的文学伦理价值。

史料珍藏价值

对于驰名于世、享誉世界文坛的黎巴嫩天之骄子纪伯伦的散文和散文诗，茅盾先生早在 93 年前便率先将他的五篇英文散文和散文诗翻译成中文，译介流传到中国。此后的 1931 年，冰心先生又翻译出版了纪伯伦的散文诗集《先知》和《沙与沫》，使其广泛传入中国。

这段茅盾和冰心先生译介纪伯伦散文和散文诗的文学译介史，应将永远铭刻于每位国人的心中成为永恒记忆，我们应继承其衣钵将其世世代代传承下去，形成中黎两国现代文学界的爱心接力……

因此说，茅盾、冰心当年的译介之举，极具中黎史料珍藏研究价值；茅盾先生和冰心先生以文会友的中黎文学交流友好故事，更具史料珍藏和研究价值。特别是在 93 年后的今天，举国上下更应周知国人，因为，讲述好中国故事，传播好中国声音，已成为当下中国的时代主旋律。

中黎典籍为证，纪伯伦生于 1883 年 1 月 6 日，逝世于 1931 年 4 月 10 日。茅盾生于 1896 年 7 月 4 日，卒于 1981 年 3 月 27 日。冰心生于 1900 年 10 月 5 日，卒于 1999 年 2 月 28 日。纪伯伦生前从未涉足中国，茅盾先生和冰心先生也没去过黎巴嫩，他们三人既无书信往来，又没机会谋面，但酷爱文学艺术的三位文学大师，却因共同的志趣爱好、对文学事业的追求、视文学创作为生命的理念而紧紧地连在一起了。可谓茅盾、冰心与纪伯伦有着难以割舍的跨国文学之缘。93 年前和 85 年前的 1923 年和 1931 年，茅盾先生和冰心先生慧眼识珠，率先以文会友，先后译介了纪伯伦的五篇散文和散文诗与两本散文诗集，首开先河地把纪伯伦这位当代世界文学大师的英文著作翻译成汉语，以飨中国各界读者。茅盾先生、冰心先生此举，可谓是近百年来中黎文学关系史上的一件大事，具有深远的历史意义和现实意义，具有较高的史料价值，因而历来为各国学术界所关心，如今已为中黎两国研究纪伯伦文学的专家学者所重视。

而 21 年前的 1995 年的三八国际妇女节前夕，鉴于冰心先生在 1931 年率先译介了黎巴嫩著名文学家纪伯伦的两本散文诗集《先知》和《沙与沫》且译作成为国际译坛公认的译文精品，黎巴嫩总统埃利亚斯·赫拉维亲自签署第 6 146 号总统令，授予 95 岁高龄的世纪老人冰心黎巴嫩国家级雪松骑士勋章和证书，以表彰她在中国传播黎巴嫩文化所做出的重要贡献。为此，黎巴嫩驻华大使法里德·萨马哈受黎巴嫩总统之托，在北京医院小礼堂内，举行了一场隆重热烈、庄严神圣的授勋仪式。媒体称，这是黎巴嫩政府对中国世纪老人冰心最大的认可、褒奖与尊重。

在此，值得提及的是，历史是最好的教科书。2016 年 11 月 9 日，是中国和黎巴嫩建交 45 周年纪念日。我作为中国阿拉伯语言文学研究学者，有必要在此时此刻把"三个之前"（发生在中华人民共和国 1949 年 10 月 1 日成立之前；1971 年 11 月 9 日，中华人民共和国与黎巴嫩共和国建立大使级外交关系之前；93 年前的 1923 年和 85 年前的 1931 年）发生在中黎两国三位百年文学巨匠茅盾、冰心和纪伯伦身上，鲜为人知、尘封近百年的往事，著书立说，周知传承中黎后人，用以推动两国人民在文学互译领域学术研究的深入交流，加深相互了解，促进中黎文学典籍互译工作的深入开展。

翻阅茅盾和冰心先生分别于93年前和85年前译介的纪伯伦散文和散文诗，只见那厚重古朴的活字方块，将译作真知灼见、鞭辟入里的深奥哲理现于纸上，使纪伯伦文学元素在独具匠心的译介中，以入情入理的人生感悟呈现在中国各界读者面前。

这是跨越了时空概念的文学回溯，在近一个世纪的历史长河中从容穿梭。以93年前创办的纸质文学刊物《文学周刊》为媒介，构建着"古"与"今"的中黎文学跨国友好关系，时至今日它已悄然走过93个春秋。

可以说，茅盾先生的《批评家》《白纸如是说》《价值》《别的海》和《圣的愚者》五篇文学译作，以及冰心先生的《先知》和《沙与沫》两本散文诗集，论述了真诚与欺骗、劳作与安乐、理智与热情等一系列人生和社会问题，均从更细小和局部的文化切口体现纪伯伦文学的人文之美。其文学底蕴厚重，又充满人生感悟哲理，有人性元素但不媚俗，有人文精神但不呆板。茅盾先生、冰心先生跨越年代、跨越国界、跨越时空的译介之举，对纪伯伦文学作品的理解，中国文化与黎巴嫩文化、中国文明与黎巴嫩文明的相互交融，使其作者与译者之间的关系迸射出知识碰撞的火花，从而也让身处现代社会的我们充满了正能量。中黎两国这样三位出类拔萃的文学伟人身上的时代痕迹与文学潜力，让我们愿意对未来寄托无限期许。

回溯历史，友情凝重。为此，坚持用唯物史观来认识和记述历史，以翔实准确的史料作为支撑，深入开展茅盾和冰心译介纪伯伦文学作品理论联系实际的细致客观研究，就必须坚持正确的历史观，加强规划和中黎社会力量整合，加强史料收集和整理，加强舆论宣传工作，让历史说话，用史实发言。只有这样，结论才会更加可靠，说服力才会更强，才能让中黎人民通过93年前的历史事实看到故事的真相。因此，我们要善于从茅盾译介纪伯伦优秀文学作品之举中汲取营养，并结合时代要求，进行创造性转化和创新性发展，使之与中国特色社会主义文学创作与译介事业相适应，与现代社会相协调，成为涵养社会主义核心价值观的重要源泉和有益补充。因为任何国家、任何社会优秀文学和译介作品，都要吸收全人类共同的文明、文学、文化成果和人类共同价值，所以中国的茅盾、冰心文学研究必须走出去，与国际接轨，只有与全人类共同的文明成果和人类共同价值进行交流、碰撞，并在融合中不断丰富、创新和发展，才能得到充实、提升和完善。

　　一条商路，承载千年文化；五篇散文和散文诗、两本散文诗集，百年交往，凝结世代友好。什么是"一带一路"上的中黎文学元素，茅盾、冰心先生译介的纪伯伦散文和散文诗便是构建文学"一带一路"的中黎文学元素。让具有史料珍藏价值的译介作品，悦动书刊、悦动荧屏，成为当代国人一种新的精神力量和崇高梦想。尤其是在当下，躁动的人心与传统的人文精神渐行渐远，中国传统文化、茅盾和冰心译介纪伯伦作品的友好故事像一颗颗遗落的沙粒，不断被遗忘，我们理应出面担当起中黎人文精神的文化坚守者和传播者的重任，成为名副其实的茅盾、冰心译介纪伯伦优秀文学作品的气质标签，引领一种生活风尚和人生境界，让现代中黎纸质书刊与茅盾和冰心译介的纪伯伦作品展开深层次对话。由此可见，茅盾、冰心译介纪伯伦散文和散文诗之举，具有珍贵的史料珍藏和传承价值。如上所说，茅盾、冰心译介纪伯伦散文和散文诗就是这样炼成的，纪伯伦也因此成为被中国译坛译介最早最多的阿拉伯作家。

冰心译介的纪伯伦《先知》《沙与沫》等文学著作

文化传承价值

　　如今，追溯历史，百年时间即将过去了，将近一个世纪的年轮业已形成。93年前的1923年，茅盾先生凭借其天赋慧眼，潜心译介纪伯伦的五篇散文和散文诗，冰心先生继而译介纪伯伦的两本散文诗集之举，打开了中国与黎巴嫩文学交流的大门，率先架起了中黎两国文学交流的桥梁，促成了跨越时空的中黎两国文学交流的文化联姻。茅盾、冰心译介精神永存。

而纪伯伦的祖国黎巴嫩、家乡贝什里与茅盾的祖国中国、祖籍乌镇，冰心的祖籍长乐，因三位文豪结下了不解之缘。93年前的因缘际会打开了中国与黎巴嫩文化交流的大门。尤其是中黎自1971年11月9日正式建立大使级外交关系至今，45年来，中国和黎巴嫩，乌镇、长乐和贝什里因近百年前的缘分而不断往来，纪伯伦和茅盾、冰心共同留下的丰富文化遗产通过戏剧巡演、博物馆互展等形式，让两国人民不断加深了解。通过茅盾、冰心与纪伯伦的文学译介联姻，两国文化机构成功地找到一条走出国门、走向世界的捷径。在黎巴嫩纪伯伦的家乡贝什里，人们都知道中国有个乌镇和长乐，乌镇有位茅盾，长乐有位冰心；在中国茅盾的祖籍乌镇、冰心的祖籍长乐，不少人都知道黎巴嫩有个贝什里，贝什里有位纪伯伦。文化的力量深入人心。

鉴于此，笔者认为，文化可以改变生活，可以拉动经济发展，可以在国际层面上表达和推广民族特性和国家形象。文化还可以通过某种方式创设一个空间，供个体表达、探索、解决棘手难题以及建立信任和进行沟通，而这些是其他任何东西做不到的。因为，文化就是国家的金名片，人的生命是有限的，但文化的力量是无限的，我们要把有限的生命投入无限的为两国民众服务之中去。

中黎两国早在93年前就因文化相通走到一起，如今，在当前中国国家主席习近平倡导开辟实施的"一带一路"上，作为茅盾、冰心译介文学研究学者的我们应该积极响应党和国家的伟大号召，讲述好中国故事，传播好中国声音，应将茅盾、冰心与纪伯伦因文学结缘的友好故事，著书立说，传承后人。

时光如白驹过隙，21世纪的今天，85年前已经离开我们的纪伯伦无论如何都不会想到，他一个世纪之前写下的享誉世界的著名散文和散文诗以及象征他艺术生命双翼、极富想象力的绘画作品《朦胧中的祖国》，竟然飞越国界，跨越时空，时刻感动着万里之外东方文明古国中国的读者，成为酷爱纪伯伦文学、绘画艺术的中国专家学者的主要研究对象。当前正值中阿外交关系开启60年之际，中国全国上下如火如荼地实施"一带一路"宏伟国策之期，我们应使遥远的黎巴嫩纪伯伦文学走进越来越多中国读者的视野，成为人们在社会、工作、生活中的一部分。纪伯伦文学作品对中国人民的启示，具有重要的文化传承价值，有助于中黎两国现代文明的交融、借鉴与发展，有助于民众文化素质的提高，对于推动两国文学交流与社会进步，必将产生积极的影响。

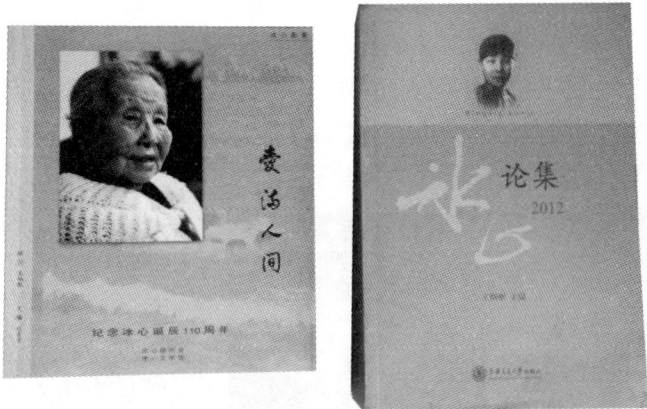

纪念冰心诞辰 110 周年《爱满人间》冰心影集（顾问王炳根、主编刘东方）及王炳根主编的《冰心论集》（2012）

国际交流价值

翻阅中黎历史文献可知，两国对茅盾、冰心译介的纪伯伦文学作品在中黎两国间的传播有所记载。茅盾、冰心和纪伯伦，是三位同时代中黎两国著名的世界文坛百年文学巨匠。

中国位于亚洲的东方，黎巴嫩地处亚洲西部，两国相距万里之遥，而三位文学大师，跨越时空的牵手，让今日中黎文学交流百花园地出现了前所未有的生机与活力，在中黎文学文化友好交流史上，占有举足轻重的地位，发挥着极为重要的作用，他们不仅被称为中国黎巴嫩文坛骄子、中国阿拉伯文学的主要奠基人、20 世纪阿拉伯新文学道路的开拓者，而且同泰戈尔一样，茅盾、冰心和纪伯伦被誉为近代东方文学走向世界的先驱，如今他们的世界文学国际交流价值已经成为中黎文学跨国交流史上的一座丰碑。

结合习近平主席在党的十八届三中全会上发表的重要讲话和对提高文化开放水平、推动中华文化走向世界做出的重要部署，我们清楚地认识到，93 年前茅盾先生、85 年前冰心先生译介纪伯伦著名文学作品之举，代表着中华民族最深沉的精神追求，包含着中华民族最根本的精神基因，代表着中华文化独特的精神标识，展示出中华译介文化的独特魅力，在世界文坛、世界译坛塑造和树立起了中国文学和译介文化的光辉形象。想想过去，看看现在，展望未来，我们更应该看清形势，顺应形势发展，充分认识到推动中华文化走出去是一项重大战略任务，开动脑筋、潜心研究茅盾和冰心译介纪伯伦文学作品的历史意义与现实意义，以改革创新的精神推动中华文化走向世界的步伐，使中华文化国际影响力有一个大的提升。

书生意气正是此时才更能回报国家与人民。身处改革发展、民心所向的时代，我们需要化胸中丘壑为笔底乾坤，夯实文学阵地，掌握传播主动权，从发生在近百年前的中黎两国百年文学巨匠之间的友好故事出发，以茅盾、冰心译介的纪伯伦文学作品为切入点，进行潜心挖掘、真实记录、深刻思索、激越抒写，讲述好中国故事、传播好中国声音、树立好中国形象、传播好中国正能量，唱响主旋律，奏响 21 世纪中黎文学优秀作品译介交流时代

中国出版的部分书刊中，翻译介绍过纪伯伦的文学作品

的最强音。

21 世纪的今天，中国文学家可与黎巴嫩艺术家联手，把纪伯伦的文学作品用歌剧的形式重新奉献给中国和黎巴嫩两国现代舞台。

因此，本文在这里抛砖引玉对尘封近百年的茅盾、冰心和纪伯伦的友好交往故事做简要的文字介绍，也算是对享誉世界的黎巴嫩纪伯伦文学表示倾情敬慕之情，更是对茅盾、冰心译介之举具有的国际交流价值的最美赞誉。

因为，茅盾、冰心和纪伯伦，不仅属于中国和黎巴嫩，也属于全世界和全人类。其三人作为同一时代的世界文坛百年巨匠，都将自己的人生理想融入文学创作和译介作品中，为世人敬仰。

正是有了这种因缘际会，茅盾、冰心和纪伯伦成为当今中国与黎巴嫩进行国际文化交流的金钥匙，成为中黎民众内心敬仰的文学丰碑。

2016 年，中国和黎巴嫩建交 45 周年。值此之际，认真研究和潜心开展茅盾、冰心与纪伯伦文学国际文化交流互译合作价值研讨，大力推进中

黎传统文化名人、文学文化走向中黎两国现代社会、走向世界，应成为当前中黎两国现代文学文化界专家学者们的首要任务。

身为中国阿拉伯语学者、中黎友好交流的后代，将纪伯伦、茅盾、冰心以文会友的故事记录下来，促进中黎两国的跨文化交流，是一项急迫而又责无旁贷的任务。为此，笔者建议，在中黎建交45周年之际，在茅盾先生的北京、乌镇故居，冰心先生的福州故居和长乐冰心文学馆，讲述好中国故事，传播好中国声音的同时，召开茅盾、冰心译介纪伯伦散文和散文诗品赏朗诵大会，感召世人，珍视友谊，传承后人。此外，笔者还建议尽快在中国和黎巴嫩建成茅盾、冰心与纪伯伦文学文化交流网，用现代化的电子传输手段尽快实现三位百年文学巨匠真正意义上穿越时空、跨越国界的文学网上牵手。

2016年是中国民间俗称的猴年。猴是中国十二生肖中排行第九的动物，对应地支为"申"。2016年猴年春节，黎巴嫩卡拉卡拉舞蹈团来华进行友好访问和商业演出。这昭示着两国在文学交流与文化合作领域走进新时代。

2016年6月4日至5日，为纪念中国开启与阿拉伯国家外交关系60周年，弘扬"一带一路"共商、共建、共享、共研的"丝路"精神，由上海外国语大学、中国人民对外友好协会、海合会国家研究中心承办的"翻译与中阿人文交流"国际研讨会在上海外国语大学隆重举行。笔者应大会组委会邀请，提交了题为《茅盾、冰心译介纪伯伦文学作品的人类共同价值》的论文。

2016年7月4日是茅盾先生诞辰120周年纪念日。位于浙江省北部丰饶的杭嘉湖平原，地处上海、杭州、苏州三大城市构成的金三角中心的浙江乌镇是著名作家茅盾的故乡，迎来了数十位研究茅盾先生的中外著名学者。他们为纪念中国百年文学巨匠茅盾先生诞辰120周年，并就茅盾文学对20世纪文学的历史性贡献及其在世界文学史上的地位进行学术探讨，中国作家协会、茅盾研究会、北京和乌镇两地茅盾故居联合举办了学术研讨会。

2016年11月5日至7日，为深化冰心文学国际研究，由福建省作协、冰心文学馆、云南大学人文学院承办，昆明市呈贡区人民政府、福建省文学艺术对外交流中心协办的"冰心与云南——冰心文学第五届国际学术研讨会"将在云南昆明市举办。应大会组委会的邀请，笔者已就"冰心与云南"主题向大会提交论文，并届时与会发表演讲。

此外，2016年是中国和黎巴嫩建交45周年。为了共同纪念茅盾先生诞辰 120 周年、冰心先生诞辰 116 周年和纪伯伦先生诞辰 133 周年，中国人民大学出版社将出版中文版和阿拉伯文版的《百年牵手——中国和黎巴嫩的故事》一书，并赠送北京、乌镇两地茅盾故居，以及冰心文学馆和纪伯伦博物馆永久保存；同时开展纪伯伦博物馆与茅盾故居、冰心文学馆之间的跨国文学译介交流的展映活动。

最后，值得提及的是，为积极响应和践行习近平主席提出的"推动中华文化走出去是一项重大战略任务……中华文化积淀着中华民族最深沉的精神追求，包含着中华民族最根本的精神基因，代表着中华民族独特的精神标识，要努力展示中华文化独特的魅力，塑造我国的国家形象"的重要指示精神，2016 年 3 月 12—16 日，中国同黎巴嫩建交 45 周年之际，应黎巴嫩纪伯伦全国委员会主席塔里克·希迪亚克博士的邀请，我作为中国阿拉伯语访问学者对纪伯伦博物馆进行了为期 5 天的学术访问，并与黎巴嫩纪伯伦博物馆馆长，安东尼大学校长、副校长，安东尼大学出版社社长，以及黎巴嫩纪伯伦专家学者就茅盾译介纪伯伦文学作品在中国的学术研究进行了深入的探讨和交流。座谈会上，纪伯伦全国委员会主席塔里克·希迪亚克博士、纪伯伦博物馆馆长嘉佳先生首先对中国阿拉伯语学者代表团到访纪伯伦博物馆表示热烈欢迎，并为代表团举行了欢迎宴会。

随后，宾主双方分别就中国对茅盾、冰心译介纪伯伦文学的研究现状，纪伯伦文学在中国，茅盾、冰心译介的纪伯伦文学作品的学术研究，中国茅盾故居、冰心文学馆与纪伯伦博物馆建立友好馆际关系等学科建设议题进行了深入座谈。来宾们发言踊跃，不仅相互间积极回应了上述议题，还分别就黎巴嫩茅盾、冰心文学研究学者与中国纪伯伦研究学者开展互访学术交流，纪伯伦博物馆与茅盾故居、冰心文学馆开展馆际网络互动信息交流，2016 年下半年纪伯伦博物馆来华举办纪伯伦生平及文学作品展，中国茅盾故居、冰心文学馆赴黎巴嫩举办中华名人生平及文学作品展等相关事宜进行深入探讨，随后签署了双方互在中黎两国互办文学名人展览协议书。

座谈会上，宾主双方一致表示，借此次中黎建交 45 周年欢庆之机，在当前中国国家主席倡导"一带一路"战略背景下，中黎茅盾、冰心译介纪伯伦文学作品研究专家和学者理应顺应形势，积极携手，精诚合作，形成惯例，进一步加强双方茅盾、冰心译介的纪伯伦文学作品学术研究交流互动，加强茅盾故居、冰心文学馆与纪伯伦博物馆的交流与合作。同时双方一致认为，这次访问将成为中黎两国研究学者间的交流之旅、合作之旅、友谊之旅，载入中黎文学交流友好史册。

座谈会上，我代表中国阿拉伯茅盾、冰心译介纪伯伦文学作品的专家学者表示，93 年前纪伯伦享誉世界的著名文学作品曾经影响教育过几代中国人，而今特别是跨入新世纪之后，纪伯伦文学作品在中国的影响力和学术理论研究日趋深入，且颇有建树，方兴未艾。当年仅有《先知》《沙与沫》《泪与笑》等屈指可数几本纪伯伦著作被译成中文，而现在纪伯伦几乎所有著作都已被译成中文，在中国各地相继出版。为此，我这次去纪伯伦的故乡贝什里时，专程前往纪伯伦博物馆拜谒，并受中国著名作家、翻译家曹靖华之子，中国前驻黎巴嫩大使馆陆海空三军武官曹彭龄和夫人卢章谊的委托，特地关注了 1987 年他们送给纪伯伦博物馆的冰心先生手书的抄录纪伯伦《先知》中《论友谊》一节的中式卷轴，以及冰心先生亲笔题签的《先知》中译本，是否完整留存，因为那是最最珍贵而且无法复制的中黎两国文化交流与友谊的历史见证。

后世影响价值

茅盾、冰心译介纪伯伦散文作品对国人的启迪、对后世的影响，这并非一个三言两语便能讲明的深刻话题。论证起因、时间及对中国社会的政治、经济、文化、人性品格的塑造等方面的著述很多，但绝大部分是从茅盾先生和冰心先生对中国现代文学事业的贡献着墨。此外，现代中国和黎巴嫩的交流多以商贸为主，其文化研究也主要集中在医学、天文学等科技领域，真正意义上的茅盾、冰心与纪伯伦跨越国界开展的文学之国际交流译介往事及研究之作，实属凤毛麟角。尤其是对茅盾、冰心在近百年前译介纪伯伦文学作品之举，更是少有人提及。至于如何与时俱进地开展与纪伯伦博物馆的文学经典作品互译项目，至今仍无人问津。

试想，若不是当前举国上下开展的"一带一路"建设这一基本国策深入人心，关系国计民生，恐怕茅盾和冰心译介纪伯伦文学作品的往事，很难被人记起。

鉴于此，笔者认为，分析其基本特征与发展脉络，以上六点可表明茅盾先生和冰心先生译介纪伯伦文学作品所具有的人类共同价值，即民族性、思想性和伦理性。正因为具有这"三性"，它才受到世界文坛广泛关注，从而成为一项独具特色、独树一帜、人们喜闻乐见的文学艺术形式。

总之，茅盾先生和冰心先生译介纪伯伦文学作品的人类共同价值及后世影响价值是多方面的。要想全面认识其价值，只有动员全社会的力量才行，其中包括茅盾先生、冰心先生的后代。笔者愿与中黎茅盾、冰心、纪伯伦研究会的专家学者们，从此入手，加强对茅盾、冰心译介纪伯伦散文和散文诗的国际研究，拉开21世纪中国茅盾、冰心与黎巴嫩纪伯伦文学学术研究的国际序幕。

相信通过认真研究和思考茅盾先生、冰心先生在近百年前提笔译介纪伯伦文学作品的动因和跨国社会价值，逐渐深入对纪伯伦作品的研究，开展多方位、多角度的研究，查阅古籍，引经据典，大家参与，纪伯伦的文学创作和茅盾先生、冰心先生的译介理念，定会流传后世，继续与时代俱进。

但愿此文能拓宽中国同黎巴嫩文学交流研究的学术空间，并对今后两国专家学者的深入研究起到抛砖引玉的作用，由此掀起中黎两国对纪伯伦、茅盾、冰心文学的潜心研究热潮，而中国人民大学出版社于2016年出版的这本《百年牵手——中国和黎巴嫩的故事》，将成为近一个世纪以来，研究中黎文学必不可少的参考书。正所谓："跬步而不休，跛鳖千里；累土而不辍，丘山崇成。"相信此时此刻此书的出版发行，也是本书作者对中国茅盾、冰心译介黎巴嫩纪伯伦文学作品之举研究的莫大贡献。茅盾、冰心和纪伯伦这样的中黎百年文学巨匠，到现在也没有人能超越。

鉴于此，笔者建议2016年在中黎两国相继开展如下项目，其目的是让更多的人知道中国现代著名作家、百年文学巨匠茅盾、冰心与纪伯伦文学作品的译介史。同时伴以出售纪念品这样的经营活动，或许更有意义。中黎建交45周年在即，展现北京、乌镇、福州的历史文化也是北京、浙江、福建文化软实力的一部分，应该受到政府重视。

（1）举办茅盾、冰心、纪伯伦生平事迹和文学作品译介展。

（2）拍摄茅盾、冰心、纪伯伦中黎文学译介联姻纪录片，汉语和阿语双语配音解说。

（3）出版茅盾、冰心、纪伯伦的画册以及图文并茂的书籍和声情并茂的DVD光盘。

（4）举办茅盾、冰心、纪伯伦中黎文学大师作品国际学术研讨会。

（5）组团互访开展人文交流活动暨中黎青少年夏令营、冬令营。

（6）举办中黎青少年文学征文大赛。

（7）开办中黎文学交流网站，传播和展示茅盾、冰心、纪伯伦优秀文学作品。

（8）在茅盾故居、冰心文学馆、纪伯伦博物馆举行赠书仪式。

（9）举行茅盾故居、冰心文学馆与纪伯伦博物馆建立馆际交流签约仪式。

（10）中黎联手编排和上演茅盾、冰心、纪伯伦文学联姻舞台剧。

（11）举办中黎青少年茅盾、冰心、纪伯伦诗歌朗诵大会。

（12）举办中黎青少年茅盾、冰心、纪伯伦文学获奖者颁奖大会。

（13）三馆制作、交流并展出有关城市、国家和文化的专题展览。

（14）三馆制作、展示有关三地文学家茅盾、冰心、纪伯伦的专题展览，特别注重与茅盾、冰心、纪伯伦诞辰等重大庆祝活动的联系。

（15）三馆每年用汉语及英语或阿拉伯语交换一定数量的资料，内容包括介绍中黎两国或三位文学家所在地的社会、经济、文化、历史、文学、风土人情及博物馆、故居、纪念馆等方面。

（16）三馆交换一定数量的连续出版物，特别是三馆编印的业务书刊。

（17）三馆派职员互相学习，派代表团互动或出席对方的重大馆庆活动。

1984年，美国国会通过了一项决议，在首都华盛顿中心地段为纪伯伦建立一个纪念中心，以此表示对这位伟大的黎巴嫩作家的尊重。里根总统签署了这项决议。这项计划完成后，布什总统亲自出席了纪伯伦纪念公园和纪伯伦塑像的揭幕典礼，并发表了演说，他说人类正走在纪伯伦当年指出的道路上。

鉴于此，我国是否也应该效仿美国在国际人文交流领域的这一做法，尽快在中国择地建立纪伯伦公园或者雕像呢？这一建议，值得考虑。

将军伉俪并肩在中外文化交流的
疆场上纵马驰骋

——记中国前驻黎巴嫩大使馆武官曹彭龄将军及其夫人卢章谊

　　将军一般是高级军事将领的统称，在不同朝代、国家，其具体指代不同。中国古代常将其作为高级武官、军政官员的职位甚至是爵号。

　　值得欣慰的是，自 1949 年 10 月 1 日中华人民共和国成立至今的 60 多年时间里，在中国驻阿拉伯国家使馆的历任武官名单中，我们看到了荣获少将军衔，曾出任过中国驻黎巴嫩大使馆陆海空三军武官曹彭龄将军的名字。

　　中央军委原副主席兼国防部部长迟浩田，曾在给他的信中这样写道："在武官任内，您经历的复杂情况最多，获取的成果最佳，付出的心血和代价也最高，这些都充分地体现和凝聚在您的作品里，对此，组织和群众是不会忘记的。"

　　值得庆幸的是，2016 年是中国同黎巴嫩建交 45 周年。正当我们为即将出版的《百年牵手——中国和黎巴嫩的故事》一书紧张忙碌、潜心构思撰写文稿时，蓦然想起中国前驻黎巴嫩大使馆曹彭龄武官夫妇，随即我们便向其发出诚邀写序致敬函。

　　令人高兴的是，2016 年 3 月，我们收到了曹彭龄武官夫妇发来的五篇曾经在《文艺报》《文朋诗友》《世界文学》《世界文化》等报纸杂志上发表过的文章，即《我们在聆听——访纪伯伦博物馆》《天涯尽知音——再访纪伯伦博物馆》《她就是大海》《由纪伯伦的插图想起的……》与《永远的冰心》。这些文章讲述了他们夫妇二人在黎巴嫩境内艰苦的社会环境下，传承友好，在本职工作之余，参观纪伯伦博物馆及与冰心先生接触的见闻和感受。这真是有缘千里来相会。

　　拜读两位老学长的佳作，感慨颇多。这不由使我们想起上小学时，曾经拜读过其父曹靖华老先生的散文《春城飞花》《望断南来雁》。当年曾被其散文作品带入纯净澄澈、诗情画意、情韵袅袅不绝如缕的美好意境之中，如痴如醉，流连忘返。而数十年后有机会拜读其子曹彭龄武官夫妇的散文佳作，更使我们重温了当年的感觉。

谈到曹彭龄武官，必提卢章谊女士。半个多世纪前，她和曹彭龄武官曾是北京大学同班学友。1956 年 9 月，二人就读于北京大学东语系。1961年毕业后，卢章谊曾任新华社驻黎巴嫩分社社长兼首席记者，中国驻黎巴嫩、伊拉克、埃及大使馆外交官，新华社国际部译审。1962 年 9 月，曹彭龄被调入解放军总参谋部，次年 11 月，被授予中尉军衔；1964 年 7 月，曹彭龄被派往我国驻叙利亚大使馆武官处任翻译，从此开始了他的军事外交生涯。受家庭的影响，他自幼喜好文学，在北大读书时，便开始练习写作，常有一些诗文见诸报刊。参加工作以后，父亲对他业余写作是支持的，但要求他一定要摆正本职工作与业余写作的关系。他父亲在信中多次提出："要全力做好工作，在质与量上超额完成所负任务，行有余力时，再及于所好——写作。这次序不能颠倒。"他一直牢记父亲的教诲，初到叙利亚的几年里，为尽快熟悉军事外交业务，全力投入工作，一篇文章也没有写。但这种爱好并没有放弃。1976 年他第二次去叙利亚工作时，已经升任副武官。由于是重返旧地，熟门熟路，除全力做好工作外，已感到行有余力，便利用业余时间将在国外的见闻、感受写成诗、文。这便是散见于《诗刊》《解放军文艺》等报刊上的以"西亚风情"及"风云颂——写给风云激荡的巴勒斯坦"等为总题的几十首组诗，以及后来结集成《西亚风情》与《异域走马》的两本薄薄的散文集。待到 80 年代曹彭龄出任中国驻黎巴嫩武官，面对的却是在国际与地区外来势力挑唆、插手和干预下，持续了七八年的由政党、教派、家族、宗教纠葛、冲突酿成的战乱。它把一个曾被誉为"中东瑞士"的阿拉伯世界最美丽、富庶的国家，变成枪声、炮声、爆炸声、急救车的尖啸声不绝于耳的人间地狱。而且，这种无休无止的战乱，依然没有停止的迹象。他深感除应做好本职工作外，也有责任把自己在黎巴嫩工作、生活期间所见所闻所感写出来，把黎巴嫩人民渴求和平、反对战争的期盼与呼号传播出去，让更多人了解、关注这里发生的一切，给黎巴嫩人民更多的支持与帮助。而且，当他的妻子卢章谊也由新华社派驻黎巴嫩分社任首席记者之后，曹靖华先生对儿媳也提出同样要求："谊除发新闻稿外，行有余力时，最好能动笔写东西……党员也是党的宣传员，我们的工具是笔，所以除所负工作外，还应执笔写，发挥一技之长。"于是他们夫妇在做好各自本职工作之余，一起肩并肩在中外文化交流的疆场上纵马驰骋……

为尽快充实完善书稿内容，我们前去拜访二位。按曹彭龄武官提供的地址，走进距奥林匹克森林公园不远的一个军队离退休人员聚居的小区，叩开了曹彭龄武官夫妇的房门。阳春三月的北京，艳阳高照，窗外初放的白玉兰使曹彭龄武官的书房倍添温馨。在亲切友好的气氛中，曹彭龄武官夫妇向我们敞开心扉，以质朴的语言，向我们讲述那些鲜为人知却又充满传奇色彩的故事……

有幸出使黎巴嫩

1983 年 9 月，曹彭龄被任命为中国驻黎巴嫩大使馆武官。卢章谊也于 1984 年 1 月被新华社派往黎巴嫩分社任首席记者。夫妇俩虽同在黎巴嫩，但由于当时黎巴嫩战乱不已的特殊环境，且他们都在各自部门从事超负荷的工作，他们在工作与生活上很难相互配合与关照，于是经过两个单位领导友好协商，新华社于 1985 年 9 月同意将卢章谊借调到武官处工作。后来，曹彭龄调任中国驻伊拉克大使馆和中国驻埃及大使馆武官时，新华社均循此例，同意将卢章谊借调到驻伊拉克与驻埃及武官处工作。从此，他们夫妇才真正并肩携手，在做好军事外交工作的同时，听取父亲关于"文学是友谊树上的花蕾"的教诲，像曹老先生在家信中对他们叮嘱的：发挥他们的一技之长，用文学创作，来为这友谊之树培土、浇灌，使树上的友谊之花开得更加绚丽。直至 1997 年 8 月他们自埃及离任回国后，卢章谊才重回新华社国际部。自他们联袂创作了《黎巴嫩散记》之后，又陆续创作了《重返巴格达》《不尽天涯路》《受命打通"地狱之门"的人》《埃及漫步》等散文集。至今，他们虽已到耄耋之年，对文学的喜爱依旧初心不改，有时还提笔写写文章……

曹彭龄武官告诉我们，他们知晓纪伯伦是自 20 世纪 50 年代阅读冰心译介的《先知》开始的。那时他们在北大读书。课余，最令他们感到惬意的是在波光粼粼的未名湖畔，杨柳依依的树荫下，如饥似渴地阅读从校图书馆借来的图书。当他们翻开冰心译介的黎巴嫩"侨民文学"创始人纪伯伦的《先知》时，立即为它那高超的意境、深邃的哲理、浓郁的诗情画意所吸引。西方文学评论家们，把纪伯伦的《先知》同泰戈尔的《吉檀迦利》共誉为"东方最美妙的声音"。而冰心清新流畅的译笔，更是锦上添花、情神俱致、令人百读不厌。那流畅的文笔、细腻的格调，更使它像一块美玉。我们反复吟诵、咀嚼、玩味，简直爱不释手。冰心先生那明丽流畅的译笔，不仅忠实地再现了原著的内涵，更保持着原著的格调，使译本与原著成为中黎文学、文化交流史上难得一见的瑰宝。

曹彭龄武官坦言，受其父曹靖华当年冒着列宁格勒（今圣彼得堡）冬夜零下几十摄氏度的酷寒，翻译《铁流》《第四十一》，配合鲁迅先生"为起义了的奴隶们偷运军火"和他一贯重视中外文化交流，将它比作友谊树上的花蕾的影响，去黎巴嫩赴任之前，他们便想着赴黎后，工作之余，也当像父亲那样，为中黎两国文化交流尽绵薄之力。特别是黎巴嫩又是纪伯伦的家乡，他的灵柩至今还安放在他故乡以他的名字命名的博物馆中。那是他们赴任后一定要去的地方。于是在做出国准备时，便设法寻找一本冰心翻译的《先知》和纪伯伦其他作品的中译本，准备带到黎巴嫩，送给黎巴嫩纪伯伦博物馆。不料，跑了多家书店，却都空手而归。曹彭龄武官赴任前，他们单位曾去新华社商议借调卢章谊，新华社未同意，却允将她调往驻黎分社任职，但还须等候审批。所以，曹彭龄武官只好带着某些期许，只身前往赴任。那是 1983 年的深秋。是年，为纪念纪伯伦百年诞辰，黎巴嫩政府协同联合国教科文组织，举行了盛大的纪念活动。曹武官去时，这些活动都已经结束，他未及赶上。只好在心里暗下决心，待卢章谊来后一定找机会一起前往纪伯伦的故乡，去瞻仰他们由衷景仰的这位文学巨擘出生和安息的地方。

拜访纪伯伦博物馆

抵达黎巴嫩后，由于黎国内教派纷争愈演愈烈，加上国际与地区外来势力的插手，局势动荡不已，他们夫妇一直没有了却去纪伯伦故乡的心愿。直到一年之后，他们夫妇才在黎巴嫩朋友的帮助下，有幸前往纪伯伦家乡贝什里瞻仰纪伯伦故居，造访纪伯伦博物馆。

他们夫妇回忆说，当年的纪伯伦博物馆馆长名叫瓦西布·库鲁兹，是位年过半百的学者。库鲁兹馆长问明来意之后，便热情地接待了他们这两位远道慕名而来、会讲阿拉伯语的中国客人。库鲁兹馆长陪同他们参观了纪伯伦的手稿、绘画作品和遗物。博物馆后面与山体相连的一个石洞是纪伯伦的停灵处，从玻璃窗口可以看到白色的棺木。在纪伯伦的藏品中，他们意外地发现一对中国玉雕的如意，忙问库鲁兹馆长：这是纪伯伦在哪里搜集到的？是纽约，还是巴黎？馆长抱歉地摇摇头，但对纪伯伦博物馆中还藏有一件令中国客人感到亲切的中国手工艺品而高兴，他说"美是不分国界的"。他们夫妇告诉库鲁兹馆长，中国读者对纪伯伦并不陌生，早在30 年代，一位中国著名女作家就把他的《先知》译成了中文。"真的？"馆长眼睛一亮并说，"请告诉我那位女作家叫什么名字。"他们爽快地告诉库鲁兹馆长，她叫冰心，是中国老一代著名的女作家与诗人。馆长立即恳求道："能不能为博物馆找一本她的中译本收藏？"他们夫妇欣然应允，并告诉库鲁兹馆长，他们来黎巴嫩之前，曾设法在中国各地书店找寻都没找到。而冰心女士手边也没有多余的存书。不过，她说过一段时间还会再版。所以下一次来，一定设法带一本《先知》中译本，以满足他的心愿……

1984 年 11 月，曹彭龄将军参观纪伯伦博物馆

1984 年 11 月，曹彭龄、卢章谊夫妇在纪伯伦博物馆外合影

有缘结识冰心老人

谈到与冰心老人结缘的话题，曹彭龄武官夫妇深情地向我们讲述了他们夫妇二人曾多次慕名登门拜访，与冰心老人促膝长谈的情景，并展示了相关照片。虽然其中一些我们已从他们在《文明诗友》上发表的文章《她就是大海》中读到过，但听他们娓娓讲述，依旧感到十分亲切。

1986 年初，我们从黎巴嫩回国述职、休假，心中一直惦念着为纪伯伦博物馆找一本冰心先生译的中译本《先知》。刚巧，回国不久，我们便接到中国作协举行迎春茶话会的请柬，我们想，这倒是一个难得的机会，可以在茶话会上向冰心先生陈述原委。谁知，在茶话会会场转了好几圈，也没有见到冰心先生。军旅诗人纪鹏告诉我们：冰心先生摔断腿骨后，已经好几年足不出户了。而且，冰心先生家门上还贴着一张"医嘱谢客"的字条。不过，你们有要紧事，或可以事先约约试试。

我们听了，既感意外又十分踌躇。一方面挂念着冰心先生的身体，一方面又想尽可能不要给她添麻烦。

听说《先知》已经再版，我们想还是先在书店买买看。然而，几乎跑遍了北京大小书店，都买不到。

在王府井新华书店，我们向一位 40 多岁的负责同志求助。她告诉我们："像《先知》这类书，订数很少，早就卖光了。"

"还来吗？"

她摇摇头，劝我们再到别处找找看。

在人民文学出版社门前的售书亭，那里专卖文学书籍，我们在书架及书柜眼巴巴地找了一圈没找到。只好问一个 20 多岁戴眼镜的工作人员："有没有冰心翻译的纪伯伦的《先知》？"

他想了想，回答说："我们这里不卖宗教的书。"

镜片后面，一双眼睛坦诚地看着我们，简直叫人哭笑不得……

去外地开会、参观途中，无论在成都、重庆或武汉，只要有可以由我们自己支配的时间，其他人都去逛市场，买土特产，我们却怀着一线希望往书店跑，结果都失望而归。

回到北京，有一次去看望老诗人臧克家。我们同他谈起这件事时，臧老说："冰心同志的家远一些，你们年轻，多跑些路没有关系，直接到她家去好了。不要管那字条，那是为了应付不大相干的人的，老人精力有限，要干的事情很多，不得不如此。你们远道而来，又带着外国朋友的重托，她会欢迎的。"他还找出冰心先生的地址、电话，让我们记下来。

看来，事到如今，也只好麻烦冰心先生了。我们按臧老给的地址，给冰心先生写了信，恳请她帮助找一本她译的《先知》，签赠纪伯伦博物馆，并随信寄去宣纸，恳请她按中国习惯，题一幅字，待我们返任时，一并赠给纪伯伦博物馆。另外，还寄去了我们新出版的散文集《而今百龄正童年》，请她指教。

很快收到冰心先生的回信，欢迎我们前去。由于未见过冰心先生，在约定的前一天，我们特意赶到人民日报社姜德明同志家中，因为他对这些老作家十分熟悉，我们想向他请教，看望冰心先生应当注意些什么。他笑笑说："冰心同志腿脚不太方便，但精神很好，每天都坚持读书、写作。你们去她家不要拘束，这位老太太非常和蔼……"

冰心先生的家，在北京市郊区一所高等学府的普通宿舍楼里，据说，这还是1985年才调整的。一位中年保姆把我们让进客厅。客厅十三四米见方，一边靠墙放着沙发，墙上挂着吴作人为她画的熊猫，两旁是梁启超手书的对联：

世事沧桑心事定

胸中海岳梦中飞

不知道这副对联的由来，但我们觉得这两句话用来形容冰心先生倒很贴切。

墙上靠窗的一边，还挂着一张装在镜框中的国画，画上一个身穿红兜肚的胖墩墩的孩子，背着一只红嘴大寿桃。这是冰心先生80寿辰时，《儿童文学》编辑部送的。它令人想到冰心先生从《寄小读者》到《小桔灯》和近年的《三寄小读者》，几十年来在儿童文学园地中勤奋耕耘的功绩。

沙发对面是老式的橱柜，橱柜前放着一把椅子，大概它们跟随冰心先生好几十年了。橱柜上方的墙上，挂着根据意大利摄影师在周总理患病期间拍摄的那幅著名照片绘的油画。橱柜旁边是书柜。

房间陈设、布置简朴素雅，使人感到亲切。

稍后，只见冰心先生扶着助步器（一种铝制的半圆形支架，她说是美国朋友送给她的）慢慢走来，一边和蔼地笑着："怎么不坐下？请坐，请坐。"

我们想把她扶到沙发上，她说"我习惯坐高一些"，便在沙发对面的椅子上坐下。没容我们开口，她笑着说："《而今百龄正童年》我看完了，写得很好，只是书名让人不太清楚，应当直接写上'我的父亲曹靖华'……"彭龄不好意思地嗫嚅着："用第三人称写方便一些。"她依旧笑着："直接说自己的父

曹彭龄将军向世纪老人冰心转赠纪伯伦素描画

亲更亲切。"接着，她又问起我们的经历和家里老人们的情况。她是那样平易、谦和，使我们感到我们探望的，不是一位有名的大作家，而是像姜德明同志所说的，一位慈祥的"老太太"。

我们从背包里取出从黎巴嫩带回的纪伯伦的大幅画作和纪伯伦博物馆的照片，赠给冰心先生。并向她谈起我们参观博物馆时，馆长库鲁兹先生听说她早在30年代就将《先知》译成中文时，既惊讶又兴奋的情景。

冰心先生说："那是在1927年，我从美国朋友那儿第一次读到纪伯伦的《先知》，很喜欢那些富有哲理，又具有东方气息的文词。我觉得他很像泰戈尔，却又不一样。这大概同他们的出身、经历及社会地位有关。泰戈尔出身贵族，纪伯伦是穷苦人……"

她在为《先知》写的《译本新序》中，也曾说过：我很喜欢这本《先知》，它和《吉檀伽利》有异曲同工之妙。不过，我觉得泰戈尔在《吉檀伽利》里所表现的，似乎更天真、更欢畅一些，也更富于神秘色彩。而纪伯伦的《先知》却更像一个饱经沧桑的老人，对年轻人讲些处世为人的哲理，在平静中却流露出淡淡的悲凉……

她很仔细地听我们谈起纪伯伦家乡贝什里和纪伯伦博物馆的情况，并询问了纪伯伦的卒年。

接着，她递给我们由她亲笔题签的赠纪伯伦博物馆的《先知》中译本与墨宝。她告诉我们，再版的《先知》印数不多，书店很快售罄，给她的样书，也全送了出去，这本《先知》是她手边仅存的一本。

曹彭龄与冰心老人合影

卢章谊与冰心老人合影

我们展开宣纸，上面是冰心先生一行行娟秀的字迹。她抄录的是纪伯伦的《先知》中《论友谊》的一段文字：

让你的最美好的事物，都给你的朋友。

假如他必须知道你潮水的退落，也让他知道你潮水的高涨。

你找他只为消磨光阴的人，还能算是你的朋友么？

你要在生长的时间中去找他。

因为他的时间是满足你的需要，不是填满你的空腹。

在友谊的温柔中，要有欢笑和共同的欢乐。

因为在那微末事物的甘露中，你的心能找到他的清晓而焕发的精神。

我们捧着、看着，简直爱不释手。可以想象得出，当我们返回黎巴嫩，将这些珍贵的礼物转给库鲁兹馆长时，他该多么兴奋。

冰心先生安详地看着我们，坦诚而又自谦地说："我的字写得不好，没有专门练过，不知道行不行。"

她谈起当年她翻译《先知》时，原版书上每一节后面，都有纪伯伦自己画的插图。后来出版中译本时，她曾希望将这些插图收入，但出版社嫌麻烦没有答应。

我们忙问："将来再版时，能不能把插图收进去？"因为纪伯伦不仅是散文诗大师，也是著名画家，他为自己作品绘制的插图，无疑将更加珍贵。

冰心先生颇有些遗憾地说，她手边英文的原版《先知》已经没有了。我们想，英文原版《先知》不一定好找，但找一本有插图的英文版的《先知》还是有可能的。

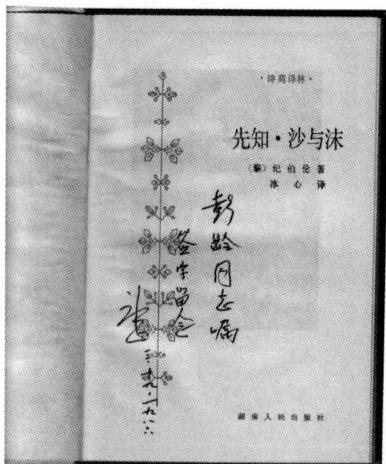

1986年3月，冰心先生赠给曹彭龄的《先知·沙与沫》中译本上的题词

我们立即应允返回黎巴嫩之后，一定为她找一本带插图的英文本。先生慈祥地点头微笑着，轻轻说："谢谢。"

在谈到翻译时，她说由于纪伯伦的《先知》是用英文写的，她很喜爱，决定把它译成中文。如果是转译的，她便不会译它，"因为文学作品经过转译，便打了折扣，不一定可信"，"应当对读者负责"。足见她严肃认真、一丝不苟的精神。

告辞时，我们取出相机，问能不能和她照几张相，她依旧慈祥地笑着说："当然可以。"并把她的女婿陈恕先生喊来，为我们拍了合影……

回到城里，我们立即把冰心先生为纪伯伦博物馆题的字送去装裱，并查阅了我们参观博物馆时记的笔记和相关资料，发觉由于记忆不准确，在回答冰心先生关于纪伯伦卒年的问题上，年代有误。忙写了一份纪氏生平概要寄去，并恳请她暇时也能为我们题一幅字。

不几天，便收到冰心先生的回信，信中附着应我们恳求，书赠我们的墨宝——那一串熠熠闪光的珠玑：

> 大海呵
>
> 哪一颗星没有光？
>
> 哪一朵花没有香？
>
> 哪一次我的思潮里
>
> 没有你波涛的清响？

这首诗是她早年著名的诗集《繁星》中的第 131 首。

冰心先生在回信中写道：

"纪伯伦传略拜读，十分感谢。

"嘱写的字奉上，我从小没有练写字，有书无法。好在是写自己的诗，聊以塞责，留作纪念吧。"

我们收到后，立即将它装裱，悬书案旁。这是冰心老人对我们的激励和为我们留下的最珍贵的纪念。

再访纪伯伦博物馆

半个多小时过去，我们担心曹彭龄武官夫妇太累，问他们是否需要稍事休息，他们都说不用。曹彭龄武官喝了一口茶，又兴致勃勃地谈起他们重访纪伯伦博物馆的事。

他说，我们返回黎巴嫩后，一直惦念着库鲁兹先生的嘱托。这次回国休假，我们不仅带来了冰心先生签赠的《先知》中译本和她为纪伯伦博物馆题写的墨宝，还有别的我们尽力搜集到的与纪伯伦相关的书刊、资料、信件，以及中国作家、翻译家对纪伯伦和纪伯伦博物馆的关爱与祝福。但怎样才能安全地送给库鲁兹先生和纪伯伦博物馆呢？

他说，纪伯伦博物馆所在地贝什里，在黎巴嫩北部卡迪沙山谷（圣谷）的尽头。说远，也不算远。我们自己又会开车，如果时局正常，举足就可以前往。但现在，要穿过贝鲁特的"绿线"——横跨贝鲁特市中心的两大教派已持续了近10年之久的武装冲突的交界区。那里处处断垣残壁，形同鬼域。从那阴森可怖、空无一人的通道穿行时，需时时冒着爆发冲突、遭遇炮击和成为武装分子冷枪靶子的风险。名为"绿线"，风云突变时就成"鬼门关"。沿途还要经过黎巴嫩政府军、叙利亚派驻的"阿拉伯遏制部队"，以及黎巴嫩各派民兵设置的路障、哨卡，变得异常不便。更麻烦的是不久前，离贝什里不远的达尼亚镇，也爆发了激烈的武装冲突，叙利亚驻军还进行了干预。这致使局势一直相对平静的黎巴嫩北方，也变得像其他地区一样动荡不定。

他们为此十分踌躇。随着任期将满，他们更加焦虑不安。

一天，当曹彭龄武官试探着向黎巴嫩军方朋友穆罕默德·泽丹上校谈起，泽丹上校听完，笑着说："这样吧，你们做好准备，我来帮你们安排，待局势许可时，我通知你们，先到我家里，我陪你们去。"他的家在黎巴嫩北部著名港口城市特里波利南边的卡拉蒙，从那里去贝什里，只需1小时车程。他信息多，又人熟、路熟，有他陪伴，当然是再好不过的事。

正是靠他的帮助，他们才在局势持续动荡的间隙，又一次长途跋涉，穿过贝鲁特市中心的"绿线"和数不清的路障、哨卡，赶到卡拉蒙，并一同前往贝什里。他们从卡拉蒙出发时，还庆幸局势也像这天气一样阴转晴了，不料半途中，又听见远处传来隆隆的炮声，一丝不祥之感陡然而生。但泽丹上校说："叙利亚军队可以控制住局势，战火还燃烧不到贝什里，我们抓紧时间，快去快回……"好不容易盼到这么一次机会，他们都不愿意放弃。

由于泽丹上校事先同库鲁兹先生进行了联系，所以，他们风尘仆仆赶到贝什里时，库鲁兹先生和助手早已等候在市中心的小广场上了。

库鲁兹先生穿一套蓝色的"猎人装"，更显得神采奕奕。只是，一年不见，两鬓似乎更白了。

他紧握住曹彭龄武官夫妇的手，笑着说："一接到泽丹先生的电报，说有中国客人要来博物馆，我就猜想到一定是你们。在这种时候，还赶到这里来，实在太感谢了……"

库鲁兹馆长领着曹彭龄武官他们穿过市区。由于局势动荡，大多数商店已经歇业，一路上偶然见到的行人，也都神色慌张，脚步匆匆。往日平和、安详的小镇，笼罩在一种大难临头的紧张、无助的气氛之中……

终于又来到小镇外半山腰上的纪伯伦博物馆。还是那拱形天花板的办公兼接待用的小屋，还是那简朴的木板条钉的长凳。粉白色的墙上，依旧挂着纪伯伦的画像。纪伯伦正含着微笑，用亲切、和蔼和含有一丝忧郁的目光注视着他们，仿佛在说："哈！又见面了，远方的朋友。只不过，不该在这样的时候……"

就像前一次一样，这里的一切都那样朴实、自然、熨帖，使

1986 年 7 月 12 日，曹彭龄、卢章谊夫妇访问纪伯伦博物馆

曹彭龄将军向纪伯伦博物馆赠冰心亲题纪伯伦诗

他们有宾至如归的感觉。即使炮声还在远处轰响，这里就像一块巨大的磁石，把他们紧紧吸引着，让他们暂时忘却了担忧与不安。

"纪伯伦曾说过，'我是那坚牢植物的种子，在我们的心成熟丰满的时候，就交给大风纷纷吹散'。"曹彭龄武官脱口读出纪伯伦的诗句后，又接着说："当时，我看着纪伯伦的画像，真想对他讲：啊，纪伯伦，我们多么想告诉你，你的作品，正像你所说的你的'成熟丰满'的心所孕育的'坚牢植物的种子'，借着风的翅膀，已经传播到全世界。全世界，无处没有你的朋友、你的知音。在中国，你的作品跨越了时间和空间，从 30 年代著名女作家冰心先生翻译的《先知》，到如今 80 年代，依旧常常散见于中国各种文学报刊。你的名字，早已为几代中国读者所景仰、所熟知啊。"

1986 年 7 月 12 日，库鲁兹馆长为赠冰心译介纪伯伦著作《先知》所做的题签

我们怀着对纪伯伦的深深敬意，把带来的礼物——冰心先生签赠的《先知·沙与沫》，我们北大学习时的同窗、北京大学阿拉伯语系教授仲跻昆翻译的纪伯伦的《泪与笑》，一本刊有纪伯伦的挚友、黎巴嫩著名作家米哈伊勒·努艾美写的关于纪伯伦的传记文学的片段的《世界文学》及其主编、中国著名翻译家、作家兼画家高莽先生写给纪伯伦博物馆的信，在使馆找到的《中国女作家作品选》英译本（那上面有一篇冰心的小说）和刊登着冰心先生访问记的《北京周报》英、法文版，这些当时我们所能找到的有关冰心先生的外文资料，都一并转赠给库鲁兹先生。最后，我们拿起按中国的传统习惯特意制作的卷轴，解开丝带，慢慢展开。卷轴上便是冰心先生抄录的纪伯伦的《先知》里《论友谊》中的一段话。

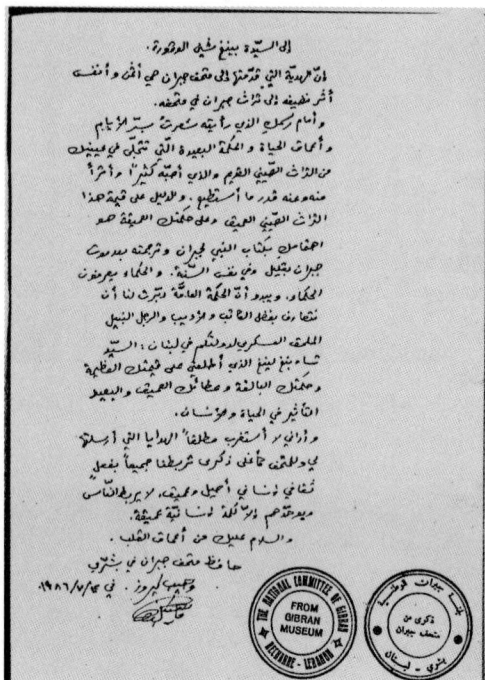

我们把这段话，根据库鲁兹先生上次赠给我们的两卷本《纪伯伦选集》的阿拉伯文版，事先用打字机打印出来，和卷轴一起交给库鲁兹先生。库鲁兹先生说："冰心女士从纪伯伦的《先知》中，特地选出《论友谊》中的这一段，是非常有意义的。这也恰恰证明，黎中两国作家和人民是心心相通的。"

他把这些礼物一一摆在办公桌上，兴奋得脸色通红。特别是当他拿起卷轴，细看那木轴、那绢面时，他说："纪伯伦生前珍藏着一对中国的玉雕如意，说明他十分喜爱富有东方韵味的中国手工艺品。这么精致的卷轴，他也一定会喜爱的。"

他看着冰心先生清秀的字迹和红色的印章，更感慨地说："我会阿拉伯语、英语、法语。看来，还得学学中文，那样，便可以直接看懂这些书、信和冰心女士的珍贵的手迹了……"

库鲁兹先生的助手煮好了红茶，他一边招呼我们喝茶，一边指着桌上的礼物说："这是纪伯伦博物馆建馆以来，所收到的最珍贵的礼物了。它的珍贵，不仅在于它们本身的价值，更在于它们代表着黎、中两国作家和两国人民执意追求的理想、信念与友谊。"他说："这些礼物作为两国作家和人民之间的友好象征，将同纪伯伦的文物一起，永远保存在博物馆中。"

面对这许多礼物，库鲁兹一脸兴奋，却又难掩内心的不安。他搓着双手，为难地说："在这种时候，你们能来博物馆，我们已经很感激了。而你们又为博物馆带来这么多珍贵的礼品，我们却想不出有什么可以回赠。由于局势突变，小镇差不多变成空城，商店也几乎全都停业了。博物馆为避免战祸殃及，也已将大部分馆藏整理装箱，准备运往安全的地方……"曹彭龄武官夫妇原本就并不想要什么回赠，只是想乘在黎巴嫩工作之便，为两国文化交往略尽绵薄之力。

由于博物馆地处镇外，隆隆的炮声更加清晰。博物馆还正忙着转运藏品，曹彭龄武官也不便多耽搁，便试探着问："不知道博物馆还有没有英文版的带插图的《先知》？想带回去送给冰心先生。"

库鲁兹先生忙说："有，有。"他又迟疑道："不过，这作为回赠，太轻了吧？……"曹彭龄武官笑着同他讲起中国的"千里送鹅毛"的故事。库鲁兹先生听罢，忙笑着让助手取来几本英文版有插图的《先知》。白脊、黑面，封面上有一个纪伯伦的圆形贴金的图案。书的一边是毛边的，书中收有纪伯伦自绘的十余幅插图。书外面还有一个黑色硬皮封套。这是专为馈赠印制、装帧的豪华版。它古朴、素雅、大方，难怪市面上未曾见过。曹彭龄武官喜出望外，笑着对库鲁兹先生说："这就是最好的回赠！"库鲁兹先生也高兴地笑了。他拿起笔，在书的扉页上为冰心、高莽和仲跻昆一一题写了赠言。

库鲁兹先生为冰心先生题写的赠言是：

尊敬的冰心女士：

您给纪伯伦博物馆的赠礼，是最有价值和最宝贵的。我们将把它陈列在纪伯伦文物旁。

在您的手迹前，我看着它，感到岁月的流逝、生命的深邃和您眼中闪烁的中国古老文化的智慧的光辉。我热爱中国的古老文化，并努力从中汲取营养。您对纪伯伦的《先知》的重视，即在他逝世不久的同一年里，就将它译出，正是中国古老文化的价值和您的睿智的明证。

我毫不怀疑，您对我和博物馆的赠品，将是最深刻、最根本的人类共有的文化，联系着我们大家的最好的纪念。只有深刻的、人类共有的文化，才能将人们联系在一起，并促进他们的团结。

向您表示由衷的敬意！

贝什里纪伯伦博物馆馆长
瓦西布·库鲁兹
1986 年 7 月 12 日

"我们总算了却了一桩心事！"曹彭龄武官感慨地说，夫人卢章谊也笑着在一旁应和着。

曹彭龄武官接着说："在库鲁兹先生书写赠言的时候，我们一边喝着红茶，一边环顾这间小小的办公兼接待室。目光又不期然地停在纪伯伦的画像上：清癯的脸庞，两撇短短的胡须。那深邃的目光，正亲切、和蔼地注视着我们。我们仿佛听见他轻轻地说：

> 有人只有一点财产，却全部都给人。
>
> 这些人相信生命和生命的丰富，他们的宝柜总不空虚……

纪伯伦一生清贫，清贫得像个乞丐。而他却如此慷慨，倾其所有：他的智慧，他的生命，'全部都给人'。所以，他才拥有这样多，这样多，全世界不同民族、不同信仰、不同肤色的朋友与知音……他们找你，绝不是'只为消磨光阴'，而是为找寻与结识你那'清晓而焕发的精神'。"

与萨马哈大使夫妇的友好情谊

窗外飘来白玉兰淡淡的清香，我们一面品茗，一面听曹彭龄武官夫妇回忆那段难忘的岁月。

话题转向黎巴嫩前驻华大使法里德·萨马哈先生。他们最先认识萨马哈先生的，是曹彭龄武官的夫人卢章谊。那是 1985 年 8 月，卢章谊作为新华社驻黎巴嫩分社记者，去黎巴嫩外交部采访外交部秘书长，从他那里得知黎巴嫩外交部政治司司长萨马哈先生已被任命为黎巴嫩驻华大使，便立即要求采访他。黎巴嫩外交部很快做出了安排，在萨马哈先生来华赴任前让她专程采访了他。他们夫妇俩一起见到萨马哈大使，是在他们结束黎巴嫩任期，返回北京之后，那是 1989 年 3 月 9 日，在中国阿拉伯文学研究会和黎巴嫩驻华大使馆为纪念纪伯伦的挚友、同是黎巴嫩"侨民文学"创始人的著名作家米哈伊勒·努艾美百年诞辰，联合举办的学术研讨会上。当曹彭龄武官夫妇把 1988 年 9 月鹭江出版社出版的《黎巴嫩散记》一书，送给法里德·萨马哈大使时，他高兴地说："海内存知己，天涯若比邻。黎巴嫩对于中国与世界的重要性正在与日俱增。从历史上说，腓尼基、巴尔贝克等已经屡见于我们的正史。纪伯伦等人的著名散文及散文诗篇也早在 60 多年前经中国百年文学巨匠茅盾、冰心等译介到了中国。现今，你们的新书问世，定会吸引全球读者的目光。"随后，萨马哈大使用阿拉伯文在《黎巴嫩散记》扉页为曹彭龄武官夫妇题词。

1995 年 3 月，曹彭龄武官夫妇从报纸上看到黎巴嫩驻华大使法里德·萨马哈代表黎巴嫩总统赫拉维为世纪老人冰心颁发和授予黎巴嫩国家级雪松骑士勋章和证书，表彰冰心为黎中两国人民友谊和文化交流所做的杰出贡献，感到异常兴奋，立即驰函向冰心表示祝贺……

曹彭龄武官夫妇说，尽管他们与萨马哈大使交往不多，但在与中国阿拉伯文学研究会及阿语界的同学、同事的接触与通信中，知道萨马哈大使经常为他们的研究与教学工作提供诸多的方便与帮助；并且知道萨马哈先生自 1985 年 8 月来华出任黎巴嫩驻华大使，向李先念主席递交国书之后，直至 1999 年 1 月春节之前离任回国，在中国工作、生活了 13 年。他除担任黎巴嫩驻华特命全权大使之外，还被 22 个阿拉伯国家驻华大使一致推举担任阿拉伯国家驻华使团团长、阿拉伯驻华大使委员会主席等职。他尽职尽责，尽心尽力，为推动黎中及阿拉伯国家与中国的友好交往与文化交流做出了杰出贡献。我们也就我们知道的有关萨马哈大使的情况，向曹彭龄武官夫妇做了介绍。

与世纪老人冰心的今世情缘

聊完了与萨马哈大使夫妇的友好情谊，曹彭龄武官夫妇话锋一转，接着向我们讲述他们与世纪老人冰心的今世情缘。

时光如梭。待 1997 年 9 月结束在埃及的任期回到北京时，他们多么期望也能像 80 年代那样去看看冰心老人，去向她老人家谈一谈在《寄小读者》写过，给他们夫妇回信时也提到过的"沙漠中有一股大河和河边的城市，以及椰子树"的埃及的现状，想象着她会笑着，点头轻轻说："有趣！"……因为冰心老人已是望百之龄，他们再也不敢像过去那样打扰了。只能默默地像千千万万的她的一代代读者一样，祝福她老人家健康、长寿。但他们时时关注着有关冰心老人的信息。就在他们回国不久，从友人处取回代他们收存的厚厚的一摞书报，其中有一套三卷本的《纪伯伦全集》，书名是冰心老人手迹，扉页上还有她的亲笔题词：

> 我最喜欢的纪伯伦的一句话："真正伟大的人是不压制人也不受人压制的人。"

这是这部书的主编伊宏先生寄赠的，这套由甘肃人民出版社出版的《纪伯伦全集》，不仅收入了冰心译的《先知》《沙与沫》，而且所有文章都附有插图，曹彭龄武官夫妇感到十分欣慰。因为冰心老人曾向出版社恳请，希望《先知》再版时，能像30年代初版时一样，收入纪伯伦亲绘的十余幅插图，但出版社有人提出"纪伯伦的插图多是似有宗教意味的裸体，低调、庸俗"，担心印出后要担责。我们写信征询冰心老人的看法时，她直言不讳地指出："这是编辑审美能力的高低（问题），纪伯伦的画如其文，决不低调，也不庸俗，这是我的意见。"而今，纪伯伦自绘的插图，终于堂堂正正地收入了纪伯伦的全集。而且，据伊宏先生电话告知，这些插图大多是黎巴嫩驻华大使馆和萨马哈大使提供的，难怪比他们当年在参观纪伯伦博物馆时，用傻瓜相机拍的清晰多了。这不仅意味着冰心老人的心愿终于实现了，而且也间接说明了我们的文学界、艺术界、出版界和广大读者对待艺术作品的理念的逐渐成熟。

1998年5月，人民文学出版社编辑李玉侠约请曹彭龄为将出版的《纪伯伦诗文选》写序，曹彭龄诚惶诚恐，又重病缠身，曾力辞。但李编辑执意相约，又鉴于这个选本中除冰心老人译的《先知》外，都是纪伯伦有影响的代表作，便勉为其难，在动手术之前写序。

当1999年贺岁钟声敲响，被誉为"文坛祖母"的冰心老人也迎来她百岁喜庆之时，曹彭龄武官夫妇收到福建的冰心研究会和冰心文学馆的信函，信中希望他们签赠自己有代表性的著作，共同庆贺冰心老人百年诞辰。曹彭龄武官说，自己和夫人不是专业作家，已出版的八九本散文集，都是在紧张工作之余，仓促写成，粗鄙得很，更谈不上"代表性"。但为表示对冰心老人的敬意，仍选出了《黎巴嫩散记》和刚刚出版的《埃及漫步》。然而，书尚未寄出，竟传来冰心老人远行的消息……

仲跻昆给曹彭龄武官夫妇打来电话，说他和伊宏代表中国阿拉伯文学研究会和阿语界同人已前去为冰心老人送行，并在留言簿上写下：

> 是您最早让我们认识纪伯伦，
> 是您最先把《先知》介绍给我们；
> 在《沙与沫》中跳盈着您晶莹的心，

如今辛勤的园丁悄悄去了，留下万紫千红满园春……

不久，曹彭龄武官夫妇收到提前出版的《看世界》杂志，上面登着曹彭龄为《纪伯伦诗文选》写的序。编辑发稿时，显然已得到冰心老人辞世的消息，做了相应的修改。这本书当时计划于1999年6月出版，可惜冰心老人已经不能亲见了……

后来，曹彭龄武官夫妇从《人民日报》上读到袁鹰同志的文章《冰心老人的遗札》，文中引述了冰心老人1988年8月12日给他的信中的文字："……我已立下遗嘱，我悄悄地来，也将悄悄地去……"他们默然。继而想：是了，这才是冰心！他们更认定是她执意不让大家为她劳神操办百岁生日庆典，才悄然远行的……

那些日子，他们时常重新展读冰心的信，件件往事依旧历历在目。他们说，这些信全写在小白纸上，装在白信封里。他们记得冰心老人对信纸信封曾发过这样的议论："白信纸信封不妨多预备一点，不少人和我一样，在写信的时候，喜欢在一张白纸或只带道道的白纸上，不受拘束地、心无旁骛地书写下去……"本来，对于晚辈，似不必每信必复，特别是像冰心这样德高望重、时间又异常精贵的老人。然而，她却总是这样认真、细致，连收到复信的日子都可仔细算出。

记得巴尔扎克曾说过："一切伟人都是很'本色'的，而他们的'本色'就是使你觉得和他们平等。"冰心的"本色"恰在于没有丝毫大作家、大人物常有的那份傲气、官气、世俗气。她一贯主张"讲真话"，不粉饰，不虚浮，不拐弯抹角、花里胡哨……就连信封信纸，都喜欢白白净净，好在上面"不受拘束地、心无旁骛地书写下去……"恰如她的名字——冰清玉洁，一清见底。

依据这一思路，他们便提笔写出了1万多字的长文《永远的冰心》，记述他们有幸与冰心老人结下的今世情缘，写出他们心中的不粉饰，不虚浮，不拐弯抹角、花里胡哨的冰清玉洁，一清见底的"本色"的冰心。

采访完毕，已近落日时分，我们与曹彭龄武官夫妇依依话别。在归途中，笔者在车子的颠簸中，静静地思考与回味着与曹彭龄武官夫妇无拘无束促膝长谈的情景。这是一次令人难忘的有关中黎友好的人物专访，感受到他们夫妇潜心无私地在他们工作之余，默默地为构架中黎友好文化传承事业之桥（即如萨马哈大使所说的架起黎中两国人民之间思想和文明的"连心桥"）铺砖添瓦的那颗赤诚之心。

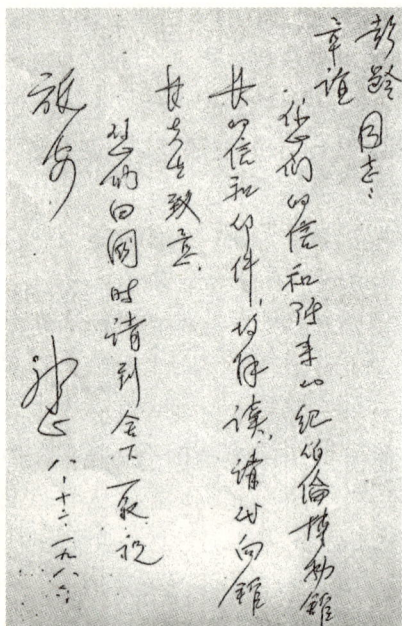

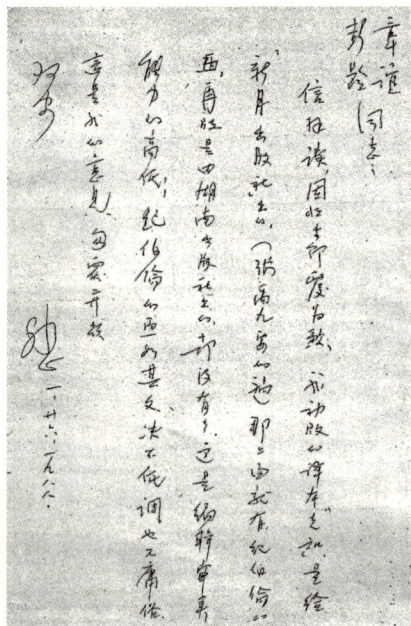

冰心先生写给曹彭龄、卢章谊的信（一）　　　冰心先生写给曹彭龄、卢章谊的信（二）
（本文照片均由中国前驻黎巴嫩大使馆武官
曹彭龄将军提供）

　　21 世纪的今天，在"一带一路"战略背景下，当中黎两国唱响建交 45 周年合奏曲之时，希望像长江后浪推前浪一样，有更多的朋友，特别是年轻的朋友，一批一批，不断地加入这越来越壮大的队伍中，推动中黎友好外交、文化传承事业不断向前发展。

放歌维和

——写给中国赴黎巴嫩维和部队官兵的诗

　　1978 年 3 月 15 日，联合国驻黎巴嫩临时部队成立，简称联黎部队。2006 年 3 月，在这支负有特殊使命的部队中，第一次出现了中国军人的身影。中国向黎巴嫩派出首批维和官兵，并于 2007 年 1 月进行了首次轮换。

> 你们是一面军旗，一首军歌，
> 你们是中国放飞的和平使者，
> 你们为和平出征为和平奠基，
> 你们的使命是去黎巴嫩维和。
>
> 你们深知肩上承载的重任，
> 深知责任、爱心、人本，
> 你们的形象是中国名片，
> 你们响亮的名字叫 China。
>
> 你们忘不了女兵为出征的战友献花，
> 忘不了女儿与即将出征的父亲吻别，
> 忘不了出发前亲人奏响的欢送鼓乐，
> 忘不了胳膊上佩戴的中国国旗袖标。
>
> 你们中有身兼要职的高级指挥官员，
> 有在维和行动中完成论文的博士后，
> 有从事医疗护理技术娴熟的女医生，
> 更有初生牛犊不怕虎的青年志愿者。
>
> 你们震天动地喊出的铿锵口号是：
> 为推动黎巴嫩南部维和行动做实事，

为建设和谐黎巴嫩南部做贡献，
尽职尽责尽显中国军人英雄本色。

黎巴嫩南部活跃着头戴蓝色贝雷帽，
夜以继日扫雷裁定界桩修路架桥，
风沙弥漫潮热高温令人难耐的酷热，
摧不垮橄榄绿迷彩服在此地维和。

身无御寒衣家无隔夜粮缺医少药，
中国援助人道主义物资运抵黎国，
结束危机实现和平统一献计献策，
中国派出政府特别代表参与调和。

政治解决黎巴嫩南部问题是中国的一贯主张，
呼吁黎巴嫩采取切实措施缓解危机尽显灵活。
中黎通过高官互访、派特使、派特别代表，
致函通电话等方式方法开展协调斡旋工作。

维和是在用爱心行动诠释以人为本的真谛，
维和是在为黎巴嫩南部和平事业助力推波。
维和传唱的是祝福和平、美好与幸福，
维和赞颂的是中国官兵的英雄本色。

中国实现了安全防卫零伤亡维和，
传染疫病零感染人车枪弹零事故。
中国军队向世界展现了良好形象，
各类和平奖章多次从联合国荣获。

黎百姓众口一词中国官兵在这里干得很出色，
感谢中国的务实合作维和前线映出红心颗颗，
黎政府说，中国维和官兵青春如火雪中送炭，
中国政府和中国人民是黎巴嫩的"萨迪克"。
（注：萨迪克，阿拉伯语"朋友"的意思）

时任中国驻黎巴嫩大使刘志明夫妇出席联合国维和部队
为中国第三批赴黎巴嫩维和部队授勋仪式
（刘志明大使供图）

中国维和部队女军人军服、军帽和军靴
（摄于中国妇女儿童博物馆国际友谊馆）

深爱维和

——献给中国赴黎巴嫩维和部队官兵的歌

你们是一面鲜艳的维和战旗，
你们是一首嘹亮的维和战歌，
你们奏响的是维和行动的乐章，
你们是联合国派来的和平使者。

有人讽刺说，你们是外来的杂草，
有人恭维夸，你们是稚嫩的野花，
倘真是草，我们甘愿用绿色装点黎巴嫩大地，
如果是花，我们情愿将美丽与芬芳献给当下。
（注："当下"是指黎巴嫩）

有人赞美，你们是来自亚洲的春雨，
有人比喻，你们是产自中国的黄沙，
有人形容，你们是东方飘来的旭日，
更有人说，你们是头戴蓝盔的晚霞。

如是春雨，我们甘愿滋润黎巴嫩干涩的土地，
倘是黄沙，我们舍身为黎巴嫩铺路架桥垒坝，
若是旭日，我们愿为黎巴嫩南部播撒阳光雨露，
如是晚霞，我们愿作点亮黎巴嫩和平进程的火把。

夜深人静的时刻，可见你们巡逻雄健的身影，
广袤无垠的边陲，显映你们维和执勤的哨卡，
UN 的使命、信念、责任、荣誉、嘱托，
珍惜荣誉牢记使命，为国旗增辉为战旗增色。

尽管这里缺医少药营地住房环境差，
尽管白天沙漠上酷热的骄阳火辣辣，
威武之师、和平之师，维和使命高于一切，
在黎巴嫩维和需要这样的气魄、智勇与年华。

黎巴嫩诗人赞颂你们是蓝天上的朵朵白云，
黎巴嫩民众称赞你们是地面上的维和奇葩，
黎巴嫩学生推举你们是友谊与和平的榜样，
黎巴嫩政府夸奖你们是谱写和平之歌的词作者与口衔橄榄枝的和平鸽。

如是白云，我们在蓝天上书写出和平的标语，
如是奇葩，我们在黎巴嫩南部将和平的种子播撒，
如是榜样，我们在黎巴嫩南部进行维和行动巡演，
如是歌词，我们谱出的曲目叫作"为黎巴嫩南部建设一座和平大厦"。

这火把，代表黎巴嫩人民企盼和平的心愿，
这歌声，传递黎巴嫩民族团结的感人佳话，
这标语，宣传黎巴嫩政府治国安邦百年大计，
这大厦，是黎巴嫩人民欢聚一堂的和平之家。

因此有人说，中国维和官兵是中国的万里长城，
为此有人说，中国维和官兵是黎巴嫩巴尔贝克，
鉴此有人说，中国维和官兵是中国的长江之水，
更是有人说，中国维和官兵是黎巴嫩雪松之魂。

是的，铜墙铁壁，我们是中国古代万里长城，
是的，气势磅礴，我们是黎巴嫩的巴尔贝克，
是的，波涛汹涌，我们是中国黄河长江之水，
是的，豪迈挺拔，我们是黎巴嫩的高大雪松。

我们的心愿是，黎巴嫩人民团结一心和睦相处，
我们的信念是，愿黎巴嫩国富民强、富甲天下，
我们的誓言是，为了黎巴嫩和平大业不辱使命，
我们的目标是，让中国的长城离黎巴嫩的巴尔贝克更近了。

鉴此，黎巴嫩的江河湖海记录下中国维和官兵的历史功绩，
黎巴嫩的千年雪松竟然被感动得绽放出和平友谊灿烂之花，
哨卡、明月、繁星、天涯，我们的维和使命是：
培训当地重建重组黎巴嫩南部执法体系的现代化。

敬佩战无不胜的中国维和部队官兵，
黎巴嫩文学家著书立说用杰作讴歌，
赞赏黎巴嫩百姓心中的国际主义英雄，
黎巴嫩国家博物馆将中国维和官兵功绩永载史册。

中国记忆时空

天之骄子纪伯伦

——黎巴嫩的文学符号

纪伯伦是一本打开的书，不同人有不同的读后感。

纪伯伦是谁？

在中国人看来，纪伯伦·哈里里·纪伯伦是一个绕口、充满幻想、令人心旷神怡的阿拉伯人的名字。解析一下他的名字，它是由三部分组成的，即本名、父名、家族名（即姓）。纪伯伦是生于 1883 年 1 月 6 日的美籍黎巴嫩阿拉伯著名作家，其笔下的《泪与笑》《先知》《沙与沫》等主要作品，是诗歌和哲学的有机结合，处处闪烁着理性思考的光芒。其作品语言并非华丽，而是简洁、精准和诚实。世界文学界认为其作品蕴含了丰富的社会性和东方精神，不以情节为重，旨在抒发丰富的情感。由此，纪伯伦写下了属于自己的一页，成为黎巴嫩近代文坛历史上首位获此殊荣的著名作家，成为近代世界文坛的一面旗帜。

因此有人说，133 年前，文学成就了纪伯伦，也有人说，纪伯伦改变了世界文学。当你阅读过纪伯伦的文学作品，掩卷沉思时，你就会领略到其中的奥秘。快寻来一本读读吧，不读不知道，一读爱不释手！

魅力纪伯伦，自有真淳意。把"艺术天才"、"文坛骄子"、阿拉伯文学的主要奠基人、20 世纪阿拉伯新文学道路的开拓者之一等多个头衔加在纪伯伦·哈里里·纪伯伦的身上，这位举世闻名、叱咤世界文坛的近代东方文学走向世界的先驱当之无愧。

纪伯伦的确名不虚传。他青春年少以才情和爱心成为黎巴嫩人的骄傲。他对生命、自然、纯洁、美与爱的歌颂，被译成数十种文字，感染过全世界不同国籍、不同民族的各界读者。他对社会、时间、友谊、死亡等人生的透视和分析，引起了许多人的心灵共鸣。他的代表作《先知》被世人誉为"小圣经"，被译成 50 多种文字，吸引着世界各地的上千万的读者。他是继莎士比亚和老子之后，人类文学史上第三位作品最畅销的诗人。站在连接东西方文化桥梁上的巨人，有超越东西方障碍的独特思想，是东方赠给西方的最好礼物。

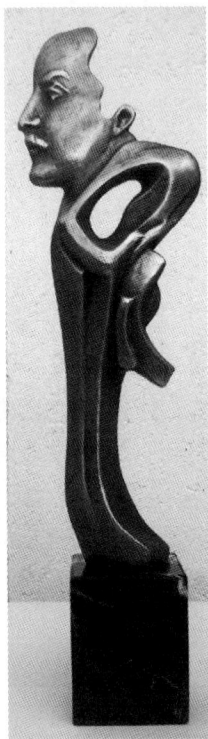

纪伯伦的魅力到底是什么？纪伯伦的魅力在于他的散文诗具有独特的东方韵味和情感色彩，散发着醉人的艺术馨香。《先知》的独到之处是作者以纯洁美丽的诗的语言，说出了境界高超、眼光远大、既深奥又平凡的为人处世的道理。因此说，《先知》是纪伯伦写出的最优美、最深刻的作品之一，是他诗歌创作的一个高峰。这部散文诗集对于纪伯伦，正如《吉檀迦利》之于泰戈尔，具有特殊意义。正是这部作品，给诗人带来了世界性声誉，使他当之无愧地跻身于 20 世纪东方乃至世界最杰出的诗人之列。

如今，追溯历史，岁月的年轮虽已时过境迁，且纪伯伦的作品也早在 20 世纪即百余年前便冲出国门，占据世界文坛一席之地并被译成俄语、法语、西班牙语、日语、阿拉伯语、德语等多种文字，受到各国各界读者的青睐与厚爱。1923 年，中国文化学者也毫不示弱，中国百年文学巨匠茅盾先生最先将纪伯伦的作品引介到中国来。他凭借其天赋的潜能慧眼潜心将纪伯伦的五篇散文和散文诗翻译成中文，介绍给中国各界读者，从此揭开了中国与黎巴嫩文化交流友好合作的历史新篇章。

纪伯伦奖奖杯

事实证明，茅盾先生早在 1949 年新中国成立之前便用以文会友的方式率先架起了中黎两国文学交流的桥梁。1931 年 9 月，冰心继茅盾之后用自己的译作《先知》《沙与沫》两本中文版书籍向中国读者进一步介绍了纪伯伦，用精美生动的笔触再现了这位近代阿拉伯优秀文学作家的诗作。

从 20 世纪 50 年代起，纪伯伦其他作品的名字也逐渐为中国读者所熟知。随着时间的推移，纪伯伦渐渐地成为黎巴嫩阿拉伯文学的重要符号，进而演变为世界著名文学的代名词。自从他的作品进入中国读者视野之后，纪伯伦便已成为几代中国读者最喜爱的哲学散文诗作家。21 世纪的今天再看近百年前茅盾与冰心翻译的纪伯伦《先知》，有很多感触，内心再次被深深震撼。《先知》中的《论婚姻》《论友谊》《论谈话》片段饶富哲理。纪伯伦真是世界文坛上的伟人！阅读茅盾、冰心译介，读懂纪伯伦！

纪伯伦是文学家而非哲学家，他对生命价值的追求和探索使他的作品闪耀出哲理的光芒。从哲学角度探讨纪伯伦对生命的体验和感悟，可感受到其作品的哲学底蕴。《先知》发表时，纪伯伦只有 15 岁，可见其超凡的洞察力和智慧。《先知》是一本难得的著作，它满足了不同人对心灵的不同需求。有哲学家认为它是哲学；有诗人称它为诗作；更有科学家和法学家坦白承认，此书给他们很大的启示。

中国文学巨匠茅盾、现代著名作家冰心生前十分推崇纪伯伦的散文诗，曾分别在 20 世纪 20 年代和 30 年代将其作品翻译成中文。茅盾称，纪伯伦的《先知》代表了他文学创作的最高成就，并使其驰誉世界。冰心赞，纪伯伦散文诗中"满含着东方气息的超妙哲理和流利文词，予我极深的印象"。黎巴嫩作家纪伯伦作为阿拉伯"旅美派"文学的领军人物，在其短暂的生命历程中创作了形式多样、内容丰富的文学艺术作品，为后世留下了一笔宝贵的财富。

20 世纪 20 年代初至今，纪伯伦的作品基本都已被译介到中国，纪伯伦成为被中国译坛译介最多的阿拉伯作家。自此，纪伯伦的作品在中国图书市场上成为仅次于《一千零一夜》的第二大阿拉伯文学畅销书，拥有众多读者。据说，纪伯伦无与伦比的经典诗歌，是黎巴嫩教育部推荐的中学生必读名著。也有国人说，曾在中学语文课本里读到过。

知识无国界，知识没有阶级性。文学无国界，文学更没有阶级性。文学跨越国界，文学连通你我。中国百年文学巨匠茅盾先生、冰心老人在背后的默默努力和无私付出，近百年前便助力成就了纪伯伦从位于亚洲西部的黎巴嫩来到中国的梦想，这位黎巴嫩文坛骄子在中国便从此有了越来越多的知音。

与普通读者相比，纪伯伦是不幸的，在短暂而辉煌的生命之旅中，他在本应享受生命美好的年华却饱经颠沛流离、痛失亲人、爱情波折、债务缠身与疾病煎熬之苦，承受着常人难以想象的痛苦和艰辛。

但纪伯伦又是幸福的，因为在他的心中，始终都留有那份对祖国最质朴的爱，这让他拥有了对抗困难最强有力的武器——文学创作。正如纪伯伦所说：自己时常在想，身在异国他乡，我用什么报效祖国？文学，拥有改变世界的力量。这被我当作自己的座右铭，激励自己为了心中对文学那份最质朴的情感，一次次书写生命的奇迹。没有人能想到我会成功，但我终于成功了。纪伯伦毕生之举犹如薄伽丘在《十日谈》里的至理名言："诗人在他们的作品里，比富人在他们的仓库里找到更多的面包。"

是的，文学，点亮人生，让纪伯伦成为世界文坛上的强者和巨人。

何以见得？这一点我是从我的恩师——中国阿拉伯文学研究会副会长兼秘书长、中国社会科学院外国文学研究所研究员伊宏教授在为《纪伯伦散文精选》一书所写的序言中知道的。现节选该序言如下，以飨读者，我想这便是对纪伯伦这位享誉国际并与中国几代人结缘的黎巴嫩阿拉伯作家的最好纪念。

> 《纪伯伦散文精选》是纪伯伦的散文诗全集。纪伯伦作品之所以受到全世界的欢迎，能给人留下深刻印象，是因为他的深沉的哲学思考和火一般的激情，但也许更为重要的是，他对一切俗见提出了疑问，表示了怀疑或否定，从而为人们认识社会、认识自身，提供了一种新的视角。
>
> 对中国读者来说，纪伯伦是一位老友，又是一位新知。说他是"老友"，是因为早在二三十年代，他的作品就已介绍到中国来了。1923年，茅盾先生译介了他的五篇散文和散文诗；1931年，冰心先生随后又翻译出版了他的散文诗集《先知》和《沙与沫》。尽管译介的数量有限，但却有力地说明，早在93年前，纪伯伦就已"来到"了中国，就同中国读者结缘了。这还不算是老朋友吗？
>
> 说他是"新知"则是因为，自30年代初至70年代末，纪伯伦的作品很少再介绍到中国来。老一代读者对他或许还留有模糊的记忆之影，新一代读者则对他完全陌生了。只是到了80年代，他的作品才开始陆续大量地译介过来，中国读者特别是年轻读者才再次"发现"了纪伯伦，进而认识了纪伯伦。

虽然我没有见过纪伯伦，也未曾在世界文学界获过奖，但也许是缘分，我自幼就开始学习阿拉伯语，从而结识了黎巴嫩，知道了纪伯伦。当时懵懵懂懂并不知道喜欢，只是孩童时的好奇和被动接受。后来随着时间的推移、年龄的增长，逐渐开始明白人要活着就要吃饭，而吃饭就需要有家什，于是加倍努力，以换取更好的家什。再后来，不知是时光荏苒，还是习惯使然，无论心中还是头脑里都渐渐付诸行动开始逐渐喜欢上它，从小徜徉在《古兰经》的语言当中，细细品味那从右往左，写成横行天书一般的阿拉伯语及28个字母的无穷变化所产生出来的无穷魅力，享受着难以言状的精神愉悦。

而今，从时间上计算，我与阿拉伯语的交往，不，准确地应该说与阿拉伯人的交往，至今已有半个世纪了。从知道纪伯伦，到认识纪伯伦，乃至学以致用，使用阿拉伯语拜读他的散文、散文诗，亦有 50 年的时间，虽说我现已解甲归田，但三生有幸，令我倍感骄傲的是，如今我用阿拉伯语同纪伯伦这位世界文学大师、黎巴嫩著名作家、文学骄子结为知己了。

因此，我庆幸自己命中注定，从小便有缘学习并学好这门语言，否则，我哪能有机会认识纪伯伦，哪有能力读懂纪伯伦。这真的要感谢我自幼学习的阿拉伯语。

记得幼年时在每天紧张忙碌的课堂上，外教是位年轻貌美的黎巴嫩女专家，她跟纪伯伦是老乡，来自黎巴嫩北部临海的圣谷卡迪沙雪松之乡——贝什里。最初，她教授我们每人张嘴打嘟噜，练习语音，即阿拉伯语的舌音发音。男孩子练这个音节时很淘气，"嘟噜噜……"一张嘴吹气就打出来了。而女孩子胆小腼腆不好意思，无论怎么张嘴，这个嘟噜就是打不出来。无奈，老师就让她们每人嘴里含一口水，借水吹气练习发声。就这样，在外教阿姨苦口婆心、因势利导的教育下，我们这些年幼的童男童女真争气，很快就过了语音关。

课堂上，黎巴嫩女教授很可爱，她教完我们练习阿拉伯语发音，又潜心变着法子教导我们把蘸水笔用剪子斜着剪去半拉练习阿拉伯书法。教完书法，她又举一反三，教我们遣词造句，让我们反反复复练习阿拉伯语语法。除此之外，在阿拉伯文学阅读课上，她手把手地教授我们用阿拉伯语写作文，事先给我们读的范文便是黎巴嫩著名诗人、作家纪伯伦的散文和散文诗。从此，年复一年，日积月累，纪伯伦·哈里里·纪伯伦这位黎巴嫩著名作家的名字便铭刻在我的脑海里。此后，每当人们提及黎巴嫩著名哲学散文作家，纪伯伦·哈里里·纪伯伦就立刻浮现在我的脑海里。

也正因为如此，为纪伯伦写作的冲动使我在人生一甲子时开始付诸实践。因为，纪伯伦的音容笑貌、言谈举止、为人处世、传世作品、短暂精彩人生，无时无刻不打动着我，尤其是在 21 世纪的今天，习近平主席倡导的"一带一路"战略规划正如火如荼地实施，我虽已退居二线，但我退而不休，壮志未酬，还想多为中黎友谊做一些力所能及有意义之事。把纪伯伦的精神品格和著名作品记下来告诉后人，并世世代代传承下去。

与有荣焉，中国百年文学巨匠茅盾先生和世纪老人冰心，早在 20 世纪二三十年代便率先把纪伯伦的散文和散文诗译介给国人，开启了国人了解黎巴嫩文学之窗，搭建起了中黎文学领域交流合作的桥梁。

然而，岁月是无情的，它在带走一代人的同时，也带走了人们对他们的记忆。而今，即便时光已进入 21 世纪，但历史不应该忘记那些为中黎友好事业付出心血、做出过重要贡献的人和事，纪伯伦、马海德、阿德南·卡萨、茅盾和冰心，他们的名字应该永远载入中华人民共和国和黎巴嫩共和国的史册！

每当我读完纪伯伦的哲理散文诗作，我的心灵便受到一次洗礼。读一遍，受熏陶；读两遍，明事理；读三遍，长知识；读四遍，用纪伯伦诗文填充头脑的空虚。读懂纪伯伦，首先要读懂自己，读懂生命与存在的意义！

纪伯伦是世界文坛一颗不朽的巨星，是近代东方文学走向世界的先驱。他流畅的语言风格征服了一代又一代的读者，是年轻人心灵的初恋，

英文版纪伯伦文学作品集

也是长者经历世事、蓦然回首的感悟。他的作品融合了东西方心灵的精髓，超越了时空，成为人类永恒的箴言。诗人说，它是诗化的哲学；哲人说，它是充满哲理的诗；恋人在这里读懂了爱情的定义；艺术家在这里看到了灵魂的颜色；年轻人在这里找到了火一般的热情；老年人在这里领悟到了生死之道……

身为中国阿拉伯语学者、中黎友好交流的后代，将纪伯伦、马海德、阿德南·卡萨、茅盾、冰心的故事记录下来并传承下去是一项急迫而又责无旁贷的任务。

青年时代的纪伯伦

成年后的纪伯伦
（本文照片均由纪伯伦博物馆提供）

岁月留痕

——纪伯伦成长纪事

　　纪伯伦·哈里里·纪伯伦，1883年1月6日出生于被称为奉献者的城市——贝什里。熟悉他的人都说，他的少年是他青年成熟时期的一个缩影：一个男孩伴随着抑郁和孤独，沉浸于深思。同时，他大部分时间在郊外度过：徘徊在田间，摘花；或坐在圣谷的岩石上思考探求，在心灵深处产生敬畏和谦卑；或站在小溪边静听潺潺流水声；或在花园里侧耳细听低沉的长笛声；或围绕马尔·萨尔基斯修道院的森林公园慢跑，观赏美景。所有这些辉煌和美丽，在纪伯伦的心灵中产生了共鸣，从而使他爱上了摄影。

　　就这样，他在充满大自然魅力的田园中度过了童年时代。所有这些优美场景，高山、深谷、大河和肥沃的土地等，深深地留在纪伯伦脑海中，塑造了他独特的个性，以至于后来呈现于世界。他的独特性表现在三个方面：艺术、智慧和远见。在这之后，他的脑海里储存着自己的审美观，他感受人性和祖国之美的精神世界得到更大的扩展。1895年，他和家人一起移民到美国。在波士顿度过了三年，其间，学习了基础英语和摄影艺术。

　　1898年，纪伯伦返回黎巴嫩，在贝鲁特的智慧学校学习阿拉伯语和法语。每到夏天，他便会回老家——贝什里看望父亲，过暑假。

　　1901年，他妹妹苏勒丹娜去世。一年后，他匆忙回到波士顿。而1902—1904年，家庭的惨剧连续发生，先是兄弟布特罗斯丧命，然后是他母亲卡密莱逝世。

　　1908年，在玛丽·哈斯凯尔的支持下，纪伯伦前往巴黎学习艺术的基本原理。在这个使人眼花缭乱的法国首都巴黎，纪伯伦在白天和黑夜用大部分的时间，去发现艺术的奥秘。在巴黎，他结识了著名画家奥古斯特·罗丹。纪伯伦多次拜访他，并观赏他的作品和画作。奥古斯特·罗丹十分赞赏纪伯伦，并写下"世界应该预料，黎巴嫩有很多天才"，并把这句话送给他的朋友法国作家亨利·博福特。如今，罗丹的预言得到证实。罗丹对纪伯伦的艺术和风格有很大的影响。

1910年，纪伯伦从巴黎返回波士顿。1911年，他移居美国，直到1931年去世。从巴黎返回后，纪伯伦专注于写作和绘画。1918年，他全部用英文写作。《疯人》受到极大的赞扬和欢迎，多次再版。1923年，世界刮起了一阵风，《先知》一书被誉为具有最成熟思想的最美的作品。由此，世界各国纷纷翻译和出版该书，语言超过50种，包括中文、日文、印地文、波斯文、俄文、西班牙文、法文、意大利文等。纪伯伦认为《先知》一书是"他的再生"和"首次洗礼"，也是他一生中最大的挑战。

纪伯伦博物馆的内部陈设

纪伯伦说："我活了这36年，看到了光明。《先知》一书就像'圣经'。这本书是充满诗意的精神使命，呼吁人们对生活的深层渴望。"1925年以后，《先知》成为教堂里阅读的书籍，从而使纪伯伦超越了作家、画家和哲学家，而成为精神导师，号召简化生活，恢复其自然的纯洁。

纪伯伦《音乐短章》一书，创作于1905年，第一次用阿拉伯语出版。

1920年4月，侨居在纽约的黎巴嫩和叙利亚作家聚会，一致认为有必要努力对阿拉伯文学注入新的精神，从因循守旧和无所作为中解救出来。米哈伊勒·努艾美说："应该在这个文学中注入新鲜血液。"与会者决定成立一个协会，以更新为中心。对这一理念，纪伯伦表现出了不同寻常的热情，他制定了宗旨，并起名为"笔会"。与会者选举纪伯伦为会长，成员包括米哈伊勒·努艾美、阿敏·利哈尼、伊利亚·阿布马迪、拉希德·阿尤布、纳西卜·阿里特、菲利克斯·法里斯和旅居在海外的其他作家。

报纸刊登了消息。笔会积极转变阿拉伯地区停滞不前的局面，大力推动向前发展。纪伯伦坚持奋发努力，直到生命终止。

纪伯伦的诞生，意味着阿拉伯世界文学的革命，是一次改革派的革命。跟上新步伐的复兴，使之更富有活力，这就是纪伯伦的目标。他鼓足勇气，坚定不移地为自己开拓一条大道，创造一种从文学、社会和宗教传统束缚中解救出来的新语言。他便成为为数不多的、无可争议地占领人类心灵的人。他说："你们有了你们的语言，我也有了我的语言。"

纪伯伦是世界文学艺术的生动写照，因为他的原则和话语给世世代代的人提供了新服务和新理念。先是波士顿，然后是纽约，帮他创造出了自己的风格，也就是"纪伯伦风格"。

回归之梦

在主教约翰·马赫卢夫时期，1633 年，一群修士居住在卡努宾山谷的修道院里的一个洞穴内。1901 年，这些修士搬到贝什里。他们把这里的老建筑和善地亚森林作为他们的据点，继续他们的使命。修士们分期建设修道院，最后一个建于 1962 年。

1701—1908 年，修士们积极履行他们的宗教、社会和教育使命，分阶段扩建修道院。据修士们写的记事和传闻，修士中最著名的是米哈伊勒。他成为虔诚和勤奋的典范。他挖了走廊和岩石台阶，把后来成为公共教堂的冬宫与修道院连接起来。在玛丽·哈斯凯尔面前纪伯伦很少谈论米哈伊勒。

洞穴—修道院—冬宫—精神遗产、美丽惊人的大自然、卡迪沙山谷和它的魅力，开发了少年纪伯伦的精神能量，培养了他深刻的感知，铸就了他坚实的模式，包括罕见的思维深度。1898—1902 年，他居住在老家贝什里和贝鲁特。其间，夏天在贝什里小镇，也就是说，他大部分时间是在玛丽·哈斯凯尔身边。

1926 年，纪伯伦写信给他老乡的女友，提出通过修道院买房地的事，一则作为墓地，二则成为他艺术的陈列室。尽管禁止出售，修道院还是答应了他的恳求，因为考虑到纪伯伦的名望和他渴望回到贝什里（他心里的家）的心情。但他还是没能实现回归的梦想。

1931 年 8 月 22 日，纪伯伦的灵柩运到贝什里。他的妹妹马里亚娜在修道院内买了一块地和辅助设施，实现了纪伯伦的部分遗愿，即把他的尸体埋葬在冬宫。至于把修道院改为博物馆这一遗愿，则是在博物馆的文件中才发现的，并于 1975 年得以实现。

当时，纪伯伦全国委员会已决定建造博物馆。改造工程需要扩建和发展修道院，要腾出更大的空间陈列纪伯伦的大量画作。所有这些分两个阶段进行：1975 年完成第一阶段，1995 年完成第二阶段。

纪伯伦在遗嘱中说，把他的艺术珍品和专业基础作品作为礼物赠送给玛丽·哈斯凯尔，由她选择，以感谢她的恩德。或把这些作品送给他的家乡贝什里。玛丽选择了把这些遗物寄给贝什里，供大家了解纪伯伦对家乡的思念和热爱。

博物馆设有他的画室、个人书房，陈列有他的随葬品、手稿和 440 幅原始艺术作品。

纪伯伦博物馆中的床榻、桌椅及画板

130 幅作品分别陈列在有三层楼的博物馆内，由于空间不大，没有展出他的所有作品。艺术品和文物构成了纪伯伦博物馆的主要内容。所有这些都是他在纽约的专业成就。1933 年，这些遗产运到了贝什里。他在世界的声望是吸引游客到黎巴嫩贝什里地区，具体地说是到纪伯伦博物馆参观访问的一个主要因素。

一年四季，尤其是在夏季，博物馆的参观活动十分活跃。每年有 5 万多人参观，其中大部分是黎巴嫩人和外国侨民，还有来自美国、欧洲和亚洲的不同身份的人。

毕竟，纪伯伦博物馆已成为人文重地和文化大厦，也是黎巴嫩乃至世界各国许多研究人员和学者的研究中心。

纪伯伦在他家乡显示出的和移民表达的这种依恋情感，在他的著作《人子耶稣》中得到最清楚的表述：耶稣基督的脸就像黎巴嫩崎岖的山峰，耶稣见到来自北国和黎巴嫩山脚下的门徒。纪伯伦祈求上帝把黎巴嫩的雪当成他的寿衣。纪伯伦说："如果黎巴嫩不是我的国家，我将使黎巴嫩成为我的国家。"他一直挂念他的祖国——黎巴嫩。他在给菲利克斯·法里斯的信中说："我必须回到黎巴嫩，必须摆脱这些挂在车轮上的文明，我看到了一句警句，提醒我在粉碎捆绑在我身上的那么多的枷锁和绳索前，先不要离开这个国家（美国）。我想去黎巴嫩，我要继续前进。"

视觉，你们没有注意

"我想，每个图像都是从无形的形象中开始的。"纪伯伦 1911 年 10 月 20 日给玛丽·哈斯凯尔的信中如是说。1908 年初，玛丽·哈斯凯尔建议纪伯伦去巴黎居住，以完成艺术学业，费用由她负担。于是，纪伯伦于 7 月坐船从纽约抵达巴黎，并很快就进入了朱利安学院，这是巴黎当时最大的院校。他取得了进展，但他很不耐烦。夏洛特·特里尔在描述纪伯伦在巴黎的情况时指出，他的作品展现出惊人的发展。他学会了画画，作品体现现实，讲究色彩的表达。我觉得他的天赋已经成熟，并在这一时期得到发展，尤其是他的油画、水彩画和肖像画。这些情况足以反映他的巴黎之旅是他艺术生涯的关键阶段。

野外、强大的自然、巨大、一代接一代、女性的去向，所有这些是纪伯伦视觉的基本要素，似乎是他清晰的艺术图案。看来，人的影响对他的艺术作品是非常明显的。他把人的外形、卡迪沙山谷、黎巴嫩杉树、黎巴嫩雪山作为背景和有影响力的框架。他的画《女人发现自然》等就是具体的体现。

纪伯伦不受艺术院校教育和专业书本的约束，但在音乐曲调、节奏、连接、感情处理等专业素质方面，他从未落后过。他的画面集中在自然和人，在不断更新的自然和奉献自己的人类之间寻找平衡。从 20 世纪初，各艺术学校的竞争中，他知道如何形成自己对线条、颜色和形状的灵感。综观纪伯伦的画作，我们可以发现，《黎明》这幅画比其他画更接近自然，而自然是万物之母。裸体是自然的延伸，是在其法律原则下的回归。

在人与自然之间的这种和谐中，创造性的行为摆脱了长期延伸下来的清规戒律。

《先知》涉及人的三个层面和纪伯伦艺术经历的总结。《先知》是重新描绘耶稣形象的一个尝试。1909 年，纪伯伦发现了欧内斯特·雷农和他有关耶稣生命的书。他写信给玛丽·哈斯凯尔，信中说："请读欧内斯特·

雷农的书。我爱他，因为他爱和理解耶稣，他在白天见过耶稣。我非常希望有一天能画画耶稣的生活。这是前人没有做过的。以前曾有过好几张画，画的是人类的儿子——耶稣的脸。"

最后，在庄严的寂静中，纪伯伦的回声把我们带进他坟墓深处发光的地方，纪伯伦说："我就站在你的身边，像你一样地活着。把眼睛闭上，目视你的内心，然后转过脸，我的身体与你同在。"

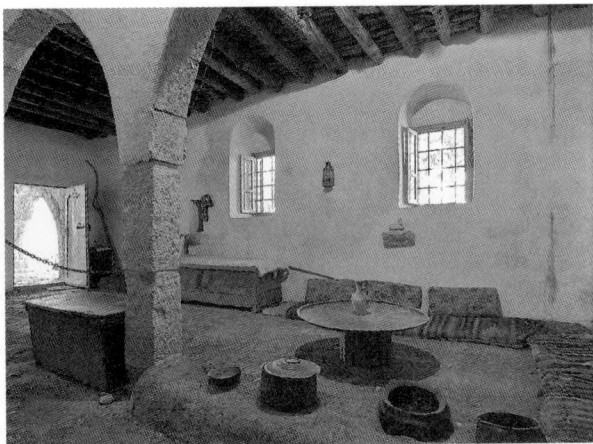

纪伯伦故居内景
(本文照片由纪伯伦博物馆、吴泽献大使提供)

拜谒纪伯伦故居、博物馆

——使命移交与承接

　　一座被时光遗忘、至今却依然活着的故居和博物馆，它会有怎样的命运？

　　在秀水、青山、雪松林环抱的黎巴嫩北部山城贝什里，历经近百年的纪伯伦故居和博物馆，因为黎巴嫩政府的活态保护，焕发出新的光彩……"凡益之道，与时偕行"，它们让世界看到了纪伯伦的最新形象。

　　纪伯伦，是 20 世纪黎巴嫩阿拉伯文学勇攀世界文学高峰的一面旗帜和重要的时代标志。一个多世纪来，它独具特色、独树一帜的散文及散文诗、绘画作品，在世界各地生根、开花、结果，感染了一代又一代人。他虽早已故去 85 个春秋，但他的精神不死，他的英明永存。他无与伦比、脍炙人口的优秀作品至今仍有巨大的生命力，仍感染、教育、鞭策、激励着世界各国阅读过他文学与绘画作品的人。文学因交流而多彩，文化因借鉴而丰富。天之骄子纪伯伦，不仅属于黎巴嫩，而且属于中国，属于东方，属于世界，属于酷爱纪伯伦文学、绘画事业的人。

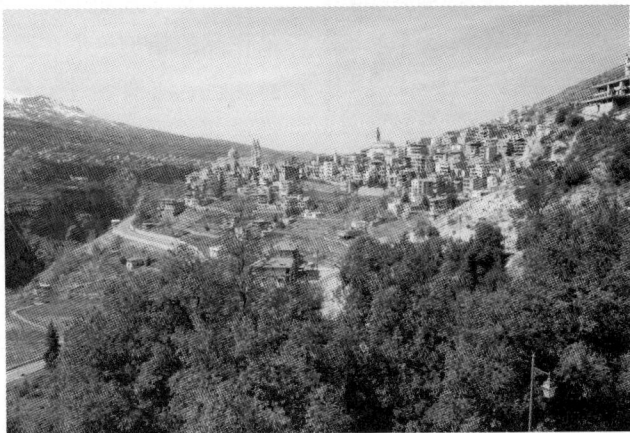

纪伯伦的故乡——雪松、雪山环绕的贝什里镇

黎巴嫩的文坛骄子，作为哲理诗人和杰出的画家，他和泰戈尔一样都是近代东方文学走向世界的先驱、"站在东西方文化桥梁上的巨人"。纪伯伦的一生收获多重身份，凝练出了 20 世纪阿拉伯新文学道路的开拓者形象。他以才情和爱心成为黎巴嫩人的骄傲，也成为整个阿拉伯世界的骄傲。

85 年前，纪伯伦为自己的墓碑写下如是碑文："我就站在你的身边，像你一样地活着。把眼睛闭上，目视你的内心，然后转过脸，我的身体与你同在。"文中的"你"，不少人都会不自觉地将其与墓旁耸立的雪松联系在一起，因为纪伯伦对雪松——黎巴嫩的国树有着刻骨铭心的感情。纪伯伦 1883 年生于黎巴嫩北部山城贝什里，那里是雪松的故乡。茂密翁郁的雪松树，具有数千年历史，至今依然青翠挺拔，在黎巴嫩人民心目中是坚强不屈的象征。因此纪伯伦自幼热爱雪松。后来他远赴美国、法国等地，1931 年在美国去世。他生前曾深情地说："我死后，请把我埋在祖国黎巴嫩的雪松旁。"他去世后，人们把他的遗体运回故乡，安葬在雪松旁。

一个人，一种精神。一个人，一种坚持。一个人，百年情迷世人。

纪伯伦故乡，依雪松、雪山而居，傍天然而生。山间瀑布，雪松遍布，黎巴嫩北部群山奇兀；纪伯伦故居，古朴典雅，厚重如史，带着泱泱民族记忆；纪伯伦博物馆，风和日丽，云淡风轻，蓝天白云与粉墙黛瓦倒映在涟涟水波中，构成一幅黎巴嫩万山丛中一点红的水墨画卷。

纪伯伦故居一瞥

有人说，文学与绘画成就了纪伯伦。也有人说，纪伯伦用黎巴嫩阿拉伯文学改变了世界文学。纪伯伦作品的精美绝伦、脍炙人口、寓意深远，唯有读过纪伯伦诗作和欣赏过其绘画作品的人，才最有切身体会。其诗作朗朗上口，合辙押韵，独具风韵，哲理寓意深邃。那富有神秘格调的天启预言式语句，还有有力的音乐节奏感、运动跳跃感，构成了世人公认的热烈、清秀、绚丽的独特风格，这一风格被世人誉为"纪伯伦风格"。在欣赏美妙文字的同时，灵魂也会得到陶冶、净化和升华。如今，这位诞生于 1883 年 1 月 6 日、逝于 1931 年 4 月 10 日的世界文学巨匠，在 21 世纪的中国已有越来越多的粉丝与知音。他在比喻中阐示深刻的哲理，其诗清丽流畅的语言征服了一代代世界读者。

瞻仰纪伯伦故居

纪伯伦故居，指他生前住过的地方，亦指从前居住过的房子，是一种生存环境的标志。纪伯伦故居坐落在黎巴嫩北部遥远而神秘的山乡贝什里。1883年1月6日，纪伯伦·哈里里·纪伯伦，出生在盛产常绿植物雪松的圣谷地区的一个普通农民家庭里。

踏访故居之前，我们认识纪伯伦是在自己的国家从品读他的那些誉满全球、脍炙人口、极富人生哲理的散文和散文诗、绘画作品开始的。而今，斯人已去，身为现代人，我们怀念和追忆故人最好的方法，便是不远万里造访纪伯伦博物馆，瞻仰纪伯伦故居。

故居，多么朴素简洁、古朴典雅的称呼。仅这两个弥漫着诗意的中文方块字体，看着就温馨得让人

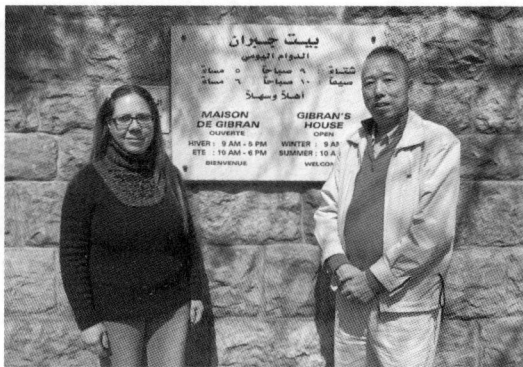

2016年3月15日，吴富贵教授拜访纪伯伦故居时与工作人员合影

泪眼迷离。这片隐没在山城雪松林深处的纪伯伦故居，虽地处山坳之间、岭涯之上，雪松、雪山遮天蔽日，远树烟村，偏僻得不能再偏僻，但酷爱纪伯伦文学的世界各国学人们，仍朝思暮想，攒足旅费和时间后来到这里，踏足墓地，瞻仰故居，缅怀故人，追思过去……

人语、车鸣、鸡犬叫声、牛羊叫声、流水声和鸟鸣声相和，袅袅炊烟随着山风飘散，升至故乡上空，使山乡这座百年前纪伯伦生活过的居所充满了人气，使深藏在茂密的山野中故人离去、无人居住的故居变得不再冷寂和令人惶恐。没有纪伯伦故居，就没有如潮的人流；没有纪伯伦故居，就没有灯光和歌声，就没有今天的黎巴嫩文学旅游业的生生不息。

一个人，感动地球人。他20世纪20年代创作的文学作品，竟然在21世纪的当下毫不过时，85年后的今天仍然感动现代的人！

对于失去纪伯伦的黎巴嫩来说，故居就是纪伯伦及其文学、绘画的标志与符号。它用历史展示着灿烂悠久的阿拉伯文化与坚强不屈的黎巴嫩精神。如今，当人性的美被喧嚣的热风吹成了失去水分的木乃伊的时候，怀念纪伯伦、捧读其作品、踏访其故居、追寻其精神便成了部分现代人躲避

喧嚣、乐此不疲的最时尚选择。或许，人生中只有这一次踏访故居的机会，而这也是对享誉世界文坛的巨星——纪伯伦的一次祭祀，对逝者生活场景的一次最好回忆。哪怕是只有一次，有总比没有好。

酷暑骄阳下的贝什里，雪松环绕、古树参天，海风送来地中海的涛声，四处散发着山林清新的香气。世界文坛巨匠、黎巴嫩著名文学作家、诗人、画家纪伯伦·哈里里·纪伯伦的故居就坐落在这依山傍水的如画风景之中。

纪伯伦故居内的纪伯伦半身青铜雕像

造访纪伯伦博物馆

在中国同黎巴嫩建交 45 周年，同时也是纪伯伦诞辰 133 周年和逝世 85 周年之际，我们循着利塔尼河水，来到雪松之乡贝什里的纪伯伦博物馆，试图还原他爱国、爱诗、爱画、爱家乡、酷爱雪松的民族精神，恰巧寻访到了纪伯伦的同乡巴拉迪老人，便与他一道追忆这位黎巴嫩著名的爱国诗人和杰出画家。

我们经过千回百转才到达纪伯伦博物馆。原来依山而建，用巨石垒成的纪伯伦博物馆建在黎巴嫩北部崇山峻岭、茂密的雪松林之间，险峻异常的圣谷附近的山乡贝什里。沿着山路迤逦前行，迎面见到青铜雕铸的纪伯伦头像。头像清瘦、儒雅，萧然独立。基座高约 3 米，青铜头像高约 3 米，高高耸立在青天白云之下。远眺这风景如画的雪松密林，一如见到当初他离开故乡赴美投身诗歌、绘画的身影。而距离雕像不远的纪伯伦故居竟然像那尊古老的青铜雕像一般，完美地在风中静立。

拜访过雕像继续沿着蜿蜒的山路前行，山崖边缘依次建有上行的阶梯步道、照明灯具和木质护栏，护栏尽头便是博物馆。眼前一块用英文和阿拉伯文书就的大理石纪伯伦博物馆开放时间牌匾映入眼帘。上书：冬季上午9点至下午5点，夏季上午10点至下午6点。此外，还有一个吸引游客眼球的醒目标志，即免费参观。

纪伯伦博物馆内景

"纪伯伦博物馆，坐北朝南，面对葱茏的雪松公园，当初名叫马尔·萨尔基斯修道院，现被联合国教科文组织誉为世界遗产所在地。"在纪伯伦博物馆门口，我们偶遇到纪伯伦的同乡年近八旬的巴拉迪老人。他正在为前来参观的各国游客细致地讲述儿时对纪伯伦的难忘记忆。

当我们跟随老人走进传承着纪伯伦血脉的居所，脚步轻而沉重，而脚下是古色古香的博物馆。面对着一堂一室、一屋一色，以及画板、床铺、桌椅、镜框、几架书和其作品的外文译本等纪伯伦遗物时，一个充满着智慧的声音便会响彻耳边：把我埋在黎巴嫩的国树雪松旁，我要与雪松同在。这声音贯穿古今，浸润着黎巴嫩这块纪伯伦诞生的土地，塑造了纪伯伦崇尚自然的人生观，故居的历史文物仍在向参观者无声诉说。

步入博物馆近百米长、低矮拱形、迂回有如防空洞一样的地下室，内部空间为米黄色感应灯光所笼罩，粗糙墙面上的镜框里，悬挂展示着一幅幅纪伯伦人体美术绘画作品，或羞涩地袒露，或生机勃勃，俨然是哲学和绘画艺术的完美结合。

纪伯伦雕像

纪伯伦博物馆是黎巴嫩文学中心之一，它不仅拥有纪伯伦生前从事文学创作的工作室，也留有纪伯伦从事绘画艺术的画板、纸墨和笔砚，展厅陈列了一些纪伯伦生前的日用品和他个人的艺术收藏品遗存。

纪伯伦故居、博物馆穿越时光隧道，百转千回，一头滋养了灿烂的黎巴嫩阿拉伯文化，另一头托举起世界文学普照大地的雨露阳光。年仅48岁的纪伯伦将其人生路的终点和归宿，选择在他的故乡——贝什里。

纪伯伦博物馆及这些经过时光洗礼遗留下来的实物讲述着纪伯伦可载史册的过去岁月。如今作为黎巴嫩文学界爱国主义教育基地，纪伯伦博物馆记录和承载着纪伯伦生平事迹、文学著作、书信往来、本国乃至世界各国人士的追忆和评述。

黎巴嫩雪松制成的标牌

纪伯伦博物馆，唤醒了现代人对世界文学大师纪伯伦的尊崇和怀想，记录着贝什里沧海桑田的美丽蜕变。最是文学润乡野。寻脉纪伯伦博物馆，踏访这养育了世界文坛巨星的一方故土，便是在弘扬和延续黎巴嫩天之骄子纪伯伦感天动地的文学与绘画创作精神，点亮别人，照亮自己心灵深处的精神世界。

身在纪伯伦博物馆现场，站在纪伯伦充满智趣、写实与纯真的艺术作品面前，我深深感悟到文学与绘画作品是纪伯伦艺术生命的双翼，体会到这位黎巴嫩文坛骄子、哲理诗人、杰出画家、

2016年3月15日，吴富贵教授与纪伯伦博物馆工作人员合影

英阿双语作家的情感力量和艺术启迪。这是纪伯伦的感召力，也是其艺术作品的魅力所在。

如今的纪伯伦博物馆，游客盈门。像巴拉迪这样的故居亲历者都在渐渐老去。但巴拉迪老人却说，他每天都要到博物馆走一走，看一看，遇上我们这样的年轻人或者是外国游客，就会情不自禁地讲起纪伯伦的故事。他希望大家永远记住纪伯伦，他是黎巴嫩人民的儿子，他为祖国母亲争了光。在巴拉迪老人眼中，纪伯伦首先是一位诗人，而"爱国"向来是纪伯

伦创作中乃至整个人生中一个重要的元素，而且是纪伯伦毕生的精神支柱。

　　访问结束时，我们离开博物馆，巴拉迪老人一路送我们，直到上车。握手告别时，他的手苍老却十分有力，我们仿佛感受到这是一种不用语言表达的使命移交与承接。巴拉迪老人相信，纪伯伦的英魂现在已经回到了当年他深沉热爱并以生命护卫的土地。纪伯伦走完了他以诗歌、散文、小说和绘画创作的人生之路。纪伯伦，以笔作枪铸风骨。长歌未已，正气永存，爱国之情，毕生支柱。

　　如今的纪伯伦故居和博物馆，不仅因其在 20 世纪 20 年代中发挥的重要作用，成为黎巴嫩文学界著名的旅游经典景区之一，成为以贝什里为核心的历史文化古迹，并已列入黎巴嫩古镇保护规划之中，还因其所在地历史悠久，人文荟萃，古镇古村落遗产数量繁多、内涵丰富，记录了黎巴嫩文学社会名人历史的变迁和传承，而被黎巴嫩人民誉为传承黎巴嫩优秀文学作品的发源地和活化石。壮哉，黎巴嫩天之骄子纪伯伦已成为和鲁迅、泰戈尔一样从近代东方文学走向世界的文学先驱。

　　如今，纪伯伦已去，但他的精神永存。在利塔尼河畔，在雪松之乡，以纪伯伦命名的学校、码头、公园，以及在贝什里的纪伯伦故居和博物馆，至今仍传承着纪伯伦的精神。纪伯伦故居和博物馆在 20 年前设立了

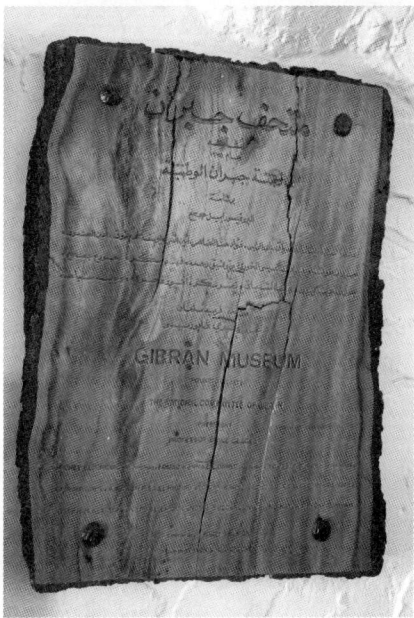

黎巴嫩雪松雕刻的纪伯伦博物馆英文、阿文简介

纪伯伦文学奖，每年都举办一次以他名字命名的文学奖评选。纪伯伦文学奖如今成为黎巴嫩颇具影响的文学奖项。纪伯伦诗歌奖由黎巴嫩纪伯伦故居和博物馆主办，以贝什里为永久颁奖地，获奖作品追寻纪伯伦的创作追求和绘画审美风格，灵动飞扬。这一活动将使人们永远铭记：这位黎巴嫩文学家的代表，以笔作枪，成为黎巴嫩的文坛骄子、哲理诗人和杰出的画家，成为和泰戈尔一样从近代东方文学走向世界文学的先驱，成为"站在东西方文化桥梁上的巨人"。

　　如今纪伯伦故居和博物馆，成为传承博大精深的纪伯伦精神之所。邻里互授，形成浓厚的民间文学氛围和地域特色。岁月无情，它会改变一

切；岁月有情，它又会处处留痕。纪伯伦故居和博物馆，历史之久远，可以追溯到黎巴嫩祖先。但在工业化滚滚车轮的碾压下，一度曾渐渐难觅前来参观游览故居的身影。然而，这一古代传统物件，在当今世界却重放光彩，并通过网络传播，走出国门飞向世界各国纪伯伦文学爱好者。

在此，值得提及的是，中国的报纸杂志、广播电视及其他各类纸质、

电子传媒，曾提到过纪伯伦故居、纪伯伦博物馆、纪伯伦纪念馆。为此，曾有细心的国内读者多次问起过这三个景点身在何处。实际上，这三个景点应该是两个地方。博物馆、纪念馆是中国人翻译的不同，英文名为 Gibran National Museum，由纪伯伦全国委员会负责日常管理。实际上，现在的纪伯伦博物馆是安放纪伯伦遗体的墓地，而离博物馆不远的纪伯伦故居，是纪伯伦的出生地。

纪伯伦博物馆书橱内展示的用各种语言介绍纪伯伦文学作品的书籍，其中包括中国出版的冰心译介的《先知》一书中文版

此外，更值得我们学习和借鉴的是，纪伯伦这位声名远播，享誉世界文坛、画坛，为黎巴嫩共和国赢得荣誉的黎巴嫩著名作家，被黎巴嫩人民誉为天之骄子。为此，他受到黎巴嫩政府的高度重视与人文关怀。国家不但将其生前的住所和墓地改建成故居和纪念馆，用声、光、电、图、实物等表现纪伯伦的精神，而且为其成立了纪伯伦全国委员会这一全国性民间社团组织。博物馆除了负责日常的接待国内外专家、学者、游客工作之外，还同世界各国文学团体广泛开展各种类型的纪伯伦文学、绘画国际学术研讨会，散文及散文诗歌会，音乐会，文学论坛、讲座和文学授勋颁奖大会。

凡此种种以及黎巴嫩文学界创办纪伯伦全国委员会网站之举，在 21 世纪当下网络盛行的时代，很值得中国文学界学习和借鉴。

黎巴嫩政府文化部门一方面用故居和博物馆展示的实物向到访的国内外游客传播和展示纪伯伦生平；另一方面充分发挥和有效利用当下网络传媒这一现代化视频传输手段，更广泛地、直观地向各国民众宣传纪伯伦的先进事迹。后者尤其受到世界各国纪伯伦爱好者的热烈欢迎，因为身居异国的外国游客常常无法亲临博物馆现场领略实物。而纪伯伦网络博物馆改

变了博物馆馆藏概念的内涵和外延，它用英文版电子图片、视频、文字等形式展示纪伯伦陈列品的网络公共空间。纪伯伦网络博物馆从传统意义的陈列窗口，演变为现代化电子传输视频的网络化窗口，促进了人类曾经和正在创造着的优秀资源的共享。在这个虚拟的纪念空间里永久记载着纪伯伦的辉煌历史，让居住在世界各地的关心纪伯伦的人都可在这个可视平台上，了解纪伯伦的光辉文学、绘画业绩及未竟之业，以此激励黎巴嫩后人与各国友人不断追求和努力奋进。

纪伯伦博物馆的网页质朴无华，版面为土黄色，纪伯伦头像设置在页面右上角，头像旁边是用英文和阿拉伯文书就的"纪伯伦全国委员会"字样。该网页设有：家、委员会、关于纪伯伦、博物馆、照片库、传媒、新闻、事件、年度奖项 9 个栏目。其中，在"关于纪伯伦"栏目里面，又内设 3 个小栏目：传记、参考书目和社会改革家。在"事件"栏目内设有：夏季音乐节、展览及会议、出版物、其他事件、表彰优秀学生 5 个小栏目，分别讲述 2010—2013 年博物馆开展过的有关黎巴嫩青年人、中小学在校生等的各类社会活动。

2016 年 3 月 15 日，吴富贵教授拜访纪伯伦全国委员会主席塔里克·希迪亚克博士

（本书作者供图）

1999 年，在美国马里兰大学的组织下，召开了首届纪伯伦国际研讨会。2012 年 9 月 7 日，以"在全球化和冲突的时代阅读纪伯伦"为主题的第二届哈里里·纪伯伦国际研讨会在美国马里兰大学召开。会议从不同视角展开对纪伯伦文学艺术作品细致深入的解读。2012 年 10 月 26 日至 27 日，由北京大学阿拉伯语系、中国人民对外友好协会、黎巴嫩中国友好合作联合会共同主办的"中国—黎巴嫩学术研讨会 2012"在北京大学民主楼举行。来自北京大学、对外经济贸易大学、北京外国语大学、中国政法大学、中央戏剧学院、中国现代国际关系研究院、外交部、文化部、中联部、中国作家协会、新华社、中国外文局、中国

1996 年 7 月，人民日报出版社出版的中国阿拉伯文学研究会副会长、首任秘书长伊宏教授等人的中文版译作《纪伯伦散文精选》

国际广播电台、人民网和黎巴嫩大学等中黎两国约 20 个单位的 40 多名学者、官员和记者出席了研讨会。

面对纪伯伦，我们读懂了吗？这是很多人的疑问。世界著名文学评论家曾说："更大程度上，我们要的不是'懂'而是启示，文学艺术的'懂'是没有穷尽的。"当我们面对纪伯伦，感知一种让人难以理解的惊人想象力时，这已经足够。

纪伯伦博物馆工作人员

黎巴嫩雪松公园铭牌

（本文照片除署名的外，均由纪伯伦博物馆提供）

穿越时空的铭记

——缅怀黎巴嫩前总理拉菲克·哈里里

时值中黎建交 45 周年之际，我们在深切缅怀茅盾、冰心、纪伯伦、马海德等老一辈中黎文学界、医学界友好使者的时候，更应该追忆一位在中国与黎巴嫩建交 45 年间，为两国经贸合作做出过重要贡献的重量级人物，他就是黎巴嫩前总理拉菲克·哈里里先生。

中国将永记你的英名

这位在黎巴嫩历史上，曾五度出任总理、深受黎巴嫩人民爱戴的著名的黎巴嫩金融家、实业家，生前对中国十分友好，就任总理期间，曾于 1996 年 6 月 14 日至 17 日和 2002 年 4 月 27 日至 30 日两次对中国进行正式访问。

记得 1996 年 6 月 14 日，拉菲克·哈里里以黎巴嫩总理的身份首次踏上中国的土地，抵达首都北京后，李鹏总理和夫人朱琳在人民大会堂前广场举行隆重热烈的欢迎仪式，欢迎黎巴嫩总理对中国进行国事访问。

当天下午 5 时许，中国学生代表与三军仪仗队、军乐团一起列队等候在人民大会堂东门外的广场上，国宾车队在摩托车队护卫下途经长安街抵达人民大会堂。随后两国国歌奏起，礼炮轰鸣，检阅仪式开始，哈里里总理在李鹏总理的陪同下，检阅中国人民解放军陆海空三军仪仗队。检阅仪式结束后，中国小学生迎上前去向远道而来的黎巴嫩客人敬献鲜花。之后，两国总理步入人民大会堂，并举行工作会谈。会谈结束后，李鹏邀请哈里里共进晚宴，两国领导人还一同散步、茶叙。

2002 年 4 月，拉菲克·哈里里访华期间，朱镕基总理与其会谈并举行欢迎宴会，江泽民主席、李鹏委员长和吴仪国务委员分别予以会见。双方主要就中黎友好关系，特别是经贸领域的互利合作交换了看法。此外，双方还签署了《中华人民共和国政府与黎巴嫩共和国政府经济技术和贸易合作混合委员会第一次会议纪要》和《中黎两国政府文化协定 2002 年至

2005 年执行计划》。

2002 年《人民日报》
及《人民日报》（海外版）
刊登黎巴嫩总理拉菲克·哈
里里访问中国的报道
（摄于中国国家图书馆）

记得江泽民同志在中南海亲切会见黎巴嫩总理哈里里时说，中黎两国虽远隔千山万水，但两国人民之间的传统友谊和友好往来却源远流长。古代的丝绸之路把我们两国人民紧密地联系在一起。著名黎裔医学专家马海德博士为中国人民的卫生健康事业贡献出毕生的精力，我们一直铭记在心。

黎巴嫩是一个历史悠久的国家，腓尼基古老文明可以追溯到 4 000 年以前。在现代史上，黎巴嫩曾以中东贸易、金融、旅游中心享誉世界。近年来，黎巴嫩人民在维护国家主权和领土完整、促进民族和解、重建国家经济等方面取得了巨大的成就。我们相信，总理阁下领导的黎巴嫩政府一定能带领勤劳智慧的黎巴嫩人民再创辉煌。

哈里里说，他任黎巴嫩总理期间曾于 1996 年 6 月首次访华，当年亲眼目睹了中国实施改革开放政策之后在经济建设方面所取得的骄人业绩。黎巴嫩人民对伟大的中国人民一贯坚决支持黎巴嫩人民和阿拉伯人民抵御外来侵略的正义事业怀有感激之情，并对黎中双边关系的顺利发展感到满意。他强调，两国经贸交流与合作发展迅速，但仍存在巨大潜力。他鼓励两国企业界加强互惠互利合作，用以增进两国经贸互利合作共赢，推动两国关系向纵深发展。

2002 年 4 月 29 日，李鹏同志高兴地回忆起哈里里总理 1996 年 6 月 14 日访华且与其进行的富有成果的会谈，并对此后中黎关系呈现出的积极发展势头表示满意。

李鹏同志说，我们高兴地看到，黎巴嫩人民如今正在迅速医治内战和以色列长期占领带来的创伤，为重建美好家园而奋斗。中国有句成语叫"天道酬勤"。我们相信，通过勤劳勇敢的黎巴嫩人民的不懈努力，黎巴嫩必将很快恢复昔日的繁荣。

哈里里说，时隔 6 年，中国政治、经济、文化、医疗等各个领域取得了令世界瞩目的快速发展。中黎两国是真诚的朋友，黎巴嫩为中国人民在现代化建设中所取得的巨大成就感到高兴。黎方对两国在各个领域的友好合作关系感到满意，愿与中方一道努力，继续推动两国友好合作关系进一步向前发展。

崇敬中国文化和历史

哈里里曾于 1996 年和 2002 年两次到访中国。2002 年 4 月在中国访问期间，哈里里在外交学院发表了热情洋溢的讲话。他一开始就说："我正准备访问中国时，读到一本托比·赫夫写的书，书名是《中国、伊斯兰和欧洲》。该书涉及这三大文明的密切关系。阿拉伯和中国首次相遇就是文明的交汇。阿拉伯世界和中国第一次相遇就是文明的交汇，阿拉伯人从中国人那里学会了造纸术，其影响是使阿拉伯文明变成了文字和书本的文明。经过中世纪，两个民族在文化、贸易和人员交往方面建立了紧密的联系，对许多事务和问题持有共同的立场。"

他接着说："我们从小就习惯于尊重中国人民，崇敬他们的文化和历史，钦佩他们有能力摆脱殖民统治，重新统一和实现进步，直至成立中华人民共和国，成为在国际局势和当代世界秩序中一支有影响的基本力量。"

哈里里赞赏中国的和平外交政策，他说："我们也敬佩中国的和平政策，它致力于建立一种在公正和国家领土完整，不用武力侵犯、占领别国和不干涉别国内政原则基础上的世界秩序。中国的中东政策一向站在真理和正义一边，在国际场合，她与阿拉伯国家保持团结，用各种方法帮助阿拉伯国家争取摆脱占领，其中包括小国黎巴嫩，中国对黎巴嫩一直持团结政策。"

在谈到中东局势时，哈里里特别介绍了巴以冲突和恢复巴勒斯坦人民的合法权利的问题。他希望中国在维护世界和平、保持世界秩序的平衡，支持巴勒斯坦人民的事业，支持他们捍卫自己的自由生活领土和前途的权利方面，发挥突出的作用。

就在外交学院发表讲话的第二天，哈里里出席了中国国际贸易促进委员会在长城饭店举办的午餐会。会上，他发表了热情洋溢的讲话。

哈里里说，他和他的随行人员都看到，中国近几年来在各个领域取得了令人惊叹的成就。中国是黎巴嫩和阿拉伯人民的真诚朋友，黎巴嫩为中国人民的建设成就感到高兴。

2002 年 4 月 29 日，黎巴嫩总理哈里里在北京长城饭店发表演讲

黎方对两国在各个领域的友好合作关系感到满意。

哈里里接着说，黎巴嫩虽是小国，但是市场潜力大，黎中发展经贸合作前景广阔，相信两国的经贸交流与合作将会进一步向前发展。他希望两国企业界开展各种形式的交流与合作。

笔者有幸受邀出席了这次会议，并聆听了哈里里的讲话，他的讲话给笔者留下深刻的印象。哈里里虽然已从我们的视野中远去很久，但往日他那冷峻的面孔、凝重的神情、深邃温和而略带忧郁的目光，仍让我难以忘怀。

2016 年 3 月，贝鲁特街头张贴的民众拥戴的黎巴嫩前总理拉菲克·哈里里大幅画像

中国人民的老朋友

——卡萨兄弟打造的通往中国的经商之路

中国人民的真朋友、老朋友

他生于雪松之国，曾担任诸多重要职务，例如，黎巴嫩国务部部长、黎巴嫩经贸部部长、黎巴嫩农工商会联合会主席、阿拉伯国家农工商会总联盟名誉主席、国际商会主席等。他是政治家、大企业家和富有经验的经济学家。在20世纪50年代新中国成立之初，他开辟了阿拉伯国家通往中国的经商之路。他贡献巨大，在中国和阿拉伯国家政治、经济、商贸和金融领域功勋卓著。他是21世纪中阿友好的楷模，是走在经贸、金融"一带一路"上的筑路者与践行者。

他就是阿德南·卡萨，黎巴嫩法兰萨银行董事长，"中国阿拉伯友好杰出贡献奖"获奖者。

阿德南·卡萨荣获"中国阿拉伯友好杰出贡献奖"

从机遇到建立终身牢固关系

20世纪50年代初，20岁的阿德南·卡萨和他18岁的弟弟阿迪勒·卡萨告诉他们的父亲瓦菲克，他们不准备继承他的衣钵，而打算涉足商界。他们的父亲是著名法官，后来被任命为黎巴嫩驻巴基斯坦大使。

由于他们一再坚持，父亲便同意了他们的选择，并祝愿他们成功。父亲还给他们少量的资金，支持他们起步，以实现他们的创业目标。

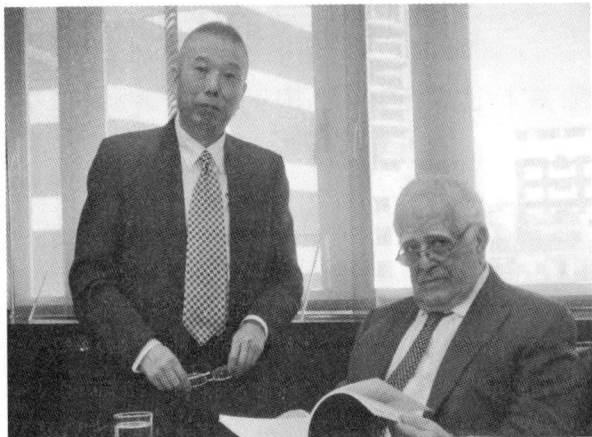

2016 年 3 月 15 日，吴富贵教授拜访阿德南·卡萨主席
（本书作者供图）

卡萨兄弟于 1954 年去了卡拉奇。在那里，他们遇到了当时正在巴基斯坦采购棉花的中国企业家代表团。就是在这座城市，卡萨兄弟开始与中国结缘，进入了漫长而崭新的历程。

在巴基斯坦访问的中国企业家代表团正因为感受到卡萨兄弟的亲切热心，才邀请他们去香港。卡萨兄弟很快就接受了邀请，并就在这一年，他们首次启程前往中国。这是他们人生的转折点，他们从此转战商界，开始建立中国与黎巴嫩、阿拉伯世界和整个国际商业的经济关系。卡萨兄弟的作为表明，他们是中国同行的优秀商贸伙伴。中国国家主席习近平于 2016 年 1 月在埃及进行国事访问期间举行的盛大仪式上，授予阿德南·卡萨"中国阿拉伯友好杰出贡献奖"。

阿德南·卡萨曾说："我们认为，中国特别重要，因为中国教导我们如何领会耐心、坚持和关注细节的意义。我可以毫不夸张地说，中国对我们来说是一个伟大的学校，我们学到了很多，其中包括：谈判、商贸工作、领导企业的艺术和规则；建立信任、信誉、互惠互利的原则；坚持目标、坚忍不拔和持之以恒直至达到目标；等等。我们一直依赖自己的努力和长期树立的信念积极工作，通过多年的奋斗，建立了引以为豪的黎巴嫩和中国的牢固而伟大的友谊。"

卡萨兄弟

与黎巴嫩签订的非常协议

1955 年，黎巴嫩和中国签订了贸易协定。签字仪式于 1955 年 1 月 31 日在贝鲁特联合国教科文组织宫举行。黎巴嫩方面由时任外交部部长萨利姆·拉胡德出席，中国方面由时任商务部副部长率领的贸易代表团参加。

这是史无前例的,即在国际关系中,黎巴嫩在没有与中国建立外交关系,甚至尚未正式承认中国的情况下,就与中国签署这样的协定。黎巴嫩是首个这样做的阿拉伯国家,也是世界上第一个这样做的国家。直到1972年,黎巴嫩才与中国建立外交关系。2016年7月,在北京举行了"一带一路在中国:贝鲁特至北京"系列活动,同时庆祝中国与黎巴嫩建交45周年。系列活动由法兰萨银行集团主办,有众多的中国、黎巴嫩和阿拉伯人士参加。

事实上,卡萨兄弟向中国代表团发出官方邀请是一个巨大的挑战,其过程是非常艰难的,因为这其中包含政治和外交矛盾。但克服挑战是阿德南·卡萨和阿迪勒·卡萨人生的一部分,特别是涉及他们的事业时更是如此。但卡萨兄弟不辞劳苦,积极努力,终于从具有远见卓识、感召力的黎巴嫩总统卡米勒·夏蒙那里获得了邀请。阿德南·卡萨亲自把邀请函交给了1955年第一次参加大马士革国际博览会的中国代表团。

阿德南·卡萨和阿迪勒·卡萨当时之所以这样做,是因为他们深知这个巨大国家的重要性和潜力,认识到中国人民在建设和持续发展中的潜力,预感到中国将跻身于世界最大经济体的行列。因此,他们不仅在当时抓住机遇,发展个人业务,而且敞开大门,发展中国和黎巴嫩之间的经济关系,从而建造了第一座通向阿拉伯世界和周边国家市场的桥梁。自古至今,黎巴嫩商贸繁荣,深信贸易在国际交往中的重要性。

黎巴嫩和中国的关系根深蒂固、历史久远,可以追溯到公元前2世纪到公元4世纪的丝绸之路时代。丝绸之路的命名,体现了在那个时代商品贸易的重要性。这条蓬勃发展之路是从中国开始,一直到苏尔、赛达、贝鲁特和朱拜勒海岸的一条漫长的贸易路线,再从那里开始,形成了通往欧洲和世界其他地区的海上之路。当时黎巴嫩人的祖先腓尼基人是大海的主人,是制造商和熟练航海员。他们用秘方把丝绸染上颜色,然后把加工的丝绸出口到各地,也有一些返回中国。

但是这种关系冷却了一段时间,20世纪50年代,卡萨兄弟努力加以恢复。为庆祝中国与阿拉伯世界的第一个贸易协定——中国和黎巴嫩贸易协定缔结60周年,阿德南·卡萨和阿迪勒·卡萨在中阿第六届企业家大会暨第四届投资研讨会期间,在黎巴嫩举行盛大的庆祝活动。庆祝活动由阿拉伯国家农工商会总联盟主办,中国人民政治协商会议副主席王正伟代表中国政府专程前往参加。阿德南·卡萨在大会上发表了讲话。他说:"过去我相信,现在我仍然相信自由贸易的重要性。我不关心其他任何逻辑,这些逻辑违背我的原则和我与各国人民建立商贸合作关系及维护世界和平重要性的理念，特别是违背我对一个像中国这样美好国家的信念。我迷恋中国的辉煌，热爱和忠于友善和有古老文明的中国人民。"

黎巴嫩第一次升起中国国旗

卡萨兄弟为建立黎巴嫩与中国的商贸关系，并通过黎巴嫩建立整个阿拉伯世界与中国的经贸关系立下了汗马功劳。1955年，他们积极推动黎巴嫩政府在黎巴嫩建立第一个中华人民共和国驻黎巴嫩的经济代表处。事实上，他们没有停止脚步，而是继续前行，不断做出努力，直到中华人民共和国的第一个商务代表上任，在黎巴嫩升起中国国旗。

1955年黎巴嫩和中国之间签订的贸易协定是一个非常约定。这是世界上第一个在两国没有外交关系情况下签署的贸易协定。

行程并不像丝绸那样滑润

卡萨兄弟与中国华润集团交往甚久。卡萨兄弟于1956年12月受邀访问北京。从香港去北京在当时是一个漫长而艰辛的旅程。

卡萨兄弟先坐火车从香港到广州，再乘飞机从广州到北京。当时乘坐的飞机是装有俄罗斯发动机的美国老式飞机，其载油量只够飞一个半小时到两个小时。行至中途，飞机就得停在草坪上加油。机长亲自完成这一过程，下机加上几大桶油，然后把手放在发动机下，确定没有任何燃料泄漏。

尽管如此，但从广州去北京比回香港更方便。每次参加完广交会后，卡萨兄弟便返回香港。从北京回香港的旅程很不稳定，而且负担更重，因为兄弟俩要拖着满满的行李箱，里面装着小册子、宣传品和各种产品的样品，其中包括食品、中国工艺品、文具、玻璃器皿和陶瓷品等。

卡萨出席第50届广州商品交易会开幕式

从1956年开始，这样的旅行已经成为阿德南·卡萨和阿迪勒·卡萨两兄弟一年一度的惯例。

冲破封锁

卡萨兄弟打开了中国产品不仅通向黎巴嫩，而且进入海湾国家和阿拉伯国家，甚至非阿拉伯国家的大门，这些国家包括：科威特、沙特阿拉伯和其他海湾国家，还有约旦、摩洛哥，甚至土耳其及一些欧洲国家等。这些国家当时不清楚中国生产的产品和作物，不了解中国的潜力、创造力和进出口。卡萨兄弟并不满足以上的一切，而是继续通过官方和民间的途径打开中国与阿拉伯地区乃至整个世界的通道。

从黎巴嫩走向阿拉伯世界

1972 年，阿德南·卡萨当选为黎巴嫩农工商会联合会主席。他一上任就把目光对准中国。他率领了第一个黎巴嫩企业家代表团到中国。这个代表团由杰出的公司领袖组成，他们都致力于与中国构建联系，以提高他们的工作效益和实现他们企业的繁荣。自此以后，他组织了大量的黎巴嫩最高级别的代表团到中国访问。2002 年卡萨同黎巴嫩时任总理拉菲克·哈里里出访，哈里里总理坚持要他陪同前往中国，这充分表明黎巴嫩赞赏阿德南·卡萨在重开通向中国的丝绸之路中的突出作用。

卡萨积极热情地把中国与阿拉伯世界连在一起。他在担任黎巴嫩农工商会联合会主席的同时，还担任阿拉伯联合商会的第一副主席。1981 年，他组织了第一个阿拉伯联合商会代表团访问中国。他个人担负了阿拉伯私营企业同中国构建联系的重任。访问取得了圆满成功；同时，使他有机会会见时任中国国务院副总理姚依林。这次访问为中国与阿拉伯世界之间商贸领域的扩大与合作铺平了道路。

在卡萨的努力下，1988 年，中阿联合商会成立。该商会是在叙利亚首都大马士革举行的、由阿拉伯联合商会召开的阿拉伯企业家和投资家大会上宣布成立的。中阿联合商会由阿拉伯联合商会同中国贸促会共同组成。卡萨代表阿方在成立协议上签字，此后他连续几届担任中阿联合商会会长。中阿联合商会在发展中国与阿拉伯世界之间在经济、贸易和投资关系方面发挥了巨大作用。此后，中阿联合商会分别在北京、贝鲁特、安曼、大连、迪拜和上海等阿拉伯国家和中国的城市举行过会议。

阿德南·卡萨坚信，个人社交是建立和发展更密切的国际关系的关键，所以他积极组织阿拉伯和国际各界参与在中国举行的各种论坛、会议

1995 年 10 月 4 日，吴富贵教授（左一）与阿德南·卡萨主席（右三）共同出席中阿联合商会首届理事会会议

和展览。

由此，阿德南·卡萨经常邀请商会领导和阿拉伯商业代表团同他一起到中国去发展密切的关系，并建立新的伙伴关系。所有这一切都是因为他信任中国的互惠互利原则，相信在中国能够实现共赢的目的。

事实上，阿德南·卡萨和中国之间几十年的合作关系日益巩固。与此同时，卡萨一直受到中国政府最高级别的接待。为加强中国—阿拉伯商贸关系，卡萨持续不断地组织和率领阿拉伯代表团访问中国和参加各种会议。

1985 年，阿德南·卡萨与国际商会代表团在中国的合影

很显然，阿德南·卡萨对中国和中国人民的热爱，对中黎、中阿关系发展的持续关注，已经使得中阿双方获利，也使中国与阿拉伯国家的关系更加稳固。中国和阿拉伯世界之间的贸易和相互投资已成倍增加。现在，中国已屹立在世界之巅，是大多数阿拉伯国家最重要的贸易伙伴。

卡萨兄弟作为最早与中国建立关系的阿拉伯企业家，不仅在黎巴嫩，而且在整个阿拉伯世界积极推广和宣传中国。双边关系几十年前几乎是一张白纸，今天发展得如此飞快，他们目睹这一切，深感骄傲和自豪。

走向国际商业世界

阿德南·卡萨不仅努力发展中国与阿拉伯世界的关系，而且通过国际商会积极促进中国与国际商界发展关系。1985 年，他率领了国际商会代表团对中国进行首次正式访问，并于 1997 年在上海主持了国际商会第 32

1999 年，阿德南·卡萨与中国加入世贸组织首席谈判代表龙永图部长的合影

次会议。此后，他当选为国际商会 1999—2000 年的主席。他是唯一一位担任这一高级职务的阿拉伯人。他尽力使中国成为这一世界组织中的一员，并取得了成功。他个人积极关注国际商会第一届中国委员会在中国的召开。今天，中国是这个著名的国际商会的积极而有影响力的会员。中国国际商会现有全球 140 多个国家私营企业的会员。

阿德南·卡萨在国际商会任职期间，努力实现两个重要的目标：第一个目标是促成发展中国家私营部门，特别是中国的民营企业参与国际商会。众所周知，中国在未来的世界经济中将发挥十分重要的作用。第二个目标是敦促世界私营部门接受社会责任，为社会提供服务。

他用信念武装自己，费尽周折，最后取得成功。他率领由国际大公司人员组成的高级别代表团，于 2000 年与时任联合国秘书长安南亲自签署了"全球契约"。该契约包含有关可持续发展的资源、负责任的商业实践、环境、人权、劳工和打击腐败等 10 项原则。

由此，中国人一直可以感受到，阿德南·卡萨无论是在黎巴嫩，还是在阿拉伯地区或国际组织担任领导职务，他的大门永远向中国人敞开。

2000 年，阿德南·卡萨与联合国秘书长安南在纽约的合影

50 年的友谊

中国各级领导都高度赞赏阿德南·卡萨，并表示感谢。因此，2007 年中国政府邀请他来北京，并授予他"50 年友谊奖"，宣布他是中国和中国人民 50 多年的老朋友、真朋友。为此，中国时任国务院副总理回良玉接见了他，表达了中国对阿德南·卡萨留下的古老遗产的高度评价。阿德南·卡萨也表示，他为自 20 世纪 50 年代开始用友爱精心栽培的两国关系的快速发展感到自豪。2006 年 5 月，中国国际贸易促进委员会举行仪式，万季飞会长在仪式上授予他"中国国际贸易促进委员会荣誉会员"称号。

阿德南·卡萨获奖证书

2007 年 10 月，中国国际贸易促进委员会会长万季飞授予阿德南·卡萨终身荣誉会员勋章

奖状印证了阿德南·卡萨半个世纪以来为中国和为加强与中国的古老友谊所做出的贡献和所尽的义务。这个奖项也表达了对阿德南·卡萨为加强和发展中国与阿拉伯国家乃至整个世界的贸易和经济关系的感谢和赞赏。

为此，阿德南·卡萨说："我认为，授予我的这个奖项是最珍贵的奖赏和荣誉，是世界上最高和最重要的领导人奖励给我的。"

该奖项激励阿德南·卡萨加倍努力地投入，推动他进一步加强与中国、中国的企业、银行和公民的关系。

"建设丝绸之路经济带"

　　为了纪念阿拉伯世界的第一个有效的贸易协定——黎巴嫩和中国第一个贸易协定签订 60 周年，阿德南·卡萨成功地于 2015 年 5 月 26 日至 27 日在贝鲁特举行中国和阿拉伯国家合作论坛。该论坛是中阿合作的重要活动，每两年分别在中国和阿拉伯国家轮流举办。在这一届合作论坛举行期间，还举行了阿拉伯和中国第六届企业家大会暨第四届投资研讨会。

　　论坛活动主办方是阿拉伯国家联盟总秘书处、黎巴嫩和中国的政府、阿拉伯联合商会和中国国际贸易促进委员会。主持论坛的是黎巴嫩总理塔马姆·萨拉姆先生和黎巴嫩政府有关部长等。率领中国代表团的是中国人民政治协商会议副主席王正伟。参加活动的有中国驻黎巴嫩大使姜江、中国国际贸促会副会长于平、宁夏回族自治区政府副主席王和山等。中国代表团由 250 名成员组成，其中包括来自 3 个主要银行——中国银行、北京银行、中国农业银行的代表。参加论坛的还有阿拉伯联合商会代表团和超过 15 个阿拉伯国家的私营企业的领导等。论坛吸引了 700 位中国、阿拉伯和黎巴嫩的商界和官方人士。这是在贝鲁特举办的一次重要的论坛，诸多的中国和阿拉伯世界的商界和官方的上层人物参加了这次论坛。

　　这次论坛特具历史意义，重要原因有：第一，正如上面指出的那样，论坛召开适逢黎巴嫩和中国第一个贸易协定签订 60 周年，这是黎中战略关系中难逢的机遇。第二，会议的主题体现在论坛的口号"建设丝绸之路经济带"上，这是中国领导层的美好愿望。中国领导人倡导恢复古代的丝绸之路，并在 21 世纪扩大陆地和海上的范围，开发包括阿拉伯世界和黎巴嫩在内的沿线地区国家的经济、社会和文化伙伴战略关系。这将加强中国和阿拉伯世界之间互惠互利的战略经济合作，而黎巴嫩在这方面处于特殊的地理位置，是新的丝绸之路海上和陆地的交点。

　　阿德南·卡萨在论坛的开幕式上发表讲话，他回顾了卡萨家族与中国交往的历史，并表示决心继续发展中阿经贸关系。他强调重建古丝绸之路和黎巴嫩在这条道路上的主要战略地位的重要性。他的讲话引起了中国政协副主席王正伟和黎巴嫩总理塔马姆·萨拉姆的极大关注，他们在讲话中认为，中国政府提出的"一带一路"的倡议为中国与阿拉伯国家关系的发展提供了极好的机会，而中国与阿拉伯国家被认为是丝绸之路的轴心。

　　论坛活动从各个层面上都取得了巨大的成功。与会者对黎巴嫩的印象非常好。会上放映了精彩的视频，介绍了黎巴嫩的美丽风光、各领域的投资环境和潜力等。同时，论坛为黎巴嫩经济进入世界第一出口国、第二进口国和投资国——中国提供了新机会；更不用说旅游方面的重要性了，中国每年有 1.2 亿人出国旅游。

论坛还向与会者介绍了中国复兴丝绸之路的方方面面。这些项目有望把中国和阿拉伯世界战略关系发展和提高到新的历史水平，从而使各方面的合作进一步加强，并创造更多的就业机会。

论坛期间，中国国际贸易促进委员会分别和阿拉伯联合商会，黎巴嫩农工商会联合会及黎巴嫩—中国企业家协会、中国女企业家联合会签署了一些合作协议。

中国和阿拉伯的私营部门之间也签订了几项合同。与会者通过接触，成功地建立了工作关系。会议还举办了展览，为与会者提供了特殊的机会了解黎巴嫩企业高质量的产品，这些产品在展会上受到好评。

在介绍黎巴嫩的旅游资源方面，也收到最佳效果，黎巴嫩人民的热情好客和涵养给与会者留下了美好而深刻的印象。

在这一系列的活动中，法兰萨银行是主要的组织者。为纪念中国和黎巴嫩建立贸易关系 60 周年，法兰萨银行举行了盛大晚宴。卡萨家族还热情招待了与会代表团的领导人，并与各机构合作，组织有关人士和机构的交流。此外，还举办了两次午餐会和一次晚宴。通过交流和会晤，很多中国和阿拉伯国家的公司结识了与自己合作的伙伴，确定了一系列可能合作的项目。

2015 年 5 月，法兰萨银行在威尼斯酒店举行盛大晚宴，庆祝黎巴嫩和中国于 1955 年签订的贸易协定 60 周年。出席晚宴的有中国、阿拉伯及黎巴嫩高级官员、各方负责人和外交官。

晚宴会场布置得十分雅致，其设计反映了阿拉伯和中国两种传统文化之间的和谐，突出了两个民族之间的牢固联系。一幅沙画生动地描绘出中国古代的丝绸之路，表明黎巴嫩是这条商道的核心，引起了很多赴宴嘉宾的极大兴趣。晚宴上放映的视频集锦介绍了卡萨兄弟与中国结成的历史悠久的友谊。晚宴最后，由中国代表团团长、中国政协副主席王正伟、中国驻黎巴嫩大使姜江和卡萨兄弟切蛋糕。

中国政协副主席王正伟等中国与会者对卡萨两位董事长为发展中国和阿拉伯国家的经贸关系的奉献和执着表示敬佩，认为他们是中国的真正朋友。

阿德南·卡萨在晚宴上的讲话谈及了他对中国的美好回忆，表达了他对中国和阿拉伯国家之间贸易的未来发展充满信心。

他说："在阿拉伯世界，我和我的兄弟阿迪勒是中国的老朋友，这一点使我们感到十分荣耀。我们承诺，我们将继续忠实于这个受人敬爱的国家，特别是因为我们对这种合作的重要性仍然充满激情和信念。只要我们还活着，我们将一如既往，致力于丝绸之路和经济带建设，把它作为服务于阿中发展利益、项目和目标的最佳战略。"

习近平主席颁发"中国阿拉伯友好杰出贡献奖"

2016 年 1 月，中华人民共和国主席习近平在对埃及进行国事访问期间，邀请阿德南·卡萨到开罗，并向他颁发了"中国阿拉伯友好杰出贡献奖"，高度评价他与中国结成的悠久的特殊关系，充分肯定他过去 60 多年和现在仍然为发展和加强中国—阿拉伯和中国—黎巴嫩的友谊所起的巨大作用。

颁奖仪式在开罗四季酒店举行，由中国人民对外友好协会会长李小林主持。颁奖仪式结束后，会长设晚宴招待大家。

对中华人民共和国主席习近平向他颁发这个独特而珍贵的奖项，阿德南·卡萨表示万分感谢和无比激动，这证实中国对他给予特别的关注。而卡萨本人对中国又非常崇敬和赞美。卡萨强调说："这个奖项对我来说是一个莫大的荣幸，因为我是从世界上政治和经济方面最具影响力的国家主席的手中接过这个奖项的。中国在我的心中占有特殊的地位。"

在颁奖仪式举行的前一天，卡萨在午餐会上会见了李小林会长。席间，双方讨论了进一步加强和发展黎巴嫩与中国、阿拉伯与中国的关系。李会长在会见时强调说，中国的大门是向黎巴嫩和阿拉伯世界敞开的。中国非常愿意提升与阿拉伯国家的投资与合作的水平。为了达到互惠互利的目的，我们有兴趣开发各个层面的合作，除了经济、商业和投资领域以外，我们还特别关注社会和文化层面的合作。

阿德南·卡萨强调中国国家主席访问阿拉伯世界的重要性。他指出，这是习近平主席 2016 年第一次出国访问，先到

2002 年 4 月，卡萨主席会见时任中国国务院副总理吴仪

121

沙特阿拉伯，然后去埃及。无疑，这将有助于中国同阿拉伯国家在各领域的关系。他强调说："黎巴嫩和阿拉伯世界愿意做出一切必要的努力，扩大与中国的合作。"阿德南·卡萨邀请李会长率领官方代表团访问黎巴嫩，以便亲自发现黎巴嫩能提供的机会，确认黎巴嫩这个国家可以在丝绸之路上为中国的战略复兴发挥重要的作用。

"一带一路在中国：贝鲁特至北京"

卡萨不认为中国国家主席授予他奖项是他前进的终点，相反，他将满腔热情地继续为发展彼此关系而奋斗。在黎巴嫩与中国建交 45 周年之际，他推出了在中国首都北京举行的"一带一路在中国：贝鲁特至北京"系列活动。系列活动于 2016 年 7 月 15 日开始，持续 15 天。整个活动取得了巨大的成功，由诸多的中国、黎巴嫩和阿拉伯人士参与。活动包括由黎巴嫩最重要的公司参与的黎巴嫩产品展和黎巴嫩美食节。本次系列活动由法兰萨银行主办，黎巴嫩外交部、经济贸易部、旅游部和农工商会联合会协办，并得到中国驻黎巴嫩大使馆和黎巴嫩驻中国大使馆的大力支持。

阿德南·卡萨主持了系列活动和黎巴嫩美食节的开幕式典礼。出席开

李小林会长与卡萨主席

幕式的有中国人民对外友好协会会长李小林、中国国际贸易促进委员会会长姜增伟等，还有黎巴嫩驻华大使馆临时代办哈提姆·纳斯鲁拉、部分阿拉伯驻华大使及黎巴嫩和中国企业家与投资家。

阿德南·卡萨在活动的开幕式上发表了讲话，他说："令我高兴的是，这次'一带一路在中国：贝鲁特至北京'系列活动恰逢庆祝黎巴嫩与中国建交 45 周年。黎巴嫩与中国的关系可追溯到几千年前的古丝绸之路时代。当时这条丝绸之路从中国开始，骆驼队背着丝绸，运到黎巴嫩海岸。腓尼基人用紫荆给丝绸染色，然后出口到欧洲。腓尼基人因此成为海运贸易的创始人，黎巴嫩也成为中国到欧洲的第一条贸易通道。由此，丝绸之路与海上之路连接了起来。"

卡萨表示，法兰萨银行为实施这个旨在加强中国和黎巴嫩在贸易、文

化、烹饪和其他各领域合作的举措感到自豪。他说:"令我欣慰的是,我个人为加强中国与阿拉伯世界关系而完成的所有工作都得到了中国最高领导层的赞扬。"

卡萨接着说:"我相信,'一带一路在中国:贝鲁特至北京'系列活动属于中国国家主席习近平战略范畴之内,将成为我们与中国的友谊、我们两国文化和商贸往来的里程碑项目。我们希望'一带一路在中国:贝鲁特至北京'系列活动能成为建立在信任和互利基础上的广泛而成功的合作和共同参与及联合项目的基石。"

中国人民对外友好协会副会长林怡在开幕式上也发表了讲话。她赞扬卡萨主席的美德和功绩及为发展黎巴嫩与中华人民共和国、阿拉伯国家与中华人民共和国的关系所发挥的巨大作用。她指出,卡萨主席是中国人民的老朋友,在中华人民共和国的领导人和负责人的心目中占有特殊的地位。他是积极发展中国和阿拉伯国家合作的第一位黎巴嫩人和阿拉伯人。由于他为推动阿拉伯国家与中国的关系的发展发挥了巨大的作用,所以他获得了习近平主席的表彰。

讲话结束后,宾主互赠纪念品。中国人民对外友好协会向卡萨赠送了新出版的两枚邮票:第一枚印有卡萨的名字和头像,这表明在中国历史上,一位非国家领导人获得了这一殊荣;第二枚印有黎巴嫩的国名。

开幕式最后,在位于中国首都北京市中心、具有悠久历史的民族饭店举行了开幕庆祝晚宴。参加晚宴的有中国官员、阿拉伯国家驻华大使和中国民营企业的代表等。晚宴充满浓郁的黎巴嫩民族传统气氛。其间,主办方还向来宾介绍了黎巴嫩的旅游景点,并提供了黎巴嫩的各种美食。

林怡副会长赠送卡萨纪念品

7月18日,法兰萨银行集团举办了经贸研讨会,120家中国公司的代表和黎巴嫩代表团出席了会议。在会上发表讲话的有卡萨主席、黎巴嫩驻中国大使馆临时代办哈提姆·纳斯鲁拉、中国人民对外友好协会代表、中国中东公司总裁和从黎巴嫩选择进口产品的中成公司副总裁等。所有讲话者都强调,在建立在互惠互利基础上的两国交往的丝绸之路地图上,黎巴嫩具有十分重要的意义。

中国政协副主席王正伟（右三）会见卡萨（右四）

系列活动期间，阿德南·卡萨与中国政府机构和民营企业的负责人进行了重要的会晤。双方会晤的内容主要涉及加强黎巴嫩和中华人民共和国之间的经济和其他领域的合作、为黎巴嫩商人提供方便、增加中国从黎巴嫩的进口、鼓励到风景如画的黎巴嫩各景点旅游等。

卡萨会见的中国人士有2015年5月率领中华人民共和国官方代表团参加中阿论坛的中国政协副主席王正伟，还有在中国国家主席在埃及向卡萨颁奖时遇见的中国人民对外友好协会会长李小林。李小林在北京宣布，"一带一路在中国：贝鲁特至北京"系列活动的姐妹活动"一带一路在黎巴嫩：北京至贝鲁特"将于2016年11月在贝鲁特举办。届时，中国将有官方和民营企业代表团参加。

卡萨还会见了中国商会联合会主席兼中国国际贸易促进委员会会长姜增伟，双方重点研究了加强与黎巴嫩农工商会联合会和阿拉伯国家农工商会总联盟的合作等问题。

李小林会长会见卡萨

王正伟会见卡萨

在会见中国央行副行长陈雨露时，卡萨向他递交了黎巴嫩银行总督利亚德·萨拉迈博士请他访问黎巴嫩的特别邀请函，以共同探讨合作等问题。卡萨指出，法兰萨银行集团通过发放中国银联卡，成为第一家与中国银行建立了伙伴和合作关系的阿拉伯银行。今天，中国银联卡已覆盖了全中国，大大方便了黎巴嫩商人与中国建立关系。

应中国人民大学的盛情邀请，卡萨访问了历史悠久的中国人民大学，并会见了中国人民大学出版社社长李永强。这次访问是对中国人民大学代表团前一段时间访问黎巴嫩的回访。中国人民大学出版社社长李永强将出席 2016 年 11 月举行的"一带一路在黎巴嫩：北京至贝鲁特"系列活动，同时发布为纪念中黎建交 45 周年而出版的一本新书《百年牵手——中国和黎巴嫩的故事》，并拟定黎巴嫩与中国大学之间的合作方式。

阿德南·卡萨主席（前排左三）与出席中阿联合商会理事会的代表们合影

与中国的永恒友谊

阿德南·卡萨无论是在担任黎巴嫩农工商会联合会主席期间，还是在担任阿拉伯农工商会总联盟主席和其他官方与民间职位期间，都曾接待过很多中国代表团。

卡萨兄弟每次接待中国代表团或政府官员都会勾起他们对中国的美好回忆。兄弟俩在与衷心热爱的这个国家的长期交往中，成功地建立了强大而永恒的友谊和永具价值的战略合作关系。

每个中国驻黎巴嫩的大使都耳闻阿德南·卡萨和中国的密切联系，同样，阿德南·卡萨与中国驻黎巴嫩大使馆的历届大使和全体成员建立了密切的关系，最后发展成牢固的友情。

无论是在黎巴嫩，还是在其他国家，卡萨兄弟总是满怀热情地接待中国代表团。卡萨兄弟认为，接待中国代表团就好像在迎接自己的亲朋好友。这充分反映出他们与中国的深情厚谊。

这里举一个例子加以说明：2014 年 9 月，法兰萨银行集团在阿尔及利亚举行晚宴，款待中国驻阿尔及利亚大使杨广玉。出席晚宴的有 100 多位客人，其中包括中国驻阿尔及利亚大使馆官员、在阿尔及利亚经营的中国公司的工作人员，以及阿尔及利亚和黎巴嫩的企业家。晚宴上，阿德南·卡萨发表了讲话，他说："我们必须对中国产品有信心，并努力推销。如今的中国是大多数阿拉伯国家的第一大贸易伙伴。阿尔及利亚也目睹了来自中国的投资额飞速增长，2013 年从中国的进口额就达 40 亿美元，中国成为阿尔及利亚的第一大贸易伙伴。"

在谈到中国在卡萨家庭的地位时，卡萨说："中国在我们心中永远是心爱的。""从这点出发，我和我的弟弟决定收购法兰萨银行大部分的股票，并在中国建立一个本银行的办事处，以服务于中国企业和与中国有往来的一些阿拉伯和世界其他国家的企业。这些国家包括法国、阿尔及利亚、苏丹、白俄罗斯、叙利亚、伊拉克、阿联酋、塞浦路斯、俄罗斯和非洲国家等。从而使法兰萨银行成为中国在金融业方面必不可少的伙伴。"

在有 27 家子公司并直属中国驻伊拉克大使馆领导的中华总商会的支持下，法兰萨银行于 2015 年 10 月主办了一次由中国公司参加的金融论坛。

卡萨家庭接待过不同层次的中国代表团。在家宴请已是一种惯例。其中包括 2015 年 5 月，设午宴欢迎来贝鲁特参加中阿论坛的中国代表团。其实，卡萨兄弟的这种惯例早在 1955 年就开始了，当年曾邀请中国商务部副部长率领的第一个中国代表团到家做客，他们是前来签订中黎第一个贸易协定的。

法兰萨银行——进驻中国的第一家阿拉伯银行

20 世纪 80 年代，因为黎巴嫩国内发生动荡，一些外资银行撤离了黎巴嫩。但是卡萨兄弟对黎巴嫩的未来充满信心，深知银行在国家重建中的作用，于是收购了法兰萨银行的大部分股份。必须指出，法兰萨银行是黎巴嫩历史最悠久的银行，成立于 1921 年。由于卡萨兄弟的精心管理、英明开拓，法兰萨银行成为在黎巴嫩占有领先地位的银行。无论是在贝鲁特总部，还是在黎巴嫩各地乃至世界上很多国家，卡萨兄弟、法兰萨银行都有很高的名望。

今天，法兰萨银行集团是国际的金融机构，它向全球提供产品和服

务。黎巴嫩银行业是黎巴嫩经济的中流砥柱和神经中枢，在国家、区域和
国际危机中成为坚强的后盾。而法兰萨银行在黎巴嫩银行业中起到主要和
坚实的作用。

卡萨兄弟已经把法兰萨银行与世界上主要国际金融机构间的坚强合作
与伙伴关系提到较高水平上。这些主要国际金融机构包括：国际金融公
司、欧洲投资银行、有银行股份的德国的 DEG 公司，以及突出的金融机
构，如作为法兰萨银行下属的法国公司的第二大股东 BPCE 集团公司等。
从而使法兰萨银行有能力为黎巴嫩和国际客户提供极具竞争力的产品和
服务。

此外，根据法兰萨银行董事会两位主席阿德南·卡萨和阿迪勒·卡萨
的理念，法兰萨银行加入了社会责任"全球契约"，成为加入该契约的第
一家黎巴嫩银行。

同商贸业务一样，卡萨兄弟在掌管法兰萨银行以后，积极与中国银行
建立通信账户。30 多年来已同中国领先的银行建立了稳固的合作关系，以
促进中国与阿拉伯世界之间的贸易交流，同时增进与得益于法兰萨银行的
日益兴旺的市场的合作。

法兰萨银行集团及其领
导在发展过程中赢得了许多
奖项，包括摩根大通商业银
行 2015 年度质量评价奖杯，
阿德南·卡萨 2014 年在维也
纳获得的"和平工作"奖和
2013 年在维也纳获得的由阿
拉伯银行联合会颁发的
"2012—2013 年度阿拉伯银行
家"奖，2013 年获得的艺术

2011 年，卡萨兄弟在法兰萨银行成立 90 周年庆典
仪式上

遗产类经济社会奖，2012 年黎巴嫩最佳银行集团奖，2012 年度获得的最
佳投资银行奖，中东地区 2012 年最佳工艺奖，2012 年中东地区贷款类最
佳工艺奖，2012 年中东地区债券、信贷和主权机构类最佳工艺奖，等等。

法兰萨银行中国办事处是黎巴嫩银行设立的第一个对华办事机构

经常把中国装在心中的卡萨兄弟在中国设立法兰萨银行办事机构，目
的是提供金融服务和巩固在中国的利益，使法兰萨银行成为中国商务公司

和中国投资者及商人的伙伴，提供支持，促进中国与黎巴嫩、阿拉伯国家和世界各国的关系，使法兰萨银行成为中国企业、企业家、投资家和商人的基本合作伙伴。

同时，中国办事处还致力于发展法兰萨银行集团与中国银行、机构、大使馆和其他实体的关系，积极创造有竞争力的产品和服务，以满足其客户与中国打交道的需求，并为与法兰萨银行有交往的中国企业和机构提供服务。

法兰萨银行是第一家在中国设立办事机构的阿拉伯银行，其设置的目的是服务于金融和财政机构与当地客户的联系，而这些客户与中国和中国公司有接触，从而为建立法兰萨银行集团与中国的密切关系翻开新的一页。

法兰萨银行中国办事处在鉴定中国公司在黎巴嫩市场的项目上，在识别黎巴嫩客户中的中国合作伙伴和供应商等方面起到重要和关键的作用。

中国办事处工作团队依靠卡萨兄弟建立的与中国的重要关系，来满足由于中国市场投资不断增长而产生的需求。随着中国经济的发展和中国企业逐渐成为有较大竞争潜力的国际企业，法兰萨银行集团利用自己广泛的公关、崇高的声望和卓越的贡献，努力获取新的竞争优势，以服务于同中国的经济和金融联系。

很多中国银行都把与法兰萨银行的合作置于优先的地位，这些银行包括中国银行、中国工商银行、中国农业银行、中信银行、中国招商银行、中国国家开发银行、交通银行等。

按照法兰萨银行通常提供的创新服务，2015 年 2 月法兰萨银行集团又与银联国际有限公司合作推出了银联卡服务项目，以满足黎巴嫩客户、中国企业和旅行者的需求。据悉，这种卡已在 148 个国家通用。黎巴嫩银行在贝鲁特主持了启动仪式，参加仪式的有中国驻黎巴嫩大使姜江、中国驻黎巴嫩大使馆商务参赞、在黎巴嫩的中国公司的执行官和与中国有业务往来的黎巴嫩公司执行经理。为了促进这些活动的开展，法兰萨银行推出了创新上市活动，挂上了用中文写的标语。黎巴嫩大部分的电台、电视台和报纸杂志都做了报道，街道两旁还挂出了大型广告牌。黎巴嫩人纷纷向法兰萨银行咨询有关信息。

法兰萨银行执行董事们不断组织代表团到中国访问，以确保他们个人对中国经济最新发展有充分的了解，并保持与法兰萨银行的伙伴银行、合作伙伴和客户经常与密切的联系。同时，法兰萨银行中国办事处也经常接待中国商贸和银行代表团，还提供后勤支持、技术咨询等实质性工作。

2014 年，法兰萨银行中国办事处接待了到华访问的国际商会的重要代表团；2015 年，法兰萨银行在中国与中国出口信用保险公司及其他与黎巴嫩利益有关的国际银行和保险公司一起举行会议。

2015 年 11 月，法兰萨银行接受中国工商银行的邀请，参加了在深圳举行的关于"一带一路"的研讨会。有 30 多家中国工商银行在"一带一路"地区的外国代理银行的代表参加了研讨会。法兰萨银行作为唯一一家黎巴嫩银行被邀请参加研讨会。

卡萨兄弟密切关注和跟踪中国的动态，并参与大部分相关活动。

中国—阿拉伯国家银行业对话会

法兰萨银行于 2015 年 11 月在腓尼基洲际酒店举办中国—阿拉伯国家银行业对话会，并举行了盛大的晚宴，款待出席阿拉伯银行联盟在贝鲁特举办的阿拉伯银行第 20 届年会的各国嘉宾。这届年会由黎巴嫩总理塔马姆·萨拉姆主持。

对话会上主要发言的中方嘉宾有：中国驻黎巴嫩大使馆武官曹彭龄、宁夏银行董事会主席道月泓、华为公司部门负责人和中国银行驻迪拜办事处贸易金融部负责人等。

目前，黎巴嫩在金融和银行系统方面具备诸多的优越条件。在这种特殊环境下，卡萨兄弟热衷于促进黎巴嫩银行和中华人民共和国银行之间的合作，鼓励中国各银行在黎巴嫩设立分行。这就是他们举办对话会的初衷。

开阔旅游发展的前景

事实上，在同中国的合作方面，法兰萨银行集团不限于商业和金融业，还涉及其他关键领域，特别是旅游业。2015 年 10 月，与圣假日之旅合作，并得到黎巴嫩旅游部、中国驻黎巴嫩大使馆和银联国际的支持，接待了新华社和 20 个中国国内顶级旅行社。这些旅行社在中国各地有分支机构，每家旅行社有几十万客户。这次旅游合作卓有成效，成功地推销了黎巴嫩的旅游产品，并以最有效和最现实的方式把这些产品介绍到中国市场。旅游者对黎巴嫩丰富的旅游资源、酒店接待和未来发展均表示赞赏和满意。新华社也发了两篇精彩的报道，表示旅游是"一带一路"倡议的新焦点。

1995年10月5日，萨马哈大使（左一）在黎巴嫩驻华大使馆为卡萨主席圆满结束在中国的访问送行

（本文照片除署名的外，均由萨马哈大使提供）

为欢迎旅游者的到来，法兰萨银行集团特地举行了招待会。参加招待会的有：黎巴嫩旅游部部长米歇尔·法尔欧，中国驻黎巴嫩大使和200多位各城市、酒店、餐馆、旅游景点和旅游业的代表。阿德南·卡萨在招待会上发表了讲话，他说："我们已经克服了最大的障碍和挑战，与中国建立了历史性的关系。今天，我们看到中国是全球经济大国，是大多数阿拉伯国家的最大贸易合作伙伴和投资者，我们发自内心地感到骄傲。我们希望在我们个人同中国的独特关系和联系的基础上，继续为黎巴嫩和它的利益服务，为中国和共同的利益服务。"

这就是阿德南·卡萨和阿迪勒·卡萨与中华人民共和国的故事，是属于他与大地、与家园，也就是与他的祖国黎巴嫩的故事。

这种关系是身躯和精神相连的、活生生的形象。身躯在这里指的是阿德南·卡萨和阿迪勒·卡萨，而精神的具体体现是这个优秀的民族、历史悠久的共和国——中华人民共和国。这两个男人的心中对中国怀有特殊的爱。自1953年开始，他们一直为黎巴嫩和中国的利益忠心耿耿地工作。

阿德南·卡萨和他的弟弟阿迪勒·卡萨深深地爱上了中国。他们亲眼目睹了中国的发展与繁荣。直至今日，中国已成为经济上领先的国家，影响着整个世界。他们过去是，现在仍然是在充分利用与中华人民共和国最高领导人和官员结成的牢固友谊，为中黎两国的利益服务，而丝毫不考虑任何狭隘的个人私利。正是由于这一点，60多年来，他们受到中国领导人尊重。

在过去的60多年里，阿德南·卡萨和阿迪勒·卡萨与中华人民共和国建立了永恒的关系，成为最早与中国交往的阿拉伯人。他们视中国为人生中最大的学校、最重要的大学。今天，他们继续沿着20世纪50年代初开辟的大道前进，并嘱咐他们的子孙后代要继续沿着他们的道路走下去，为他们与中国的友谊，为中国与黎巴嫩两国文化交流和商贸往来树立新的里程碑。

爱如榕树，荫庇学子

——毕尔·艾布·哈特尔，中国将永记你的英名

献爱心，中国希望工程

中国山东历来是重教厚文、人杰地灵之地，中国"文圣"孔子、"亚圣"孟子就出自这片土地。这地方的人愿办教育，但让人想不到的是，在这个省聊城市冠县定远寨乡有一所学校，却是一位黎巴嫩友人捐资兴建的。这个人叫毕尔·艾布·哈特尔，是一位叱咤国际邮坛的黎巴嫩企业家。

来到这所学校时，你会发现它就像漂浮在万顷碧波上的一个小岛，在地图上你很难找到它。但如果你细心观察一下，就不能不感叹于毕尔先生的巨大魅力。

两行中英文字对照的校名刻于高耸的校牌楼上方，用中国和黎巴嫩两国国旗图案分别制作的校徽，更显得独特唯美。

纪念碑正面

步入校园，一块硕大的水磨石碑进入大家的视线。两行刚劲有力的中文繁体镌刻显映在水磨石碑正面："黎巴嫩女子学校落成纪念 中黎友谊万古长青"。落款是"冠县定远寨乡人民政府 一九九七年五月十八日"。

石碑背面镌刻的内容是：

　　黎巴嫩知名实业家毕尔先生及夫人，投资五万美元兴建的黎巴嫩女子学校于一九九七年五月十八日落成。

纪念碑背面

　　毕尔先生是黎巴嫩著名的实业家，在国内外拥有多家公司。他热衷于社会慈善事业，对中国的希望工程表现出极大的热情与关注。毕尔先生及夫人通过今日中国杂志社王复女士得知定远寨乡的贫困状况后，于一九九六年二月投资两千美元资助了四十余名贫困失学儿童就读。一九九六年十月，毕尔先生及夫人又投资五万美元建造了这所黎巴嫩女子学校。该校占地面积一点八万平方米，总建筑面积一千五百平方米，可容纳六百余名学生就读。

　　毕尔先生及夫人的义举展现出国际人道主义的高风亮节，他们是中黎两国友谊的美好使者。黎巴嫩女子学校架起了中黎友谊的桥梁，为表达全乡人民诚挚谢意，永久纪念，特立此碑。

定远寨乡人民政府
一九九七年五月十八日（印章）

山东省聊城市冠县定远寨乡黎巴嫩女子学校

　　山东聊城冠县定远寨乡黎巴嫩女子学校的诞生，不仅使中国各界人士极为震撼，也使众多熟悉毕尔的中黎两国朋友在震惊之余，感到迷惑和难以置信。一位祖籍黎巴嫩的阿拉伯在华知名企业家，何以能出资 5 万美元，在中国贫困地区建造起一座总建筑面积达 1 500 平方米，能容纳 600 余名学生就读的女子学校，在当代社会做出了壮美之举？毕尔成为中东地区阿拉伯国家乃至阿拉伯在华侨民中，为中国"希望工程"公益捐赠巨额款项的第一人。

毕尔·艾布·哈特尔生于 1938 年 1 月 17 日，祖籍黎巴嫩，在贝鲁特长大成人。毕尔生前有着多重身份，曾任黎巴嫩中东公司驻中国台湾办事处负责人、中国台湾环球国际快递服务公司总裁、黎巴嫩环球快递公司董事长、中国台湾扶轮社奠基人、国际扶轮社黎巴嫩分社主席等职。

20 世纪 70 年代，毕尔只身来到中国台湾谋求事业上的发展。从 1974 年到 1994 年 20 年间，毕尔的事业飞速发展，创建了环球国际快递服务公司。毕尔心想事成，万事如愿以偿，有幸娶了家在台湾的聪慧靓丽的王相如为妻，两人相依为伴。随后在这位年轻漂亮、贤惠能干的妻子的鼎力协助下，1994 年黎巴嫩战后，毕尔将公司总部迁往黎巴嫩首都贝鲁特的杰拉迪地区，并且在美国纽约，中国上海、香港、台湾，泰国曼谷和新加坡等地开设了 30 多家分公司和办事处，取得了事业上的大发展。可以说，此时的毕尔事业蒸蒸日上，业务范围遍及世界各地。

事业发展了，收入增加了，但毕尔仍心系中国教育，特别是农村贫困地区的教育。自 90 年代初开始，毕尔参与到中国"希望工程"的队伍中，成为资助中国"希望工程"的第一位来自中东地区阿拉伯国家的黎巴嫩在华友好侨民。对于捐助一所希望小学的决定，他感慨地说，这笔钱留在我手里，也不会让我的家庭更富裕多少，捐出去也不会使我们的生活变得窘迫，但却能改善几代中国农村孩子的就学条件，收获颗颗感恩之心。

定远寨的孩子们很淳朴，也十分感激给予她们帮助的毕尔先生。走进教师办公室会发现，在毕尔先生身

黎巴嫩女子学校教学楼

穿黎巴嫩民族服装进行激情演讲的照片下，放满了孩子们每天在上学的路上采集的花草。村里的一位大娘说，原先她不知道黎巴嫩，有了这所学校后她才知道，世界上有这么一个国家，这个国家里的一个叫毕尔的好人。

又见雷锋；假如毕尔爷爷还在；美在女子校园；动真情，真扶贫；毕尔爷爷，你是一座丰碑；毕尔的襟怀；光荣在于平淡；大爱之校，以美铸魂；挥洒感动与激情——十多年来，缅怀毕尔先生的各类书信如雪片一般张贴在校园墙报上。很多人以为熟悉毕尔，然而，在事业之外的毕尔有谁知？

对育人，充满真诚

毕尔对中国"希望工程"捐款的真诚是少有的。他那种不事张扬、颇具内涵的品格，在中东阿拉伯国家并不多见。毕尔的捐款流露出强烈的国际主义慈善公益时代气息，让人感悟到一种大美境界，感悟到生命的高贵，激发中国在校学生崇尚真、善、美。

毕尔通过"希望工程"助学渠道向中国捐赠了 5 万美元，以帮助那些贫困失学儿童上学。面对摄像机，毕尔深情地告诉我们：我原来并不知道中国有个"希望工程"，后来曾有中国朋友问过我是否愿意为中国"希望工程"做点什么，我听后很是高兴，我的企业在中国台湾、上海等地的业务发展良好，我希望中国的失学儿童也能跟正常孩子一样，健康成长，愉快上学。此后我了解到，山东省冠县曾是革命老区，也是贫困县，很多孩子因家贫而面临失学的压力，原有的校园也多破旧不堪。过去在中国的日子里，中国人民给予我们的帮助如此之多，我深深地感受到贫困地区人民的质朴与善良。为回报中国人民的关爱，我愿意在中国最贫困、最需要的地方，捐建一所女子学校，实现此生的一大夙愿，这是我们对乡里孩子的一份心意，解决孩子上学的困难，让孩子们坐在教室里读书，让琅琅书声在冠县上空响起。这样的善良，这样的善意，相信每个人都愿意把它写在自己人生的历程当中。当我们的人生过往中写满善字的时候，即便我们离开人间，内心也是温暖的。因为我懂得，"做人往往比经商赚钱更重要。即便是再成功的企业家，如果他的社会价值不存在了，那么，其商业价值也会大打折扣"。

据中国"希望工程"现场工作人员回忆，在捐款当日，工作人员

师生在课堂上互动

向毕尔敬献了一束鲜花，并扯起了一面蓝色的大旗。上书：广播爱心的毕尔先生，受你捐助学校的孩子们感谢你！

学生们在室内排练舞蹈

（本文照片均由山东省冠县定远寨乡黎巴嫩女子学校校长朱月平提供）

献赤诚，捐出感动

常言道，一个性情中人，一个惯于用"心"创业的企业家，不可能对身边发生的事情无动于衷。然而，毕尔生前的捐款不分国界，他的丰功伟绩已成定格，成为长留在中国乃至世界各国人民心中的永恒记忆。正是这种博大的胸怀，使他们夫妇二人把自己家中的积蓄连同大爱一并倾情奉献给了那些需要帮助的人。

在中国，政府为救助孤残儿童、失学儿童，相继启动了"希望工程"。在华工作的日日夜夜，毕尔时刻关注着各种传媒对失学儿童的相关报道，几乎每天都为电视直播中的某些镜头所感动。改变命运，就要改变教育。面对这一状况，倾情奉献于中国教育事业的黎巴嫩企业家毕尔毅然决然做出决定，并乘1994年7月赴上海成立办事处处理公务之机，千里迢迢特地赶到总部坐落在北京的中国青少年发展基金会，在黎巴嫩前驻华大使法里德·萨马哈先生的陪同下，当场捐出2 000美元用以资助数十名山西省保德县各个村庄的贫困失学儿童。1996年2月，捐资2 000美元赞助40多名贫困失学儿童就读。1996年10月，他出资5万美元，捐赠给山东省聊城市的贫困县，用以在定远寨乡建立一所女子学校。

在黎巴嫩，毕尔从青年时代起便热心公益慈善事业，先后捐资医疗中心、幼儿园、学校、市政建设、乐团实体。可以说，工、农、兵、学、商，被毕尔资助过的领域实在是太多了，不胜枚举。早在1964年，年仅

26 岁的毕尔便将自己创业所得的约 50 万元人民币全部捐出，并因此被《黎巴嫩日报》、贝鲁特电视台、黎巴嫩慈善总会等单位评选为"黎巴嫩慈善新闻人物"。

在中国台湾地区、英国、美国、德国、希腊等欧洲和亚洲国家与地区，受到毕尔救助过的国家和个人，更是难以计数。修桥铺路，设立各类助学金、奖学金、孤寡老人赡养基金、扶养孤儿基金，凡此种种，不胜枚举。受惠于毕尔先生和王相如女士的何止山东冠县黎巴嫩女子学校的孩子们，毕尔夫妇曾在台湾收养过 50 多个孩子。当某些人拜倒在金钱面前时，毕尔及其夫人却毅然决然地把自家的钱财捐赠到了自己的祖国黎巴嫩、中国乃至世界各地的扶贫福利、"希望工程"事业中。而且只要受益的人们记住"黎巴嫩"三个字，他们就心满意足了。

对于积善成德，毕尔有着自己的认知。在捐助对象的选择上，他希望通过捐助女子学校，带动更多的人自立自强，希望自己的捐助是"造血"而不仅仅是"输血"。他希望每一个贫困家庭失学的孩子都能享受到教育，希望自己能为中国的校园文化建设尽微薄之力。

正如毕尔先生所言，他捐出的是自己对中国教育事业"希望工程"的真诚和感动，相信出自灵魂的也一定能进入灵魂。而无数学生的感动，则是对企业家捐款激情的最好肯定。"没有理由不把人生活出精彩来。哪怕是让生命像流星一样，划破夜空的宁静，那也十分知足了，他留下最耀眼的一瞬，那已经知足了。"

毕尔之举，惊动了联合国教科文组织。2000 年 4 月 25 日至 27 日，在中央统战部五局局长、中国光彩事业促进会副秘书长曹虹冰，全国工商联扶贫处处长刘桂芬的陪同下，联合国社会事业部考察团专程造访了山东省聊城市的光彩事业项目，并先后视察了冠县黎巴嫩女子学校，盛赞阿拉伯之子、黎巴嫩著名企业家毕尔先生捐资助教的黎巴嫩女子学校在冠县落成。同年，国家工商联带领来自俄罗斯和韩国的商人考察光彩事业项目。

不过考察团团长也曾问过这样的问题：偌大的中国"希望工程"为何选择山东？为何建设女子学校？为何用黎巴嫩冠名？面对这些提问，该校校长朱月平随即做出这样的解释：

> 地处中国山东省，隶属于聊城市，位于冀鲁豫三省交界处的冠县，历史悠久，人杰地灵，文化和革命底蕴深厚；既是革命老区，也是晋冀鲁豫根据地的重要组成部分。邓小平、刘伯承、宋任穷、陈赓、杨勇、杨易辰等无产阶级革命家曾在冠县生活战斗过。在抗日战

争和解放战争时期，冠县涌现出了赵健民、徐运北、黑伯理等一大批革命家，被誉为"鲁西小延安""干部母县"，留下了鲁西北地委旧址、六十二烈士墓、血水井等红色文化资源。但因冠县地处边远农村，属于老、少、边、穷地区，基础教育设施薄弱，经济发展相对滞后。

　　毕尔有自己的考虑，他曾对"希望工程"的工作人员说，现在中国虽已解决了大部分人的温饱问题，相当一部分人的生活已经达到小康水平，当然也普及了九年义务教育，但还是有一些贫困地区的儿童由于家庭原因无法正常地接受九年义务教育，无法坐在宽敞明亮的教室里学习。同在一片蓝天下，却有着不同的命运。另外，毕尔通过夫人得知，中国有重男轻女的思想，特别是在贫困落后地区，父母往往忽视对女孩的教育，然而母亲又是伟大的，母亲是孩子的第一任老师，是弱者，因此毕尔决定将这笔捐款全部用于资助贫困失学的女孩。因为女孩是未来家庭中的母亲，担负着养育下一代的艰巨任务，所以国家和全社会理应多多为她们提供受教育的机会。这是毕尔捐建女子学校的原因。

在中国青少年发展基金会捐款现场，毕尔曾再三叮嘱在场的工作人员："切记，我拜托你们，不要让传媒特地渲染我个人，这份捐款切记是来自黎巴嫩共和国对中国教育事业和'希望工程'的无偿捐赠！"

毕尔，一生63年中，曾有过无数的梦想和憧憬，做过一千零一个梦，可以说，大多如意如愿，心想事成。让人遗憾的是，他如流星划过，留给这个世界的历史只有63个春秋！但至少在中国，在那所女子学校的纪念碑前，中国的孩子以及孩子的孩子，不会忘记他：毕尔·艾布·哈特尔。

海内存知己，天涯若比邻：一次完美的冰心、纪伯伦文学现代传承对接

——记黎巴嫩作家协会秘书长造访冰心文学馆

这是一次完美的冰心与纪伯伦文学的现代传承接力赛。

白墙黛瓦，小桥流水，绿树成荫，整体建筑以灰、白色为主要基调，既吸取福州地方民居风格，又推陈出新，充分表现出建筑典雅、明快、亲切的艺术形象和现代建筑的地方新风格的冰心文学馆，远观，娇小、迷你；近看，却轻盈、矫捷。1999 年它被评为福州市十佳优秀建筑景观和福建省双十佳优秀建筑。一个个亮丽的带有城市脸谱建筑符号的词汇和元素，昭示着坐落在福建省长乐市区爱心路 193 号的冰心文学馆全新的遗传密码和生命张力。2001 年 9 月 6 日，它迎来了一位来自亚洲西部雪松之国黎巴嫩共和国的受邀之客。

以黎巴嫩作家协会秘书长朱佐夫·哈尔卜为团长的黎巴嫩作家代表团一行 6 人，受邀前来冰心文学馆进行参观访问。时任冰心文学馆书记、常务副馆长王炳根首先向客人简要介绍了冰心文学馆的基本情况、历史沿革、文学馆规模及各项服务举措，回顾了冰心的学术思想和生平事迹，介绍了冰心先生与福建长乐的密切关系是源于冰心的祖籍是福建长乐，双方还就冰心文学馆服务网络建设与运作体系等问题广泛交流了意见。

黎巴嫩作协秘书长哈尔卜对冰心文学馆的精心安排和热情接待表示感谢。他指出："黎中两国友好往来历史源远流长，文学译介交流故事来源已久。1931 年 9 月，中国现代著名作家冰心以非凡的智慧，翻译了黎巴嫩享誉世界文坛的散文大师纪伯伦的《先知》《沙与沫》两本散文诗集。当年她被黎巴嫩媒体誉为'我们这个时代最重要的中国著名翻译家，她是启迪大众心智的思想巨匠'，她塑造了几代中国人的爱与恨、青春与梦想。那些伟大的抱负、坚强的个性和敏感的灵魂，统统在译成中文的散文诗句里找到过共鸣。

"这次访华收获颇丰，因为我曾有机会偶遇从那个年代过来的中国白发人。我问一句，您老还记得《先知》和《沙与沫》吗？对于他们的子孙

辈，我问一句，这两本散文诗集你可曾读过？对于父与子不同年代的中国人来说，同问一句，那个名叫纪伯伦·哈里里·纪伯伦，以及代表黎巴嫩文学绕口的阿拉伯名字，你们可曾记得？可曾知晓？

"父亲回答：'尽管时过境迁，年代久远，然而儿时记忆中的这两本充满着浪漫主义色彩的纪伯伦散文作品，在我的心头却依然闪耀着熠熠光辉。如今，那个年代虽已逝去，然而那些寓意深奥、极富人生哲理的纪伯伦散文作品，永远值得怀念。每当这时，就不能不想起我们崇敬的世纪老人冰心。'

"儿子回答：'尽管一个年代结束，一种文学淡出，一个国家崛起，一个名字诞生，世纪老人冰心，一如她著名的散文诗篇《小桔灯》，是我们中国青少年的榜样和照耀我们前行永不熄灭的灯塔。'"

谈到此，哈尔卜秘书长话锋一转，动情地说："今天我来此参观访问可谓受益匪浅。冰心文学馆内设置的大型陈列——冰心生平与创作成就展，运用大量的照片和实物，特别是冰心家人捐赠的珍贵文物，生动展现冰心的生平事迹和文学成就。我作为来自纪伯伦家乡的参观者，面对这琳琅满目的各式展品，莫不肃然起敬。此外，馆内还珍藏着大量冰心的手稿及研究资料，这真是个研究冰心文学价值的重要场所。出乎我的预料，我看到，冰心文学馆藏品极为丰富，文学馆在记载黎中友好文学交流历史、传承冰心译介文化方面起到了至关重要的桥梁和纽带作用。对此，我认为，加强黎中文学机构的交流意义重大。我希望以这次访问为契机，今后进一步密切合作，携手共建，开拓黎中文学作品互译合作新局面。"

随后，在时任福建省文联书记处书记、福建省作协主席陈章武等省文联领导同志的陪同下，黎巴嫩客人饶有兴趣地继续参观完冰心生平与创作成就展，并对冰心的生平事迹和文学创作成就给予了很高的评价。哈尔卜秘书长认为，当年，黎巴嫩总统授予世纪老人冰心黎巴嫩国家级雪松骑士勋章，是对世纪老人冰心的最高褒奖，也是中黎友谊和文化交流的象征。随后，哈尔卜秘书长当场提笔以黎巴嫩代表团全体成员的名义，写了一封致福建省文联书记处书记、省作协主席陈章武的阿拉伯文短信，表达对冰心老人、冰心文学馆、福建省文联、福建省作协的衷心问候与诚挚谢意。参观访问期间，宾主双方还就文学创作、纪伯伦散文和散文诗的译介等问题进行了深入交流。

访问期间，黎巴嫩作协秘书长哈尔卜一行还在王炳根副馆长的陪同下，重点参观了冰心文学馆文献阅览室、图书馆、多媒体视听空间，就冰心文学馆的服务理念、服务特色与先进设施进行了细致的实地观摩。随后浏览了文学馆内冰心的部分藏书和文学馆为此专门布置的冰心书房，以及书房中的书柜、办公桌、藤椅、文具用品等冰心老人的遗物。哈尔卜秘书长看后称赞说，冰心的藏书放在冰心文学馆是最好的，对于贵馆也是具有历史意义的佳话，而对于广大敬重世纪老人冰心的读者来说，来冰心文学馆到冰心书房参观，也是缅怀冰心的重要方式。

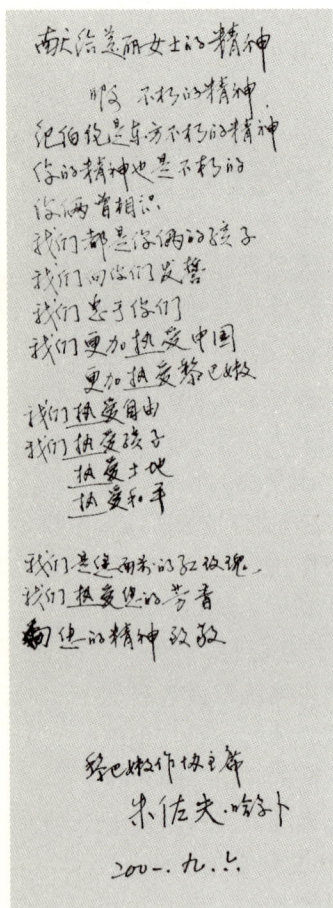

南次给美丽女士的精神

啊，不朽的精神，
纪伯伦这真方不朽的精神
你的精神也是不朽的
你两首相思
我们都是你俩的孩子
我们向你们发誓
我们忠于你们
我们更加热爱中国
更加热爱黎巴嫩
我们热爱自由
我们热爱孩子
热爱土地
热爱和平

我们送给两朵的红玫瑰，
我们热爱思的声音
翻造的精神致敬

黎巴嫩作协之部
朱佐夫·哈尔卜
2001.九.六

2001年9月6日，黎巴嫩作家协会秘书长朱佐夫·哈尔卜致冰心的诗作译文

值得提及的是，在访问结束前，黎巴嫩作家协会秘书长、黎巴嫩著名诗人朱佐夫·哈尔卜欣然提笔用阿拉伯文即兴赋诗《献给美丽女士的精神》。

从字面上看，这篇出自黎巴嫩作家协会秘书长、著名诗人朱佐夫·哈尔卜之手的阿拉伯文诗作，虽只有寥寥数语，但字斟句酌、寓意深远，充分表达了黎巴嫩作家协会对中国著名作家、文学翻译大家世纪老人冰心的一片深情厚谊。

是的，面对熟悉的勋章和证书，回想起1995年3月，黎巴嫩总统埃利亚斯·赫拉维亲自签署第6 146号命令，授予中国著名作家冰心女士黎巴嫩国家级雪松骑士勋章，以表彰她为中黎文化交流事业所做的突出贡献的动人故事，朱佐夫·哈尔卜秘书长感慨万分。他非常简括地说："这是黎巴嫩总统对中国95岁高龄世纪老人冰心的最佳点赞和最高荣誉褒奖。"

对黎巴嫩客人而言，最关心的莫过于中国今天的纪伯伦文学学术研究活动有何新的进展。对于纪伯伦这样一位在世界文坛享有盛誉的黎巴嫩著名散文作家，在85年的时间跨度中，他的作品遍布中国各地。纪伯伦作品在中国的译介，纪伯伦在中国的研究价值，中国学术界的纪伯伦研究，纪伯伦对中国现当代作家作品的影响，纪伯伦与中国现代作家，这些都是黎巴嫩作家协会全面考察纪伯伦作品在中国的译介和研究情况的重要课题。为此，梳理纪伯伦作品中国之行的主要脉络，展示纪伯伦及其《先知》如何在中国被确立为经典的事实，进一步分析纪伯伦在中国的多重影响，对纪伯伦创作与生活的多元文化背景进行解读，为纪伯伦研究的深入开展奠定扎实的基础，具有一定的填补学术空白的意义。此外，纪伯伦的中国"粉丝"尚有许多故事需要我们搜集！

对冰心文学馆来说，世纪老人冰心的文学作品体现文化多元取向，因此冰心文学也必须因势利导、与时俱进，迈出国门，与世界接轨。以此作为新起点，充分释放它的力量，力求让黎巴嫩读者迈出国门，亲临冰心纪念馆，读懂冰心；让中国读者迈出国门，涉足纪伯伦博物馆，读懂纪伯伦。

是的，"激活一个馆的梦想，集聚一个馆的民心，发现一个馆的价值"，书于纪伯伦博物馆墙上的这首馆诗，道出的不仅仅是希望，更是对纪伯伦博物馆的一种人文感激！

建纪伯伦博物馆，其最终目的是发挥纪伯伦博物馆的传播作用。显然，管好、用好纪伯伦博物馆，比建好它更重要。黎巴嫩作家协会秘书长的一席话，寓意深远，感人至深。

今天，我们实地走访世纪老人冰心文学馆，真切感受到了中国政府推进与读者需求的一次完美对接，感受到了冰心文学馆的活力与冰心老人的人格魅力……

"这次访问，让我看到了课堂学习和实际操作之间的差距。

"来到冰心文学馆访问，我第一次有了想深读冰心的念头。

"如果时间允许，我愿意留在长乐，留在冰心文学馆，用我所学帮助所有需要了解纪伯伦的人……"

黎巴嫩作家协会秘书长哈尔卜面对在场的省领导和观众，娓娓道来，如数家珍。

临行前，在馆长的邀请下，纳奇·卡拉巴博士代表黎巴嫩作家协会代表团在留言簿上写道：黎巴嫩的朋友们向你们致敬，对你们对文学的忠诚表示钦佩。向你们已故的人道主义文学家冰心女士表示敬意。她不仅是中国的伟大文学家，也属于全人类。随后，黎巴嫩作家代表一行 6 人，都恭恭敬敬地签上了自己的名字。

而今，黎巴嫩作协客人造访冰心文学馆已经过去 15 个年头了。冰心文学馆自开馆以来，在成为宣传和研究冰心的中心、福建省对外文化交流的中心、全国爱国主义教育示范基地和国家 AAA 级旅游景区的同时，又迎来了中黎建交 45 周年纪念日。

在此，衷心祝愿冰心文学馆，成为联结中黎友好文学交流，研究冰心，纪伯伦文学互译成就展示，弘扬冰心"爱心"精神以及纯真、善良、刚毅、正直的品格和"童真、母爱、自然"的文学精神园地，在"一带一路"上，继续传承中黎青少年文学创作、互译接力赛。

　　"冰心文学馆应该是冰心研究的学术论坛、理论基地和交流平台，应该是世界冰心研究者向往的地方。我们必须进一步出版她的专著，进一步丰富冰心网站的内容。网络是最好的传播方式，没有国界，没有时间的限制。我们应将关于冰心的最新发现及时在网站上刊登。我希望冰心研究进一步推向国际化、现代化、系统化，进一步从福建走向全国，走向世界，用我们的才情来发扬光大冰心的文学品格和文学精神。"

　　借此机会，为大力传承和弘扬冰心老人85年前超越国界的国际主义之举，响应和践行福建省文联党组书记、书记处书记、副主席张作兴在冰心文学第四届国际学术研讨会上的讲话精神，把传承工作落到实处。我想以此作为结束语的主要目的是，提请中黎双方，作为两国文学友好交流的现代传承者，应该在当前的"一带一路"上，继续传承和弘扬冰心老人的国际主义精神。

2001年9月6日，黎巴嫩作家协会秘书长朱佐夫·哈尔卜用阿拉伯文写下赞美冰心的诗篇《献给美丽女士的精神》
（本文照片均由福建省长乐冰心文学馆提供）

代表国家尊严　展示民族象征

——绘进国旗的那棵黎巴嫩雪松

中国人喜欢梅花、翠竹，叙利亚人喜爱玫瑰，而雪松被黎巴嫩人民奉为国树。那红白相间的黎巴嫩国旗中央，挺立着一株蓊郁挺拔的高大雪松，它体现着黎巴嫩人民坚强不屈的民族精神。国旗是一个国家的象征，国旗代表了一个国家，黎巴嫩的国旗是雪松国旗。

随着世界各国环保、低碳生活的日渐流行，享有地中海林都美誉的黎巴嫩雪松公园，备受世人青睐。在隶属阿拉伯世界的范围内，地处西亚（包括海湾6国）、北非的22个阿拉伯国家中，黎巴嫩是唯一一个国境内没有沙漠的国度。

冬天的黎巴嫩雪松公园，真可谓是"山舞银蛇，原驰蜡象"。世界各国滑雪爱好者，纷纷行动起来，飞赴黎巴嫩首都贝鲁特，前往著名的雪松公园，体验林都滑雪之行最难得的心动。

我们作为黎巴嫩政府邀请的客人，身在白雪皑皑的雪松公园，尽情领略壮观的雪松雪景，似乎内心都被纷纷瑞雪同化了。

雪松，亦称黎巴嫩杉、香柏树。《圣经》的诗篇里经常提到的香柏树、植物之王、上帝的杉树，便是生长在地中海之畔的极为珍贵、人称"树种恐龙"的建造木材和观赏树种——黎巴嫩雪松。

黎巴嫩的北部、伊尔兹山地区、迈克迈勒高地，以及贝什里地区的加迪斯峡谷上游，哈勒希夷赫丁自然保护区、贝莎莉坦努里和马阿斯尔舒夫等地区是雪松的集中产地。

在黎巴嫩逗留的短暂时日里，郁郁葱葱、高大挺拔的雪松给我们留下了极为深刻的印象。临出机场前，我们随手翻阅了一些书报杂志，映入眼帘的几乎尽是雪松的照片。抬头环顾四周，大小广告也有以雪松为背景的。至于当地邮局商品柜中陈列出售的明信片、邮票、礼品、礼品夹、相册、影集、信封、国旗、国徽，以及1924—1980年黎巴嫩不同时期的2、5、10、25皮阿斯特硬币，都选用了雪松图案，陶瓷、木器家具等无不标有雪松图案。以雪松命名的海拔约3 083米的库尔内特·萨乌达山，为黎巴嫩最高峰，也印制在黎巴嫩地图上。更有趣的是，黎巴嫩人所持的出国护照，以及把守黎巴嫩首都国际机场的黎巴嫩士兵、警察的制服上，也绘有雪松的图案。

经友人指点，我们怀着极大的兴趣光顾了山高林茂的黎巴嫩国家雪松公园。豪华舒适的旅行车载着我们从首都贝鲁特出发，沿途怪石嵯峨，山路盘旋，不断升高，一直升到海拔 6 500 英尺的高度。导游告诉我们，举世闻名的黎巴嫩雪松就生长在 1 300 米至 3 300 米高的山坡上。我们立即临窗俯瞰，仿佛置身于浩瀚的林海，窗外出现一片绿色。导游告诉大家，雪松公园到了。顿时，车内沸腾起来。呵！好一个雪松世界。

下车后，我们跨入这座被黎巴嫩政府列为重点保护区的雪松公园大门，只见墨绿蓊郁的高大雪松纵横排列，显现出一派粗犷伟岸的气势。难怪旅游手册上说，雪松在雪水和海雾滋润下，挺拔秀美、清香四溢，酷似黎巴嫩民众不屈不挠而又豪爽好客的性格。穿过林荫，攀上一座高高的半圆形的山脊，我们转目眺望，一家用阿拉伯文书写的"雪松旅馆"映入眼帘。它幽静华美，现代化设施一应俱全。

导游告诉我们，这翠绿浓郁的雪松高地，人称神话中的蓬莱仙境。炎热的盛夏，这里是旅游者的避暑胜地；严寒的冬天，这里成为滑雪爱好者的乐园。访问过黎巴嫩的人，都热情地赞誉它是"中东小巴黎"。难怪黎巴嫩导游图上介绍说，黎巴嫩11 月初至 2 月底是冬季，12 月和来年 1 月是瑞雪丰满期。飞达贝鲁特之前 10 分钟，可俯视到隔离叙利亚和黎巴嫩的贝卡山脉被白雪铺盖，这是全中东阿拉伯国家仅有的雪景。

当然，人们喜爱雪松，绝不仅仅是因为它的树形美观，寓意深远，更重要的是雪松自古至今，便与黎巴嫩人民的生活、生产密切相关。这种高大挺拔、终年常绿的乔木，木质坚硬、纹理细腻，因抗腐性能极强、清香沁人而成为建筑业特别是古代建造寺庙和宏伟宫殿以及各种高级家具的上等木材。历史上善于航海的古代腓尼基人、巴比伦人、埃及人、亚述人、希伯来人等，都将雪松木视为神圣的木材。5 000 多年前，雪松在神庙、宫殿建造史上曾大显身手。埃及、西顿、亚述、泰维、巴比伦、巴尔贝克和以色列等地的诸多宗教寺庙、神殿，都是用雪松来做栋梁的。远在公元前 10 世纪，所罗门神殿的殿顶就是用黎巴嫩雪松建造的，并用雪松做廊柱。这座宏伟的宗教建筑物，在经历了 5 个世纪以后，被巴比伦王尼布甲尼撒毁坏了。之后不久，一座依原型建造的寺庙又在原址拔地而起，其材料仍是雪松。还有，神圣的希伯来圣物，藏有《摩西十诫》的木橱，也是

吴富贵教授、王燕教授与黎巴嫩驻华大使馆临时代办哈提姆·纳斯鲁拉在绘有黎巴嫩雪松图案的国旗前合影

用黎巴嫩雪松做成的。另外，在参观伊斯兰教圣城耶路撒冷的大殿时，我们曾看到的配以金饰的格子窗工艺品，也是用黎巴嫩雪松做成的。

此外，雪松也是上等的造船原材料。远在 5 000 多年前的腓尼基人时代，善于航海的古代腓尼基人使用坚硬的雪松木材建造了威震地中海地区的规模最大、装备上乘的大型海船船队，用于海上贸易。载着各种日用品及雪松木材和树脂，用于同隔海相望的邻国埃及、苏丹、利比亚等北非阿拉伯国家开展跨海贸易往来。在古埃及人的宗教仪式中，雪松也必不可少。法老死后的殉葬品中必需的船只和船桨都是用雪松木制作的。所以，埃及人称雪松为"死者的生命"。1954 年，来自埃及和日本的考古学家组成的联合考古队在吉萨胡夫大金字塔附近发掘出土了古代埃及法老胡夫的大型殉葬品——43 米长的太阳船。据说这艘保存完好的古代太阳船便是用上等的黎巴嫩雪松建造而成的，约有 4 500 年历史，目前正在吉萨胡夫大金字塔附近的太阳船博物馆展出。据悉，按照古代埃及传统习俗，古埃及法老深信，待他们死后，如果在自己的身边陪葬一艘太阳船，那么，这艘太阳船便能够陪他平安穿越天堂，他也将乘坐此船转世轮回。胡夫死后，其子用太阳船将他的木乃伊从当时的首都孟菲斯运至吉萨，葬入金字塔。

埃及文物部 2012 年 7 月 25 日发布消息称，法国考古学家在埃及首都开罗西部阿布拉瓦什徐陵墓地区考察期间，又惊人地发现了一艘保存完好，同样是用黎巴嫩雪松建造的专供古埃及法老的陪葬品——时间大约有 5 000 年历史的法老太阳船。埃及文物部部长穆罕默德·易卜拉欣在一份声明中说："这艘船可

贝什里镇附近的黎巴嫩雪松保护区

以追溯到第一王朝法老'登'时期。"他补充道，这艘 6 米长、1.5 米宽的船保存良好。船板正在翻新，等待完工后交付博物馆展览。

在公园深处，我们看到一片整齐、葱郁的雪松林。它们的树龄少者与黎巴嫩同岁，多者在千年以上了。这里的雪松围粗 4～5 米，树高 40 余米，树冠遮天蔽日，林中绿草如茵。枝条华美，影密如林，树枝插入云中。在那林梢间，不时飘过淡淡的薄雾，一股股清凉之气沁入心脾，使人感到这个世界是那样的坦荡、清新。信步其间，清香扑鼻，四

黎巴嫩地图、雪松图案造型工艺品

周松涛阵阵，像大海的潮汐。在间歇的当儿，几声山雀清亮的鸣叫，隐失在松林深处。抬眼望，不时有松鼠蹿跳的活泼姿影，忽隐忽现……雪松的世界给人一种清幽和谐之感，让人感到一股蓬勃的生命力在倾泻、涌动。真有身在林海雪原的感觉。

1943 年黎巴嫩独立时，共和国的先贤们将雪松图案选作国徽，并画在第一面国旗的草图上，从此雪松成为黎巴嫩独立的象征。

雪松不仅有壮丽的外观，且有极强的生命力。它遍布黎巴嫩国土，难怪黎巴嫩人民对它倾注了那么深厚的情感。当离开这片富饶的国土时，我的眼前总飘动着一面红白相间的旗帜。在那面旗帜的中央，我看到一棵挺立的、显现着巨大生命力的高大雪松，一个在连年战火硝烟中生存抗争的坚忍不拔、坚强不屈的国度。

呵！俊俏华美的黎巴嫩的国树——雪松。

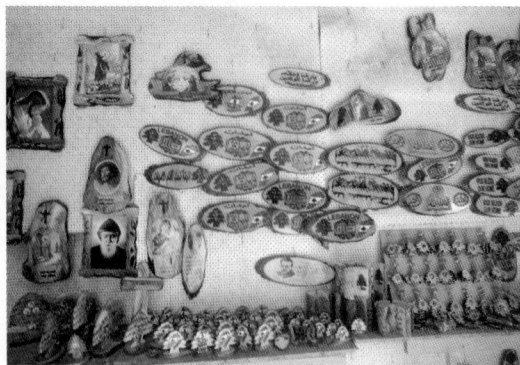

雪松木制作的工艺品

（本文照片均由吴泽献大使提供）

后　记

增进中黎友好，我为两国代言。

何为友好？

在孔子的眼中，不学礼，无以立。

在但丁的诗里，人不能像走兽那样活着，应该追求知识和美德。人要活得快乐、活出创造，人生才有意义。

在这本书里，三位中国阿拉伯语学者将中黎友好45年中鲜为人知的人和事用诗一般的语言，以图文并茂的形式展现在各国各界读者面前。

本书对中国和黎巴嫩友好交往历史中的人、事、物、景进行了真诚真实的记录，笔触生命与岁月的跨度，穿越历史沧桑，将之呈现在中黎两国，乃至世界各国各界读者面前……

93年前的1923年，中国百年文学巨匠茅盾先生高瞻远瞩、慧眼识珠将纪伯伦的五篇散文和散文诗译介到中国以飨各界读者。此后的1931年，冰心先生又相继翻译了纪伯伦的《先知》和《沙与沫》两本散文诗集。自此，两位中国百年文学巨匠为中国各界读者进一步了解纪伯伦、认识黎巴嫩、欣赏阿拉伯文学打开了一扇窗。

93年后的今天，在中国国家主席习近平倡导实施"一带一路"的战略背景下，我国文学才子又陆续翻译了一些纪伯伦的作品。这位世界著名的文学巨匠、黎巴嫩文坛骄子在中国也因此拥有越来越多的知音。而纪伯伦的祖国，昔日享有"雪松之国""中东小巴黎"之美誉的阿拉伯国度黎巴嫩，随着纪伯伦文学作品的深入人心而为中国人民所熟知。特别是在中黎建交45周年的2016年，中国著名阿拉伯语专家历时3年撰写《百年牵手——中国和黎巴嫩的故事》，从历史的角度，站在文学的高度，审视历史，正视历史，追寻两国先贤，此举值得盛赞！

然而，本书作者坦言：历史上留存的关于纪伯伦形象、纪伯伦与中国人民的文学友情的论述都是零散碎片的，至今没有完整记载；而百年文学巨匠茅盾、冰心两位跨世纪老人与黎巴嫩文学天之骄子纪伯伦的百年文学情缘，却是建立在中华人民共和国成立之前。这段鲜为人知、以文会友的中黎友好文学历史故事，现在两国青少年多有不知，甚至两国许多成人也日渐淡忘，这种中黎友好文学历史上的文化断层现象是不能忽视的。

作者著述此书，只想让纪伯伦与茅盾、冰心的文学思想得以有效传承。不仅要让中国的青少年在国内知道和阅读冰心的《小桔灯》，更应该让中国广大青少年在有效阅读中，熟知与了解冰心老人和茅盾先生鲜为人知的一面，即用文学译介的方式在新中国成立之前用实际行动建立中黎友谊、培育中黎友谊之花的国际主义思想品德。他们是中黎友好交往历史上的开拓者、筑路者、践行者。因此，作为中国著名阿拉伯语专家，把纪伯伦、茅盾、冰心生平事迹系统地记录下来并留于后人是一件十分有意义之事，更是我们的职责。

鉴于此，本书作者计划在本书中文版和阿拉伯文版出版之后，将其赠送给纪伯伦博物馆和纪伯伦故居。其目的在于表明这几位在中黎友好历史上享誉世界的百年文学巨匠虽已随风而逝，但他们亲手种下的中黎文学友谊之树，如今已硕果累累！他们开辟的中黎友好文学互译、借鉴、交流事业，后继有人。可以说，这场起源于93年前的中黎文学友好交流史上的文学接力赛，至今仍在火热进行中。

鉴于此，在中华人民共和国与黎巴嫩共和国建交45周年之际，有着源远流长的姻缘、人缘、企缘、校缘、医缘、经缘、商缘、馆缘、兵缘的两国民众肯定有话要说。

无论是代表中国常驻黎巴嫩的历任特命全权大使和夫人、政务参赞、经商参赞、领事、文化专员等高级外交官，维和部队官兵、医生、护士、海员，企业经理，孔子学院教师，中国在黎侨民，还是代表黎巴嫩政府常驻中国的历届历任特命全权大使和夫人、领事、文化专员、教育参赞、经商参赞，无论是中黎两国建交的45年间，还是追溯到远在1971年两国建交之前，甚至更远的1949年10月1日中华人民共和国成立之前的1923年，这些中黎两国官员、学者、文坛巨匠、文学大家，无论已故，还是健在，无论是离任还是现任，自从踏上对方国土的那一刻起，便对到访的国度有着特别深厚的感情。中国的村落与黎巴嫩的山水，中国首都北京与黎巴嫩首都贝鲁特，它们的过去、现在与未来无不牵动着与之有过友好交往的人们的心。

本书作者把书中中黎两国主人公的亲身经历、中黎友好的生动故事融入笔端，以中黎两国为地域范围，以中黎两国为视点，从历史、政治、外交、经贸、文化、文学、学术、人物、城市、风光、市井、生活多个角度，展现了本书作者与书中主人公的工作经历、生活感怀、人生感悟和异国情怀。本书称得上是一本难能可贵、传播友谊，父亲讲给儿子、老师讲给学生、领导讲给同事，两国官民并举，鼓舞两国民众共创美好未来的书籍。这本书将成为近半个世纪以来研究中黎文学必不可少的参考书。相信此时此刻此书的出版发行，也是三位作者对中国黎巴嫩文学研究之莫大贡献。

正如 2012 年 10 月 26 日，中国外交部原副部长杨福昌在"2012 中国—黎巴嫩学术研讨会"开幕式上所做的主题发言中所说："在我眼中，黎巴嫩既不是瑞士，也不是巴黎，黎巴嫩就是黎巴嫩，独一无二。中黎两国和两国人民间的友好交往绵延不断，双方在各领域的合作还有很大发展潜力和上升空间，这需要两国政府和各界人士不断地加以推动。民间交往是双边关系的重要组成部分，相信在双方共同努力下，中黎民间友好交往事业一定会大有可为，一定会为两国关系的发展做出更大的贡献。"

记得黎巴嫩前驻华大使法里德·萨马哈曾经说过，中黎人民应该共同守护好两国友好历史深处的情感遗产。"中黎友好人物，是中黎文化交流中的一个特殊群体。马海德博士是一位真正的国际主义战士，是中国人民真正的好朋友，他的故事应该让中国人民牢牢记住，代代相传。"马海德的故事没有被时光湮灭，中国人民依然感念着他的历史功德，赞颂着这位医德高尚的好医生、好邻居、好朋友、好兄弟、好公民。无数中黎友好人士为中国现代化建设事业发展做出的重要贡献没有被历史忘却，依然是今天中黎关系良好发展的清晰注脚。

鉴于此，身为中国公民，我们应守护好丝绸之路上中黎友好历史深处的情感遗产，保护更多的带有情感价值的中黎建筑遗产历史风貌。同时应该更加关注在相关领域中活动的中黎人物、发生的故事、产生的情感和承载的跨国文化，继承和弘扬其中的历史价值、文化价值和情感价值。由此我们深知，中黎文化交流的脚步永远不会停歇，而发生在中黎友好文化交流史上的人物传奇故事，也必将精彩续写。

值得提及的是，撰写本书过程中，我们曾得到中黎各界人士的鼎力支持和热心关照。在此，我们向下述为本书提供过支持和帮助的中黎各有关单位领导、师长、各界朋友、热忱之士（排名不分先后）表示诚挚的谢意！

向中国前驻黎巴嫩大使刘志明、杨凤英夫妇，中国前驻黎巴嫩大使吴泽献、章翌夫妇，黎巴嫩前驻华大使法里德·萨马哈夫妇，中国前驻黎巴嫩大使馆武官曹彭龄将军及其夫人卢章谊，中国驻黎巴嫩大使王克俭，黎巴嫩驻华大使馆临时代办哈提姆·纳斯鲁拉，黎巴嫩纪伯伦全国委员会主席塔里克·希迪亚克博士，黎巴嫩纪伯伦博物馆馆长嘉佳，黎巴嫩法兰萨银行董事长阿德南·卡萨，黎巴嫩中国友好合作联合会主席马苏德，上海外国语大学中东研究所前所长和阿拉伯文化研究室前主任、《阿拉伯世界》杂志前主编、博士生导师朱威烈教授，上海外国语大学中东研究所包澄章教授，《今日中国》杂志阿语部原主任王复，北京大学外国语学院仲跻昆教授，中华全国妇女联合会副局级调研员刘光敏教授，中国社会科学院外国文学研究所研究员和东方文化研究中心常任研究员、中国阿拉伯文学研究会副会长与首任秘书长伊宏教授，马海德夫人苏菲女士，马海德之子周幼马先生，世纪老人冰心女儿北京外国语大学吴青教授、女婿陈恕教授，中国百年文学巨匠茅盾先生长孙女沈迈衡，茅盾故居郭丽娜主任，黎巴嫩驻华大使馆大使秘书弓丽梅，中国驻黎巴嫩大使馆文化处专员陈中林、高芙夫妇，黎巴嫩贝鲁特市政府，黎巴嫩国家博物馆，纪伯伦故居，纪伯伦博物馆，黎巴嫩安东尼大学校长、副校长，数字未来公司总裁穆罕默德·哈提卜，阿拉伯翻译家协会主席巴萨姆·巴尔卡特教授，《人民日报》，《人民日报》(海外版)，中国国家图书馆，中国人民对外友好协会，中国现代文学馆，中国妇女儿童博物馆，福建省长乐市冰心文学馆馆长刘东方、展览宣传教育部副主任熊婷，全国青少年冰心文学大赛组委会秘书长安军，山东省聊城市冠县定远寨乡黎巴嫩女子学校校长朱月平，黎巴嫩法兰萨银行董事长卡萨主席顾问娜婷，法兰萨银行国际业务部客户关系经理凯琳、战略与发展部蕊蕊，《中国黄金报》记者张正虹表示诚挚的谢意！感谢他们在繁忙的工作中，拨冗为本书审稿、起名、作序、提供照片等。

　　记录中黎友好历史的人，将被中黎友好历史记住。

刘元培　吴富贵　王　燕

2016 年 3 月 15 日于黎巴嫩首都贝鲁特

图书在版编目（CIP）数据

百年牵手：中国和黎巴嫩的故事/刘元培，吴富贵，王燕著 . —北京：
中国人民大学出版社，2016.11
ISBN 978-7-300-23083-2

Ⅰ.①百… Ⅱ.①刘… ②吴… ③王… Ⅲ.①中外关系-友好往来-黎巴嫩
Ⅳ.①D822.237.8

中国版本图书馆 CIP 数据核字（2016）第 152282 号

百年牵手
中国和黎巴嫩的故事
刘元培　吴富贵　王　燕　著
Bainian Qianshou

出版发行	中国人民大学出版社	
社　　址	北京中关村大街 31 号	**邮政编码**　100080
电　　话	010 - 62511242（总编室）	010 - 62511770（质管部）
	010 - 82501766（邮购部）	010 - 62514148（门市部）
	010 - 62515195（发行公司）	010 - 62515275（盗版举报）
网　　址	http://www.crup.com.cn	
	http://www.ttrnet.com（人大教研网）	
经　　销	新华书店	
印　　刷	北京宏伟双华印刷有限公司	
规　　格	160 mm×235 mm　16 开本	**版　次**　2016 年 11 月第 1 版
印　　张	13.75 插页 5	**印　次**　2016 年 11 月第 1 次印刷
字　　数	230 000	**定　价**　49.80 元